JEAN LARTÉGUY

Du même auteur

Le Nombril d'Adam, éditions de Mathusalem, 2007. (Prix Wartburg de littérature 2008.)
Bourrasques, éditions STAS, 2011.

HUBERT LE ROUX

JEAN LARTÉGUY

Le dernier centurion

TALLANDIER

Éditions Tallandier – 2, rue Rotrou 75006 Paris
www.tallandier.com

À mon père, Edmond le Roux.

SOMMAIRE

PRÉFACE

Je ne l'ai pas revu aux dernières années d'une existence mouvementée propre aux hommes d'exception. Il s'était réfugié aux Invalides dans une certaine solitude seulement habitée de ses souvenirs. La biographie d'Hubert le Roux, très fouillée, amicale mais sans complaisance, me fait revisiter ce qu'avec lui nous avons vécu dans les ailleurs du Sud-Est asiatique, j'y découvre des aspects que nous ne connaissions pas. Jean Lartéguy, qui avait la parole facile, portée jusqu'au lyrisme, était à la vérité un taiseux. Notre centurion se voulait de caractère complexe, affichait un cynisme désarmant qu'il poussait dans des contours de drôlerie. En Indochine, on glosait avantageusement à son sujet, il ne faisait rien pour appeler l'amitié, persuadé qu'une trop grande familiarité frisait le vulgaire. Ensemble, là-bas, avec Lucien Bodard, Louis Guilbert, Yves Desjacques, Georges Kowal, Raoul Coutard, Pierre Schoendoerffer, nous avons pataugé dans les rizières, grimpé des collines, nous nous perdions dans la jungle à la recherche de fortins où bataillaient des commandos de soldats promis au massacre. Jean avait, comme nous tous, son carnet de notes accroché à une petite sacoche – la seule arme que nous possédions – et le soir nous échangions nos secrets. Il lui arrivait de traiter son monde avec une certaine suffisance. Il répétait sans cesse, c'était son bréviaire, une réflexion de Corneille : « Quiconque écrit s'engage ». il s'étonnait de ma présence parmi les siens, je n'avais pas, il est vrai, son expérience des champs de bataille : « Comment, disait-il, un enfant comme toi peut-il se mêler à une pareille guerre ? À ton âge on s'invente une légèreté ». Le réel l'occupait mais aussi très souvent l'utopie. Je me souviens d'une réunion d'information chez le colonel Leroy, un Eurasien frémissant, fier gourou des Milices chrétiennes où paradaient, dans le burlesque et la cruauté, trente mille hommes. Une véritable secte pareille aux autres compagnies turbulentes, incontrôlables, toutes opposées au gouvernement vietnamien : les Binh Xuyen, les Hoa Hao, les Caodaïstes. Autant d'illuminés perdus par leur seule ambition personnelle. Ce soir-là, dans l'habituelle chaleur du cognac-soda, Leroy nous avait révélé le secret d'une opération qu'il avait minutieusement préparée : « D'une forêt qui est la nôtre, j'ai tiré des arbres et fait construire des bateaux pour transporter toute ma troupe à Madagascar. » Nous étions en plein délire. Raymond Cartier et Lucien Bodard s'en amusaient ; invité de la dernière heure, je me voulais attentif. Jean Lartéguy, lui, offrait sa participation au colonel – « Riche idée, je serai du voyage. » Bodard fut toujours persuadé qu'il le pensait vraiment. Évidemment, la chose ne fut pas accomplie.

De son appartenance à un certain passé, Lartéguy faisait mystère, comme pour mieux nous impressionner. Bodard était persuadé qu'il était des services secrets, Jean Hougron, qui inaugurait sa série romanesque *La Nuit indochinoise*, se moquait gentiment de sa propension à vouloir dépasser Joseph Kessel dans le domaine de l'écriture, Louis Guilbert, de l'agence Reuter, l'appelait Lucien Osty – son vrai nom – pour le « ramener, disait-il, à sa vraie vie ». Je fus un temps son confident ; j'avais découvert l'Asie en 1948, avant lui me semble-t-il, il souhaitait entendre mes « impressions de bébé ». Il avait participé à toutes les campagnes, il avait failli y perdre une jambe, mais à la gloire des armées il préférait la plume. Il me l'avait répété tout un soir de ripailles : « Je serai un grand écrivain, mieux que beaucoup d'autres je saurai dire que l'opération policière en Indochine est une guerre sale. »

Dans cette biographie, remarquablement construite, Hubert le Roux conte avec justesse la folie des événements qui ont conduit notre magnifique Vietnam aux abîmes. Des exactions commises début 1945 par les troupes nippones jusqu'à la tragédie de Diên Biên Phu. Il rappelle la détermination de Hô Chi Minh, marqué par son appartenance au communisme, les efforts de Leclerc pour négocier avec lui, l'arrivée de Bao Daï, personnage fantasque, à la tête d'un « Vietnam unifié ». Je n'oublierai jamais la défaite de nos troupes à Cao Bang, au cours de laquelle le premier bataillon étranger de parachutistes fut anéanti. Je mêle parfois les dates mais jamais les événements, les rencontres, les turbulences. J'étais avec son fils Bernard lorsqu'en 1951 le général de Lattre de Tassigny fit son entrée à Saigon. Lucien Bodard contribuait à mon apprentissage journalistique, il m'obligeait à fréquenter tous les cercles d'influence, les pires et les meilleurs, nous allions dans les fumeries d'opium où complotaient les affiliés bourgeois du Viêt-minh.

Comme Jean Lartéguy j'avais mon couvert dans les cantines de la Légion étrangère. J'y bénéficiais de la complicité du colonel de Massignac, admirateur de Flaubert et de Proust, qui nous entraînait souvent en patrouille dans des coups de main hasardeux. Jean appréciait cette dangerosité et plaisantait : « Nous sommes de la race des héros ! » Que retenir de toutes ces années vécues si loin de la France ? Tous, nous étions attachés au pays que nous avions choisi d'aimer, aux habitants surtout, leurs malheurs étaient les nôtres, nous nous étions pris à rêver d'une heureuse possibilité, une marche réussie « vers une fusion du monde jaune et du monde occidental ». Nos soldats n'ont pas été battus, ce sont les politiques français qui les ont massacrés. C'est une histoire qu'il faudra écrire plus tard dans sa vérité la plus sordide.

Nous nous sommes cru asiates, Lartéguy l'était vraiment, comme mon ami le photographe André Lebon, qui avait donné là-bas l'une de ses jambes. Toute sa vie, il aura été définitivement marqué par ce continent lointain. Il avait écrit : « On ne sait jamais quand on revient d'Extrême-Orient ni dans quel état. Moi je n'en suis jamais revenu. » J'y pense, bien sûr, moi aussi, mais avec un recul désiré. Trop de tragédies ont entamé notre résistance au plus cruel, la chute de Diên Biên Phu fut le plus atroce de mon adolescence, ce mai 1954 nous fait encore frissonner d'effroi. Nous étions dans l'enfer, la France dans des affections tardives, le communisme avait fait son sale boulot, beaucoup des nôtres enfin se réveillaient, Jean, pas du tout rassuré, écrivait : « Les Français ne pensent plus qu'à s'enfermer dans leur petit pays… comme des vieillards. Ils veulent leur retraite, toucher des pensions… La France capitule par égoïsme, par paresse. » Il répétait sans cesse : « Nos concitoyens s'endorment dans notre douillette décadence. La grandeur et l'honneur leur sont des valeurs de peu d'importance. »

Pris par Lucien Bodard sous ses ailes de vieux Chinois, protégé par Yves Desjacques, mon compagnon de Radio-France Asie qui se voulait mon maître, conseillé par Michel Frois qui m'avait fait écrire mes deux premiers romans, je suivais, sur tous les terrains, notre glorieuse troupe de correspondants de guerre. Jean Lartéguy m'avait prévenu : « N'écoute pas ce que nos amis se forcent à t'enseigner. Fais seul ton chemin. » Cette préface promise fait resurgir des fantômes, des moments de douleur mais aussi d'intenses émotions. Nous étions tous dans le Nord pour accueillir le général de Castries, qui commandait le camp de Diên Biên Phu, enfin libéré après quatre mois de captivité. Je voyais des rescapés en souffrance, je cherchais et trouvai mon cher Pierre Schoendoerffer : l'un de mes plus beaux matins. Je vivais à plein ces heures bienheureuses, Bodard et Lartéguy recueillaient les récits des officiers qui leur confiaient leur expérience du quotidien de l'horreur. Lucien racontait, Jean tirait les premières leçons de l'effroyable aventure : « Nous recevons des héros en miettes. De tous côtés, notre armée a été trahie. »

Tout ce que décrit Hubert le Roux, nous l'avons partiellement vécu, dans des conditions tout de même moins cruelles que celles de nos soldats. Nous avons accompagné, après la chute, la guerre des sectes qui furent le réceptacle de toutes les luttes intestines du nouveau Vietnam, nous avons éprouvé les tristes subtilités des peuples de ce très lointain de l'Asie, les retournements de la politique parisienne, la bassesse des sentiments. De Lartéguy, il faut relire *L'Adieu à Saigon*, « cette ville sale que la corruption aura conduite au bord du gouffre ». J'avoue avoir été plus proche de Bodard que de Lartéguy, que j'admirais mais qui nous inquiétait. Raymond Cartier s'en méfiait : « Notre confrère sait trop de choses, puise à des sources bizarres, ses informateurs ne me semblent pas recommandables. » Malgré ces critiques souvent formulées, le personnage m'impressionnait. J'appréciais son talent de voyant, son humeur ravageuse, sa facilité d'écriture, sa sincérité dans nos personnelles discussions sur la religion, dont il aurait aimé défendre la cause : « Ce que l'on m'a appris au catéchisme s'est dilué dans le mauvais enseignement que l'on en fait. On m'a toujours caché dans l'enfance que Jésus était juif. J'aime trop la vie pour l'enfermer dans les nouveaux dogmes. Je voudrais comprendre les mouvements tortueux de l'Église et je n'y arrive plus. Il me reste la prière pour être encore de France et oublier qu'elle est vérolée par la suffisance des notables. »

Il me faudra relire demain *La Guerre nue*, *Les Rois mendiants*, *Les Centurions*, *Les Prétoriens*, considérer que l'écrivain ne valait pas l'homme, me souvenir d'un temps où des folies maîtrisées illuminaient notre jeunesse. J'étais à ses funérailles aux Invalides avec Raoul Coutard et Pierre Schoendoerffer qui ne nous avait pas encore éprouvés de la douleur de son départ. Dans la cour où l'armée faisait hommage à Lartéguy, l'ami Pierre me confiait : « Nous sommes tous les trois les derniers survivants de la caste fiévreuse des correspondants de guerre en Asie. Nous aurons vécu et nous aurons aimé. »

Sans doute sommes-nous restés « asiates » !

Jacques Chancel

PROLOGUE

« Tout homme est une exception. »
Hélie Denoix de Saint Marc

Quel étrange et singulier destin pour un simple capitaine ! Le 2 mars 2011, dans la cathédrale Saint-Louis des Invalides, dans l'église des soldats, en présence du gouverneur des Invalides, une messe d'adieu est célébrée pour le capitaine Jean Lartéguy. D'ordinaire, les honneurs militaires sont réservés aux plus hautes personnalités de l'État, aux soldats morts au combat ou encore aux dignitaires de la Légion d'honneur et de l'Ordre national du mérite, grands officiers et grands croix : cette fois, une croix de chevalier glissée sobrement dans un petit ruban rouge accompagne seule Jean Lartéguy…

Capitaine, commando de la France Libre, journaliste, reporter de guerre, écrivain, auteur de plus de 50 ouvrages, sa réputation a largement débordé les frontières. En France, mais aussi à l'étranger, Lartéguy est certainement devenu le plus connu des officiers subalternes. Le plus populaire aussi, à l'origine d'innombrables vocations militaires et, sur la fin de sa vie, encensé par les plus hautes autorités de l'armée américaine.

Lartéguy, bien sûr, ce sont d'abord *Les Centurions*, le récit de la guerre d'Algérie vécue parmi des officiers parachutistes, l'aventure de Bigeard, la contre-guérilla, la guerre révolutionnaire qui préfigure tous les conflits du siècle à venir. Si l'on avait demandé à Jean Lartéguy qui il était véritablement, il aurait certainement répondu, comme il en avait l'habitude sur les plateaux de télévision : « Je suis un type qui n'a jamais su fermer [sa] grande gueule. Un type qui raconte des histoires. Comme je n'écris pas particulièrement sur moi, sur mes états d'âme, sur des événements minuscules, j'ai besoin d'aller faire ma moisson à l'extérieur dans les grands événements qui déchirent le monde. Alors je pars comme journaliste sur un sujet, et je ramène le matériau nécessaire qui me permettra d'écrire un roman qui sera ma deuxième vérité. Un roman c'est d'abord une histoire [...] dans un cadre inspiré de la réalité [...] : j'ai tendance à être un raconteur d'histoire[1]. » Au journaliste qui s'étonnait en 1978 que son passeport mentionne en guise de profession « exploitant agricole », Jean Lartéguy avait répondu avec sa faconde habituelle : « Les journalistes sont de plus en plus mal vus dans beaucoup de pays du monde. Si vous arrivez dans un pays étranger ou qui a un dictateur corneculesque comme Idi Amin Dada, ou autre, présentez-vous comme journaliste, vous verrez les ennuis... Écrivain, c'est la même chose que journaliste, ce sont des gens qui viennent fourrer leur nez dans vos affaires, on les tient en lisière, on les empêche d'aller voir. Et moi, effectivement, j'ai une petite société agricole, je vais chercher de la main-d'œuvre au

Nord-Laos… Les journalistes de ma génération ont vécu l'époque du grand reportage qui est maintenant terminée. On les envoyait suivre des guerres, on disait "couvrir" l'Indochine, la Corée, l'Algérie, l'Afrique noire, on était tout le temps en mouvement. On avait l'impression de vivre des aventures exceptionnelles, alors qu'en fait nous étions des spectateurs. Nous avions une légère tendance à croire que nous étions aussi sur la scène, on avait créé ce mythe. Brusquement, ce mythe s'est écroulé, car la presse a complètement changé, la télévision l'a complètement changé et cette génération de journaliste, quand elle revient en France, retrouve un autre pays, d'autres journaux, d'autres méthodes de travail… »

Pendant près d'un demi-siècle, cet étonnant journaliste qui ne s'appelait pas Jean Lartéguy, mais Lucien Pierre Jean Osty, fera vivre en direct aux Français tous les grands conflits du monde, leur ouvrant le quotidien des combattants, décrivant en larges épopées les aventures des guerres et des révolutions d'Asie, du Moyen-Orient, du Maghreb, d'Amérique latine ou d'Afrique noire.

Rarement écrivain aura conquis une telle popularité en évoquant simplement les tourments de l'actualité. Bien peu également auront vu fondre sur eux autant de critiques et d'attaques. Chantre de la guerre et de la colonisation, a-t-on prétendu, macho sans envergure, raciste et fasciste. Et pire encore parfois ! Lartéguy laissait toujours sa plume répondre pour lui. Ce qui faisait dire à son ami Schoendoerffer : « Son œuvre parle pour lui[2]. »

Dans ses romans, le rôle central revient parfois à un officier mais le plus souvent à un journaliste. Un journaliste qui lui ressemble étrangement, mais sans être pourtant tout à fait lui, comme celui que reconnaîtront tous les lecteurs des *Centurions* : « Il haïssait toutes les formes de hiérarchie et mettait dans le même sac les communistes avec lesquels il avait milité un temps, les jésuites qui l'avaient élevé, les flics avec lesquels il avait souvent eu maille à partir, les bourgeois contre lesquels il retrouvait son mépris d'aristocrate, les militaires qu'il jugeait stupides, les vierges desséchées, les membres du corps enseignant, du clergé, les polytechniciens, les inspecteurs des finances, les souteneurs, les Corses, les Auvergnats et les enfants prodigues… »

Étonnant Lartéguy, animé d'une réelle passion militaire mais rebelle dans l'âme, tourné vers le monde et profondément enraciné dans sa Lozère natale, un pays, disait-il, « où les hommes vous regardent droit dans les yeux ».

Chapitre I

LES RACINES ET LE BOIS VERT

> « Seul l'arbre qui a subi les assauts du vent est vraiment vigoureux, car c'est dans cette lutte que ses racines se fortifient. »
>
> Sénèque

Sur les hautes terres de l'Aubrac, on est paysan et berger depuis des générations. L'hiver, quand le plateau recouvert de neige est isolé du reste du monde, les hommes partent à la ville vendre du bois, du charbon. Les plus aventureux poussent jusqu'à Paris. À la fin du XIXe siècle, avec le train qui chemine à travers les plateaux et les vallées profondes, les Auvergnats de la capitale sont devenus légion. Bougnats, cafetiers, restaurateurs, ils reviennent à la belle saison dans leurs villages aux toits couverts de lauzes. Avant la grande saignée de 1914, tous ces bourgs d'Auvergne, aujourd'hui déserts, sont encore des communautés vivantes. Les cafés sont pleins, les églises aussi. Tout le monde s'y connaît et se salue le jour du marché ou à la sortie de la messe.

L'histoire de Lucien Osty, futur Jean Lartéguy, commence ici.

De l'Aubrac aux tranchées : l'histoire d'un père

À Saint-Sauveur-de-Peyre, un petit hameau près d'Aumont-Aubrac, la famille Osty est là depuis toujours, c'est-à-dire depuis les plus anciennes traces relevées dans les registres paroissiaux, au XVIIe siècle. Jean Osty, un paysan de Saint-Léger-de-Peyre avait épousé en juin 1612 une demoiselle Catherine Porte. Leur fils, José, s'était le premier établi à Saint-Sauveur où il s'était marié en 1646, passant le reste de sa vie au hameau de Peyreviolle, en patois « le hameau de la pierre qui chante », si l'on en croit l'étymologie souriante qui a cours dans la famille.

L'évocation du passé lointain et d'ancêtres forcément légendaires donne chez les Osty, comme ailleurs, naissance à d'étonnants récits familiaux. Cette aïeule, une forte femme dit-on, que l'on a toujours appelée la Césarde, ne serait-elle pas la fille secrète du grand César de Grolée, dit César de Peyre, puissant baron du Gévaudan et lieutenant général du Languedoc ? D'ailleurs, un autre Osty, au XVIIIe siècle, s'appelait lui aussi César… Le rêve d'un ancêtre au sang bleu court souvent dans les fières familles de paysans pauvres, alors qu'on trouve leurs noms sur les monuments aux morts plus que dans les livres d'histoire.

Sous le Second Empire, Jean-Pierre et Marie Osty quittent leur village. Direction Paris. Les Lozériens sont infatigables. Le jeune paysan y accepte, pour quelques sous, toutes les besognes. Il monte à dos d'homme les lourds sacs de charbon dans les étages des immeubles parisiens ; il cire les parquets des grands magasins. Sou à sou, il parvient à économiser de quoi prendre en gérance un premier café dans les beaux quartiers, rue Washington, près des Champs-Élysées. L'enseigne annonce « vins et charbon », mais Marie prépare aussi la soupe qui sert de repas aux employés et aux commis nombreux dans cette rue passante.

En 1887, le premier enfant du couple est un « sauverace » comme on dit en patois, un garçon nommé Émile. Deux autres viendront ensuite, Albert et Fernand. À l'époque, il est rare que les enfants restent avec leurs parents. On les envoie en nourrice, ou dans la famille, au bon air, loin de la ville. Émile et Albert iront ainsi à Peyreviolle, confiés aux bons soins de la grand-mère Marie-Anne, et leur enfance est celle des petits paysans de leur temps : ils gardent dans les prairies les belles vaches aux cornes en lyre, ils écoutent médusés la Mamé leur raconter comment, enfant, elle a tenu en respect un loup qui menaçait son troupeau.

Le bougnat de la rue Washington a fait quelques économies, assez pour acheter un troupeau et une maison au pays, à Aumont, dans le quartier de la Baraquette. Albert aime cette vie de plein air. Son frère aîné, Émile, est bien davantage attiré par les livres. Le curé d'Aumont a d'ailleurs très vite signalé ses capacités à la famille. Il faudrait qu'il aille au petit séminaire… L'oncle Paulin, qui est curé de la paroisse janséniste Saint-Jacques-du-Haut-Pas à Paris, lui a parlé de ses prédécesseurs du XVIIe siècle, les Messieurs de Port-Royal, qui s'étaient penchés sur l'exégèse des textes sacrés. Cette aventure intellectuelle et religieuse fascine Émile. En attendant, pendant les vacances d'été, son père l'envoie avec Albert garder les oies dans les prés au lieu de lire tranquillement Sophocle dans le texte, au soleil. Devenu prêtre, passionné d'écritures saintes et de langues anciennes, Émile va se consacrer à la traduction de la Bible : c'est la « Bible Osty », toujours d'actualité, qui lui vaudra une renommée mondiale.

Le plus jeune des trois frères, Fernand, est mort enfant : Albert reprendra donc, au choix, le commerce ou l'exploitation familiale. Même s'il demeure un petit paysan lozérien, il va lui aussi à l'école chez les Frères des Écoles chrétiennes et obtient son certificat d'études primaires : assez pour lire, écrire et compter parfaitement.

En 1911, il part pour deux ans de service militaire chez les chasseurs alpins mais, en 1913, les députés votent la loi des trois ans destinée à compenser l'infériorité démographique de la France, qui ne compte alors que quarante millions d'habitants. Avec soixante-dix millions d'habitants, l'Allemagne apparaît à nouveau, depuis 1905, comme la rivale contre qui il faudra bien un jour entrer en conflit. Le jeune Lozérien est donc encore sous les drapeaux lorsque la Grande Guerre éclate. Il a vingt-quatre ans et de la bravoure à revendre. Son régiment, le 24e bataillon, termine ses manœuvres dans les Alpes. Rapidement, il est dirigé sur la frontière de l'Est. Premiers combats extrêmement violents à Dieuze, au Sud-Est de Metz. Le bataillon sera de toutes les batailles, sur la Marne, devant Verdun, sur l'Yser, en Champagne, dans la Somme, dans l'Aisne où, successivement troupe d'attaque et de résistance, il fait preuve d'une énergie sans pareille.

En quelques mois, Albert Osty grimpe un à un les échelons de la hiérarchie militaire, il est nommé sergent-chef puis bientôt décoré de la croix de guerre à l'ordre de l'armée. En 1916, quand la saignée rend plus nécessaire que jamais le recrutement de nouveaux officiers, il est naturellement choisi par ses chefs. Le voilà sous-lieutenant, major de sa promotion. Pendant sa formation, il a manqué les combats terriblement meurtriers sur la Somme dans lesquels s'illustre son bataillon : mais il est de ceux sans merci du Chemin des Dames en 1917. Il s'illustre à nouveau dans des faits de guerre et gagne de nouvelles palmes[1] dans des combats rapprochés de tranchées. Les journaux de l'arrière, et notamment l'un des plus lus, *La Petite Illustration*, évoquent nommément le sous-lieutenant Albert Osty et racontent ses faits d'armes. Ils précisent comment, à bout portant, il a tué un officier allemand et son ordonnance dont le détachement allait les faire prisonniers, lui et ses soldats. Cette même année 1917, Albert est grièvement blessé à la colonne vertébrale et évacué.

Il est alors soigné à l'hôpital parisien de La Salpêtrière, par le célèbre neurochirurgien Babinski, élève du grand Charcot, qui le sauve d'une paralysie certaine. Pour lui, la Grande Guerre s'arrête là. Il en passe la dernière année à l'hôpital, prisonnier d'un corset de plâtre. Sa bravoure a été reconnue, il est fait chevalier de la légion d'Honneur avant la fin des combats.

Les bougnats

Pour cet ancien combattant convalescent, comme pour toute sa génération, le retour à la paix et à la vie civile a le goût de l'inconnu. Après sept ans de vie militaire, d'assauts intrépides, comment reprendre pied dans la vie ordinaire ? D'abord, en se mariant. Albert a rencontré une jeune Picarde, originaire d'Abbeville, Lucia Caillot. Ses parents, des paysans de la Somme, ont dû fuir leur région à cause de la violence des combats. Ils se sont installés en banlieue parisienne. Lucia a vingt ans, elle aussi a obtenu son certificat d'études. On ignore comment elle a rencontré le bel officier si décoré et si visiblement marqué, physiquement et moralement, par la violence des combats. Les jeunes mariés sont amoureux, mais totalement désargentés.

Jean-Pierre Osty est retourné au pays, il y meurt en 1922, mais il a gardé des amis et des parents à Paris. Entre Auvergnats, on se sert les coudes. Albert cherche du travail ? Les « gros » de Bercy, puissants marchands de vin, tous auvergnats, accueillent à bras ouverts le paysan lieutenant.

Albert travaille donc successivement dans plusieurs bistrots de banlieue, avant d'obtenir la gérance de son premier café à Maisons-Alfort. La petite ville, située en bordure de la Seine et de la Marne, profite de la proximité de Paris. Elle a son tramway, ses usines, ses chantiers, mais aussi « des maisons de campagne, des maraîchers, des employés du chemin de fer, des retraités, des postillons, des mariniers, des ouvriers parisiens », raconte le maire, Amédée Chenal, « ils viennent chercher chez nous un logement plus vaste et un air plus pur qu'à Paris ». En effet, dès les premières chaleurs, les Parisiens quittent la capitale suffocante et viennent goûter aux joies des guinguettes qui bordent la Marne et s'adonner au délassement de baignades rafraîchissantes. Faisant face au chemin de halage qui longe la rive droite, la petite île de Charentonneau constitue l'une des destinations les plus appréciées pour sa petite plage de sable blond, par endroits ombragée, qui descend en pente douce vers des eaux peu remuantes et propices au bain.

Albert s'est endetté pour s'installer, mais le café ne désemplit pas. Petits blancs, café calva, mais surtout Suze ! Une Suze à la gentiane ! Une Suze, l'amie de l'estomac... La distillerie est installée à Maisons-Alfort et les ventes s'envolent en ce début des années 1920. On trinque aussi au nouveau-né du patron car, le 5 septembre 1920, un dimanche, juste après la volée de cloches de l'église Saint-Maurice, à dix heures et quinze minutes, est né « Lucien Pierre Jean Osty, né de sexe masculin d'Albert Pierre Osty, trente ans, marchand de vins, et de Lucia Julia Adelina Aimée Caillot, son épouse, vingt-et-un ans, sans profession[2] » à leur domicile, au numéro 2 de la Grande-rue. Les voisins sont accourus pour fêter la naissance : aucun d'entre eux, pas plus que ses parents, n'imagine le destin du solide petit bonhomme qu'on vient juste d'envelopper dans ses langes. Un voisin, Alexandre Deschamps, mécanicien de son état, est venu participer à la joie et aux libations de circonstance... Une cartomancienne aussi, parmi les nombreuses du quartier, s'est invitée à la fête. Nul doute qu'elle ait annoncé aux heureux parents un destin hors du commun pour leur premier fils. Lucia a à peine le temps de se remettre de ses couches et d'admirer son petit : quelques jours après sa naissance, Lucien est confié à une nourrice tandis que ses deux parents reprennent le travail quotidien. Au café, en servant les clients, Albert Osty discute de tout et de rien, et de l'actualité bien sûr : en cette fin d'année 1920, la France panse encore les plaies profondes de la Première Guerre mondiale qui a prélevé un lourd tribut sur les générations combattantes, rayant de son trait sanglant maris, pères, fils ou fiancés.

À la fin septembre, la une de la presse, c'est bien entendu la démission pour troubles mentaux du président de la République, Paul Deschanel : il sera remplacé par Alexandre Millerand. En novembre, le soldat de seconde classe Auguste Thin, âgé de 21 ans, dépose dans la chapelle ardente de Verdun un bouquet d'œillets blancs et rouges sur l'un des six cercueils de combattants anonymes, désignant ainsi le soldat inconnu qui sera, quelques jours plus tard, inhumé sous l'Arc de triomphe à Paris. En décembre, à Tours, le parti communiste voit le jour. La France est orpheline, mais elle a gagné la guerre : elle en connaît le prix, elle en mesure les effets. Avide de délivrance et de repos, elle veut recouvrer sa joie de vivre : tandis que les Années folles battent leurs premières mesures, c'est un Français, Georges Carpentier, qui est sacré champion du monde de boxe des mi-lourds. La vie reprend ses droits ; les menaces de la guerre semblent conjurées : le pape Benoît XV ne vient-il pas de canoniser Jeanne d'Arc et de placer la France sous son patronage et sa protection ?

Mais, malgré les drapeaux au vent et les parades triomphales, comme de nombreux anciens combattants, le sous-lieutenant Osty mesure bien vite l'indifférence avec laquelle la république victorieuse accueille les sacrifices de ceux qui ont défendu pied à pied, pendant quatre ans, le sol de la patrie. D'autant que l'immédiat après-guerre conjugue avec le retour à la paix un chômage inévitable, une forte agitation sociale, des grèves spectaculaires dans les chemins de fer mais aussi chez les marins, les mineurs. Le mouvement des cheminots a été brisé grâce à la mobilisation de l'armée. Les luttes ouvrières ont pris un nouveau tour avec l'apparition, dans le paysage politique, du parti communiste français, décidé à suivre le modèle de la révolution bolchevique qui triomphe alors en Russie. On parle de tout cela au café de Maisons-Alfort. On parle de la paix qui n'est pas encore revenue à l'Est de l'Europe, des campagnes exsangues et des villages détruits au Nord, à l'Est de Paris, des anciens combattants qui manquent de tout malgré la multiplication des associations de secours : Union des aveugles de guerre, des Gueules cassées, Union nationale des Combattants. Même les communistes possèdent leur propre association, l'Association républicaine des anciens combattants, créée par Henri Barbusse, l'auteur à succès du *Feu*, écrit d'après ses carnets de guerre.

Le pacifisme et l'engagement politique de cette puissante association ne satisfont pas le sous-lieutenant de réserve Albert Osty. L'attachement au pays mais aussi à ses valeurs traditionnelles, le travail, la religion, la famille, tout cela explique qu'il adhère dès 1927 à « l'association des combattants de l'avant et des blessés de guerre cités pour action d'éclat », qui regroupe les valeureux décorés de la croix de guerre pour action d'éclat au front. On les appelle les Croix-de-Feu. Le fondateur de l'association, l'écrivain Maurice Hanot, dit le lieutenant d'Hartoy, a voulu rassembler en dehors de toute référence partisane une élite d'anciens combattants. En 1930, ils sont 15 000 ; le nombre des adhérents va quadrupler au cours des années qui suivent. Ancien combattant, officier, homme d'action, le cafetier de Maisons-Alfort se retrouve totalement dans la carte de vœux que Maurice d'Hartoy envoie le 1er janvier 1929 aux membres de l'association : « C'est avec des hommes comme vous que les combattants nettoieront le pays et feront respecter leurs volontés[3]. » Avant même l'adhésion aux Croix-de-Feu, Albert Osty s'est rapproché de militants politiques nationalistes : ses amis se nomment Ernest Berger et Jules Lecomte, proches tous deux des Camelots du roi de l'Action française. En 1925, il perd Jules Lecomte, tué par balle à la sortie d'une bouche de métro, peu après la fusillade de la rue Damrémont[4]. L'histoire réserve à ce dernier un clin d'œil assez singulier[5]. Au-delà de la peine qu'éprouve alors Albert, le combattant reprend vite le dessus et son caractère, déjà rebelle et indomptable, s'en trouve un peu plus renforcé encore, comme l'est aussi sa détermination. Le 6 février 1934, il fait ainsi partie de ceux qui manifestent devant la Chambre des députés, dénonçant la corruption et l'impuissance des hommes politiques de la Troisième République.

C'est donc bien dans une France « bleu horizon » que le fils d'Albert et de Lucia a vu le jour, mais les rumeurs de la guerre se sont, pour un temps, éloignées. Lucien passe ses premières années aux bons soins d'une nourrice, dans l'Aubrac. Elle s'appelle Marie-Marthe Bouchard, elle vit à deux pas de la grand-mère dans le petit quartier de la Baraquette, tout près également de Saint-Sauveur-de-Peyre. Elle sera une véritable mère de substitution, élevant Lucien comme l'un de ses enfants tout en prenant garde de laisser la Mamé toute proche veiller à l'éducation et à la formation du petit garçon.

La liberté du haut plateau

De cette petite enfance passée au grand air, Lucien Osty devenu Jean Lartéguy gardera surtout le souvenir merveilleux de cette grand-mère qui « lui a tout appris ». « Ma grand-mère, Marie Osty, se souviendra-t-il, avait le génie des gibelottes, des fricassées et des "padelades" de truffes qu'elle faisait sauter dans une grande poêle avec du lard… Elle parlait le patois d'Oc, une langue riche, sonore, savoureuse qui n'avait point encore été assassinée par les rhéteurs ou domestiquée par les félibres. Elle la renouvelait sans cesse, inventant les mots, les expressions qui lui faisaient besoin. Elle décrivait ainsi un coucher de soleil : *"lou sol, lou pechaïre, se trescoubabo din lous pétas"*, le soleil, le pauvre, se couchait n'importe comment, dans le désordre des nuages qui ressemblaient à des chiffons de couleur éparpillés… Mais elle signait son nom d'une croix car elle ne savait ni lire ni écrire, n'ayant jamais été à l'école. À dix ans, on l'avait louée comme bergère et un hiver elle avait défendu son "troupeau contre le loup" ». « Elle vécut heureuse, ne cessant de chanter que pour mourir, sans déranger personne, serrant sur sa poitrine amaigrie le rosaire qu'elle avait tant de fois égrené. Comme horizons, elle n'avait connu que les monts de la Margeride. Ils étaient bleu lavande au printemps, mauves en été, roux en automne et, en hiver, ils se couvraient d'une neige qui scintillait sous la lumière cruelle d'un soleil blanc. Quand le temps en juillet ou en août était à la sécheresse, que l'horizon se teintait de pourpre, que les sources tarissaient, que les pâturages prenaient la couleur du chaume et que les bêtes dépérissaient ou que les nuées d'orage noires, menaçantes, risquaient de détruire les récoltes, alors elle récitait d'étranges prières en forme de comptine pour invoquer des saints qui ne figuraient sur aucun calendrier. C'était pour les autres qu'elle priait. Elle n'avait plus ni prés, ni champs, seulement quelques poules et le maigre troupeau que lui avait laissé mon grand-père à sa mort avait été dispersé sur le foirail. Elle estimait de son devoir d'aider ceux de son voisinage ou de sa parenté quand ils battaient le blé, faisaient cuire le pain, mariaient une fille ou perdaient l'un des leurs. Elle le faisait humblement, aux cuisines. Attentive à ces signes imperceptibles que vous fait parfois le destin elle savait les interpréter. Aussi je la croyais sorcière et elle m'impressionnait. Quand elle jugeait bon de me révéler la signification de l'un de ces signes, passage d'une comète, apparition prématurée d'un vol d'oiseaux migrateurs, floraison précoce d'un arbre, d'une fleur, elle me disait sur ce ton inspiré que devaient prendre les prophètes de la Bible : "*Escouto me*". Et moi, le garnement qui de l'angélus du matin à l'angélus du soir courait les bois, les landes et ces chaos de granit où se perdaient les torrents, moi qui n'entendais que le grondement de mon sang et déjà l'appel de l'aventure, moi l'impulsif, l'instable, le désordonné, je devenais soudain attentif. »

Il emportera aussi dans sa mémoire les images ventées du haut plateau, où les hommes font face à la nature, cette montagne de granit usée par l'érosion, celle des eaux, celle des vents et qu'habitaient les Gabales, des Celtes querelleurs, chevelus, dont la race, dit-on, resta pure jusqu'à nos jours. « Dans ces étendues grises, pelées où paissent de rares troupeaux, de chemins étroits bordés de frênes rabougris, tu croiseras, écrit-il dans *Les Baladins de la Margeride*, des fermes hostiles enfoncées dans la terre, près du tas de fumier que picorent les poules et des chiens faméliques aboieront sur ton passage »... Dans ce pays austère, Lucien grandit au milieu d'une fratrie, mais sans ses parents qu'il ne voit qu'en de rares occasions. De là, peut-être, lui viendra la carapace affective, cette mise à distance qui protège d'autrui surtout quand on en est dépendant. Ne pas donner trop vite son amitié, son sourire ou sa confiance à celui, ou celle, qui pourrait s'en détacher et le laisser alors, une fois de plus, seul devant un vide affectif trop grand. L'une des marques les plus frappantes de son caractère résidera sans doute dans cette crainte d'accorder trop tôt sa confiance.

Pour le moment, la vie chez sa nourrice est une succession de bonheurs tranquilles, une enfance sans obligation et sans contrainte, qui donne à Lucien le goût d'une liberté sans frein. Liberté d'aller et de venir au contact des bêtes, liberté de courir la campagne, de choisir ses amis, d'aller dénicher les oiseaux et de poser ses premiers collets sous les haies, liberté de pêcher les truites à la main dans le cours d'eau de la Rimeize qui coule non loin de là. Chez les Bouchard, on parle le patois de Lozère, une langue imagée qui emprunte au patois auvergnat et à l'occitan et que l'enfant, devenu écrivain, gardera en mémoire jusqu'à la fin de sa vie[6].

Le français, c'est à l'école des Frères, à Aumont, qu'il va l'apprendre, tout comme son père. Dès l'âge de trois ans, il découvre, sous la férule exigeante des Frères Mijoule et Savajols, la lecture et l'écriture, le calcul, l'histoire et la géographie. À Aumont, comme dans tous les gros bourgs, il y a deux écoles : la religieuse et la communale. Les affrontements entre les tenants de l'école laïque et ceux de l'enseignement religieux durent depuis presque un demi-siècle, mais ne sont pas apaisés pour autant. À la sortie des écoles, les gamins des deux bords se livrent à des bagarres mémorables dignes de *La Guerre des boutons*. Du haut de ses six ans, Lucien fait lui aussi le coup de poing contre ceux de la communale et rentre souvent, fier comme un coq, avec de belles égratignures. Personne n'y trouve à redire car, chez les Bouchard comme chez les Osty, l'honneur et Dieu passent avant tout. Longtemps avant la querelle entre l'Église et l'école républicaine, entre le curé et l'instituteur, celle des religions a profondément divisé les campagnes de Lozère. À l'Est, on est huguenot, protestant ; c'est à Pont-de-Montvert qu'a commencé la guerre des Camisards, deux siècles plus tôt. Mais ici, sur l'Aubrac, on est catholique. Le curé rend régulièrement visite aux Bouchard. Le petit Lucien apprend à servir la messe et, jusqu'à la fin de sa vie, se souviendra avec fierté des répons de son enfance quand la messe était célébrée en latin. Et puis, il y a le chanoine, l'oncle Émile qui vient régulièrement embrasser le petit d'Albert et Lucia.

Comme Lucien, ses deux frères et sœurs, Jean puis Josette, seront élevés en Aubrac loin de l'agitation parisienne. Les parents passent quand ils peuvent, c'est-à-dire rarement. Si peu que leur gamin, effrayé à la vue de ce couple qu'il connaît à peine, se précipite dans les jupes de la mère Bouchard et, quand sa mère veut le prendre dans ses bras, il se débat, hurle en patois qu'il ne veut pas de « *la vilenas de Paris* »…

Le Café du Métro

Albert et Lucia ont décidé de reprendre le petit dès que leurs affaires iraient mieux. Ils ont pu rapidement économiser de quoi acheter leur propre café et, dès la fin de l'année 1920, ils s'installent à Paris, au 8 place Daumesnil.

Donnant sur la place, à l'angle de la rue Decaen, le *Café du Métro* est un établissement très fréquenté. Dès l'aube, les ouvriers se pressent au comptoir avant l'embauche matinale. Albert est le premier levé, vers trois heures, chaque matin. Le nouveau patron veut que les clients sachent à qui ils ont à faire et c'est en tenue d'officier, bardé de décorations, qu'il descend servir le café ou le petit blanc. Quant à ceux à qui cette tenue ne plaît pas, ils n'ont qu'à aller boire ailleurs ! Avec certains, il en vient parfois aux mains, ce qui n'est pas pour lui déplaire… Les garçons de salle arrivent ensuite, ils sont cinq ou six. La cuisinière fait aussi le ménage et aide Lucia, qui descend plus tard mais reste jusqu'à la fermeture, vers deux heures du matin. Lucia et Albert vivent au-dessus du café. Ce n'est pas le grand confort. Il y a deux chambres, une pour les parents, une pour les enfants quand ils seront plus grands et une salle commune qui sert tout à la fois de salle à manger, de réfectoire pour les serveurs et de cabinet de toilette où l'on monte les bassines d'eau chaude pour se laver. Il y a aussi une petite cuisine qui est le domaine de la cuisinière, nièce d'un curé de Lozère, montée elle aussi à Paris, et qui prépare là les repas familiaux et ceux qui sont servis en salle. Les patrons du Café du métro s'imposent pendant près de six ans un rythme éprouvant pour rembourser leurs traites au plus vite, faisant ainsi passer leur vie familiale après le labeur quotidien.

En 1926 enfin, Albert et Lucia décident qu'il est temps de revenir au pays pour chercher le petit. Ils ont pu acheter une voiture et, à la fin de l'été, ils arrivent sur l'Aubrac. Pour Lucien, l'arrachement est terrible. Il ne connaît pas véritablement ce couple qui l'enlève à son univers d'enfance, à celle qu'il aime comme une mère et, dans la voiture, ses hurlements déchirants font pleurer Lucia. Finalement, c'est Albert, d'une voix de commandement qui n'admet pas la réplique, qui fait taire le garçon terrorisé. À la nuit, c'est l'arrivée dans la grande ville. Sur les pas de ces deux étrangers que sont ses parents, Lucien grimpe l'escalier étroit et sombre et s'installe dans ce qui lui semble être une prison. Tout, racontera-t-il, lui semble étriqué, étouffant, inquiétant.

Au matin, autre frayeur. Sa grand-mère lui a parlé des loups et de la bête du Gévaudan, mais il n'a fait que rêver de ces animaux inquiétants. Là, sur la place Daumesnil, dressés face à lui, les huit lions de bronze de la fontaine du Château d'Eau, monstres inconnus aux gueules grand ouvertes, semblent vouloir le dévorer ! Tout lui fait peur dans cette vie nouvelle.

La rentrée scolaire est proche et ses parents l'ont inscrit à Saint-Michel-de-Picpus, alors installé rue Braille. L'établissement ne compte que 120 élèves et on ne badine pas avec la discipline : rien à voir avec la petite école d'Aumont. Le jeune Lucien apprend à repérer son chemin, de la place Daumesnil au boulevard de Picpus, jusqu'à son école. Le petit collège dépend des Oratoriens, qui se montrent très exigeants avec chacun de leurs élèves : hélas, les résultats du jeune Osty sont très médiocres.

La vie de famille a été transformée par l'arrivée en 1928, d'un second fils, Jean[7], confié lui aussi dès après sa naissance à la nourrice familiale en Aubrac. Lucien n'est alors âgé que de huit ans, mais il fait déjà figure de grand et aide au service après les heures d'école.

Aux grandes vacances, il retrouve avec bonheur la Lozère et sa Mamé. Une chose l'intrigue pourtant : dans la maison familiale, l'une des pièces est toujours fermée. Lucien a maintenant dix ans, il déniche la clef, ouvre la porte. Au mur, des décorations sont accrochées, des armes, des masques à gaz. Des cartes évoquent les combats de la Grande Guerre. Ces souvenirs qui évoquent les combats de son père et de son oncle Émile ont été précieusement conservés là par la grand-mère. Il y a aussi un étonnant appareil, un stéréoscope, qui permet de voir comme en relief des photos sur verre, et ce qui apparaît soudain aux yeux de Lucien, c'est l'horreur des tranchées, ce sont des ombres, les pieds collés dans une boue gluante et oppressante, des visages hallucinés de fantômes barbus et hagards dans les yeux desquels se lisent pêle-mêle la fatigue, la résignation, l'abrutissement et le doute. Et partout des rats, partout des cadavres : « Ce que je vis, écrira-t-il plus tard, me glaça d'épouvante [...], sur ces plaques aux teintes sépia était inscrite toute l'horreur du monde[8] ». Au beau milieu de vacances insouciantes, la guerre et la mort ont fait irruption dans sa vie. Dès qu'il le peut, il demandera au chanoine son oncle, à son père aussi, si c'était vraiment comme cela. « Tu y étais ? Cela, tu l'as vu ? Un mort, c'est comment ? » Et comme on ne lui répond pas, Lucien se lie d'amitié avec le fossoyeur du cimetière pour tenter d'en savoir plus. Une chose est sûre maintenant, le gamin a compris que les médailles que porte si fièrement son père sont le signe de sa grande bravoure. Aussi, à défaut d'aimer véritablement cet homme sombre et distant, Lucien se prend peu à peu d'admiration pour lui.

Le retour à Paris représente à chaque fois pour lui un véritable calvaire. C'est le retour au morne quotidien, à cette ville noire et bruyante qu'il n'aime pas. À l'école, il apprend ses leçons mais se contente du minimum. Il lit, mais travaille peu. Il n'a pas non plus de vrais amis. Au milieu des petits Parisiens, son accent chantant détonne ; pour autant, son regard déterminé, son agilité et son allure solide de petit gars de la campagne tiennent en respect les moqueurs. Le soir, après le service en salle, un peu perdu et livré à lui-même, il se réfugie dans la lecture et remplit des petits cahiers dans lesquels il recopie les récits d'aventure et de voyage qui lui permettent de s'évader. Lucien est en sixième, il découvre sous le regard silencieux de ses parents le latin et le grec. On ne parle pas beaucoup en famille. Si Lucia est pleine d'attention pour son aîné, Albert manque de patience avec le gamin et tient à son autorité de chef de famille. Il parle, il décide, on l'écoute et on lui obéit !

À force de travail, la fortune finit d'ailleurs par sourire au patron du Café du métro. 1931, c'est l'année de l'exposition coloniale conçue par le maréchal Lyautey, ministre des Colonies. Elle est inaugurée par le président de la République, Gaston Doumergue. L'exposition, tout à la gloire de l'Empire colonial français et de son œuvre civilisatrice, est aussi l'occasion de faire découvrir aux Parisiens des indigènes authentiques et pittoresques. Elle se tient non loin de la place Daumesnil, à Vincennes, tout près de la Porte Dorée. C'est un succès colossal : trente millions de visiteurs, une affluence jamais égalée. Pendant six mois, le café d'Albert Osty ne désemplit pas et le bas de laine du patron grossit à vue d'œil. Pour la famille, c'est le début de l'aisance. Le moment est venu de faire revenir d'Aubrac le petit Jean. Lucien a treize ans et vit depuis sept ans en enfant unique. Le voilà contraint, du jour au lendemain, de faire une place à ce petit frère de cinq ans, de lui partager son lit, sa chambre et l'affection de sa mère, de s'occuper de lui et même de l'emmener à l'école ! C'en est trop, il va s'en aller. Ils verront bien…

Partir, déjà

Il n'a pas la moindre idée de l'endroit où il va et rôde sans but dans ce Paris qu'il déteste. Après des heures de marche, exténué, crevant de faim, il tombe sur un prêtre qui le ramène en pleine nuit place Daumesnil. Sa mère l'accueille en larmes et son père, rongé d'inquiétude, laisse libre cours à sa colère. Alors, à bout de force et de nerfs, Lucien, comme une bête traquée, monte dans la chambre de ses parents, ouvre la table de nuit où son père garde son revolver d'ordonnance et le braque dans sa direction. Albert recouvre instantanément son calme. Il désarme son fils et évite le drame. Mais dès le lendemain, sa décision est prise : mieux vaut pour l'instant éloigner Lucien du cadre familial. Sur les conseils de son frère, Émile, devenu directeur du petit séminaire de Paris, il décide d'envoyer le garçon chez les jésuites, au collège Saint-François-de-Sales, à Évreux[9].

Pour Lucien, la pension est un exil, il s'y sent incompris et en gardera longtemps rancune à son père. D'autant que l'arrivée chez les jésuites a tout d'une mesure punitive : discipline de fer et obéissance impérative à ces éducateurs exigeants. À la stricte règle de vie s'ajoute le contact, déroutant pour des adolescents, avec des maîtres souvent excellents, mais qui manient une ironie mordante. Lucien Osty se souviendra ainsi longtemps de son maître principal en classe d'humanités – l'actuelle seconde –, l'aristocratique Fernand de Montrichard, personnage sec, nerveux, au visage émacié. La pédagogie jésuite accorde une place centrale à la compétition entre élèves et au dépassement de soi. Or, appliquant à la lettre le précepte évangélique selon lequel « les premiers seront les derniers », le révérend de Montrichard scandalise les adolescents en distribuant les croix d'honneur, réservées aux meilleurs élèves, aux derniers du classement… Dominant le tollé que cette mesure a provoqué, la voix moqueuse du jésuite s'élève : « Messieurs, vous avez appris à me connaître et à me déstester. Vous savez qu'à l'orgueil du marquis, je joins la morgue du jésuite. Et ceci pour vous apprendre l'injustice[10]… » Avec le recul des années, et une certaine rancœur, Lartéguy n'hésitera pas à comparer la rhétorique retorse des jésuites à celle des communistes.

Pourtant, passés les premiers temps, Lucien s'habitue au pensionnat, il y devient même bon élève, habile en composition française, doué pour le latin et le grec, expert en verbes irréguliers qu'il pourra longtemps réciter par cœur – verbe prendre : lambano, lepsomai, elabon, eilepha, eilemmai, elephthen ; entendre : akouo, akousomai, ekousa, akekoa, ekousthen… À la distribution des prix, en fin d'année, il obtient plusieurs accessits et se voit même confier le rôle d'Oreste dans la représentation d'*Électre* jouée, devant les parents ébahis, en grec ancien[11]. Tout n'est finalement pas si mauvais dans les méthodes des jésuites…

Le café de la place Daumesnil et la vie familiale forment désormais un arrière-plan lointain. En 1935, Albert et Lucia ont eu un troisième enfant, Josette, mais la naissance de cette petite sœur constitue pour Lucien un non-événement. En revanche, les vacances en Lozère, année après année, sont toujours pour lui l'occasion de battre la campagne. Après le monde uniformément masculin du collège, les grandes vacances sont aussi la découverte des filles. Dans *Les Baladins de la Margeride*, Jean Lartéguy évoque ses conquêtes, sur le haut plateau, et d'abord, avec un brin de provocation, la fille du gendarme, mais aussi la jolie Maria, la fille de sa nourrice, de douze ans son aînée mais qui ne résiste pas, dit-on, aux charmes du jeune homme qu'il est devenu.

Les souvenirs de l'été rendent moins pesants les jours studieux du retour au collège où l'on trouve malgré tout l'occasion de s'amuser. On n'est pas sérieux quand on a dix-sept ans, même et surtout lorsqu'il s'agit de commémoration solennelle. Tous les 21 janvier, le collège célèbre ainsi la date anniversaire de l'exécution de Louis XVI : messe et cravate noire de rigueur pour tous les élèves ; mais Osty et son camarade Mac Conkey ont décidé de braver la consigne et de venir avec une tenue de leur choix. Ce sera donc, au lieu de l'uniforme quotidien, une veste à carreaux et une lavallière d'un rouge éclatant. En les voyant, le père préfet, le révérend Labouré, manque de s'étouffer : « Assassins du roi ! », lance-t-il scandalisé aux deux drôles qui seront dûment punis. Mais les jésuites ont l'esprit large et savent reconnaître les bons élèves : la même année, Lucien Osty est donc présenté au concours général d'histoire et décroche le premier prix. Bien des années plus tard, Jean Lartéguy évoquera cet épisode qui permet déjà de dater son goût pour une histoire imaginée à sa façon[12] : « J'ai remporté le concours général d'histoire contre une fille bien meilleure que moi, vraiment, bien plus instruite et bien plus à l'aise que moi. Elle se destinait à l'École des Chartes, et je me souviens que je la trouvais moche. Nous devions produire une étude d'une lettre de Charlemagne dans laquelle ce dernier s'adresse à son frère Carloman au sujet d'une barre de bâtardise. Évidemment, cela ne me disait rien ou pas grand-chose. Mais j'ai pourtant gagné en imaginant Charlemagne se moquer de son frère. Voyez, j'ai gagné sur une intuition, et sur l'audace de la défendre sans être persuadé de sa pertinence… »

Imagination, audace, voici bien les deux qualités de l'indiscipliné élève des jésuites, tour à tour assassin de Louis XVI et plume de Charlemagne ! L'élève de rhétorique est instinctivement réfractaire aux systèmes établis, à l'esprit de caste. Il rejette dans un même mouvement les jésuites et la religion et, pour cause d'incompatibilité d'humeur, finit par se faire mettre à la porte du collège d'Évreux. Il n'en a cure et part un nouvel été en Lozère. À la rentrée, ses parents l'ont inscrit en classe de philo au lycée Lakanal à Sceaux. C'est là qu'il va passer la deuxième partie de son « bachot », comme on dit alors. Lakanal est l'antichambre de Polytechnique et de Normale Sup', n'y entre pas qui veut ! Les bons résultats du jeune Osty lui permettent d'intégrer le prestigieux lycée de la banlieue sud. Il y sera pensionnaire, malgré la proximité de Paris. Au fond, cela ne le dérange pas vraiment, ses parents sont toujours aussi occupés et Lucien a plus encore qu'auparavant besoin d'indépendance. Quand il repensera à son éducation, au lendemain des turbulences de mai 1968, Lartéguy évoquera ce que doit être le cadre d'une adolescence épanouie : « Les adolescents aiment la loi. Ils haïssent la faiblesse et la complicité quand cela vient d'un adulte. Ils cherchent des parents et des maîtres à respecter, parce que respectables. Maîtres et parents se dégonflent et viennent leur lécher les bottes. Alors ils les envoient balader, faute de ne pouvoir leur faire confiance[13]. »

En attendant, au lycée, le rythme est encore plus soutenu que chez les bons pères. Lucien bûche, du moins, il en donne l'apparence. Dans son livret scolaire, l'honorable Vivier, son professeur de philosophie, note qu'il s'agit d'un « bon élève, qui obtient des résultats satisfaisants ». Plus dubitatif, Morel, son professeur de lettres, lui reconnaît « une certaine activité… esprit vif mais, regrette-t-il, qui s'est désintéressé des études littéraires ». Ce qui est plus ennuyeux, c'est que les résultats scientifiques sont catastrophiques : « mauvais élève qui ne travaille pas… perd son temps… difficilement sérieux et attentif, se disperse trop ». Le proviseur conclut de façon lapidaire : « résultats médiocres d'un élève manquant de sérieux, insuffisant, qui ne sera pas repris au lycée en cas d'échec[14] ». La réaction du père Osty à la lecture de ce bulletin ne fait aucun doute. Pourtant, contre toute attente, Lucien est reçu au bac.

Pour l'instant, il n'a pas la moindre idée de ce qu'il pourrait faire. Des études ? Pourquoi pas, il en a les capacités mais, après ces longues années de travail scolaire, les cours, les livres le rebutent trop : ce n'est pas exactement sa conception de la vie. Les événements vont décider pour lui.

Le 3 septembre 1939, deux jours avant ses dix-neuf ans, Édouard Daladier, le taureau du Vaucluse[15], déclare officiellement la guerre à l'Allemagne. Pour Lucien, plus question désormais de poursuivre d'hypothétiques études. Il est encore mineur, mais a atteint l'âge de s'engager : « l'autorisation paternelle ne posa aucun problème », écrira-t-il plus tard. Albert Osty, officier d'active de la Grande Guerre, est maintenant âgé de quarante-neuf ans. En théorie, il pourrait lui aussi s'engager à nouveau, mais ses blessures passées y font obstacle.

Lorsque Lucien est venu lui annoncer sa décision, on imagine à la fois l'air de défi du fils et la fierté du père de voir quel sang coule dans les veines de l'héritier des Osty. Pourtant l'événement est une occasion manquée de plus. Comme d'habitude, aucun ne comprend les sentiments de l'autre : ces deux-là ne se rapprocheront jamais.

Lucien quitte le domicile paternel pour suivre son propre chemin.

Chapitre II

AU COMMENCEMENT ÉTAIT LA GUERRE

« La liberté orageuse est préférable à un orage tranquille. »

Joseph Lakanal

Le combat différé

Le 11 novembre 1939, très exactement vingt-et-un ans après l'armistice mettant un terme à ce qui devait être la « der des ders », Lucien Pierre Osty, soldat de deuxième classe, est affecté au 155e régiment d'infanterie à Avignon[1]. Au dépôt du régiment, sous le beau soleil de Provence, on s'ennuie ferme. Le régiment dans lequel il a été affecté n'est pas une unité combattante. Sa mission, avant tout logistique, consiste à répartir la main-d'œuvre agricole que la mobilisation générale a désorganisée pour veiller à ce que la terre soit cultivée et continue de produire. Pas de combat, pas d'entraînement. Plus déprimant encore, les camarades de Lucien ont l'âge de son père, ce sont des soldats des vieilles classes – 1914 ou même 1912 –, des hommes faits, rattachés à des unités territoriales et qui ont tous en commun leur origine rurale. Ce sont des paysans, des bourreliers, des maréchaux-ferrants : Lucien, avec son baccalauréat en poche et ses envies d'aventure, ne se sent pas grand-chose en commun avec eux. Mais il les écoute et cela lui rappelle les paysans de son enfance. Certains sont hauts en couleurs, comme ce dénommé Julien qui exerce dans le civil la douce profession de proxénète. Le personnage a vite remarqué le jeune Lucien. Il se fait un plaisir de lui vanter sa profession et ses relations. Et comme les autorisations de sortie ne manquent pas, il introduit Lucien dans une excellente maison où il a ses entrées. La situation enchante le jeune griveton qui profite du gîte, du couvert et des commodités des lieux. La rigueur des ordres enseignants n'est déjà plus qu'un lointain souvenir… Dans cette pension de famille un peu particulière, à l'atmosphère si bon enfant, Lucien se sent enfin entouré, compris, accepté. « C'était, écrira-t-il, la première fois que j'avais l'impression d'avoir une vraie famille[2] ! »

Pour autant, les joies de la vie de garnison sont vite épuisées : Lucien aspire à autre chose. Il ne s'est pas engagé pour faire de la planification agricole et n'hésite pas à le dire à ses chefs qui ont déjà remarqué ses capacités. Ces derniers ont justement décidé de l'envoyer suivre le peloton préparatoire des élèves officiers à Hyères. Comme son père, vingt-trois ans plus tôt, le voici donc qui sort du rang et découvre le maniement d'armes un peu plus modernes qu'à Avignon, les marches de nuit et l'entraînement d'un groupe de combat. Cette nouvelle vie l'enthousiasme, et il ne parvient pas à comprendre certains de ses camarades qui semblent parfaitement blasés, tout comme l'est d'ailleurs l'encadrement.

Étrange période que ces longs mois d'incertitude où l'on se prépare à un conflit qui semble ne pas vouloir éclater. Cette drôle de guerre sans perspective casse le moral des soldats comme celui des civils. Parmi les officiers, très rares sont ceux qui ont une idée précise du conflit qui s'annonce. Tous ont été formés au lendemain de la Grande Guerre : ils s'attendent, comme en 1914, à un conflit long, à des combats meurtriers où l'infanterie sera placée en première ligne et souvent sacrifiée ; des perspectives plutôt décourageantes qui expliquent leur manque d'entrain. Lucien est pourtant satisfait de ce séjour, l'entraînement lui plaît et il passe avec succès toutes ses évaluations. Il est donc envoyé dans la Creuse, au camp de La Courtine[3], pour y parfaire sa formation d'officier, les écoles de Saint-Cyr et de Saint-Maixent[4] ayant été pour un temps regroupées sur ce site. Le jeune élève officier arrive à La Courtine deux jours avant le début de l'offensive allemande à l'Ouest, le 6 mai 1940.

La vie au camp lui semble un avatar insipide de la vie de pensionnat : baraques alignées, chambrées nombreuses, discipline, conditions de vie sans confort. Tout cela le laisse parfaitement indifférent. Ce qui le frappe plutôt, ce sont les prairies et les bois semblables à ceux de son enfance, les horizons bosselés, les villages aux austères maisons de granit comme sur l'Aubrac. Pour la première fois depuis longtemps, il a enfin l'impression d'être lui-même, d'être libre. Alors que l'offensive allemande déferle, fulgurante, sur le Nord de la France, Lucien apprend le métier des armes ; il est promu chef de section. Les entraînements au combat se précisent et les futurs officiers se voient confier l'encadrement des restes en déroute de l'armée du général Corap qui a pris de plein fouet l'assaut des panzers de Guderian. Au cours de ces exercices, Osty fait la preuve de ses qualités de chef. Ses aptitudes militaires sont manifestes et on lui conseille alors de présenter le concours de Saint-Cyr. Sans s'être vraiment donné la peine de les préparer, il passe les épreuves et, à sa grande surprise, les réussit. Le voilà admis à Saint-Cyr ! Certes dans les derniers de la liste, les culots de la promo ; mais peu importe car, au même moment, les événements s'enchaînent.

Dunkerque est tombé à la fin mai, le gouvernement s'est replié sur la Loire. Dans la panique de l'exode, soldats et civils encombrent les routes au sud de Paris. Le 14 juin, les troupes allemandes entrent dans la capitale. C'est la débâcle.

Avec un petit détachement, Lucien Osty est envoyé à l'Ouest, à Fontenay-le-Comte, pour tenter de contenir l'avancée allemande sur la Loire. Pour tout armement, il ne dispose que d'une simple mitrailleuse et de quelques bandes de munitions. C'est la mort dans l'âme qu'il apprend, le 17 juin, la demande d'armistice faite à l'ennemi par le maréchal Pétain, nouveau chef du gouvernement. À une centaine de kilomètres au Nord-Est de Fontenay, à Saumur, le colonel Michon, commandant l'école de cavalerie, a refusé l'ordre de repli et décidé d'ignorer l'appel à cesser le combat lancé par Pétain. Il va empêcher coûte que coûte les Allemands de franchir la Loire. Le 21 juin, après deux jours de combats d'une violence exceptionnelle, les cadets de Saumur sont faits prisonniers. Non loin de là, toujours aux abords de Fontenay-le-Comte, Osty voit arriver des troupes à l'uniforme inconnu, il braque aussitôt sa mitrailleuse dans leur direction. Fort heureusement, l'arme s'enraye : les arrivants sont des soldats polonais, des alliés, emportés sur les chemins de Vendée dans la grande déroute de juin 1940. Le 22 juin 1940, l'armistice est signé, mais Osty ne l'apprend pas tout de suite. Les nouvelles voyagent mal ; le réseau téléphonique ne fonctionne plus et l'occupant a exigé la suspension des émissions de toutes les stations de radio. Osty doit se replier. Avec son détachement, il quitte les bords de Loire sans y avoir mené le moindre combat et cherche à gagner Clermont-Ferrand, où, pense-t-il, il retrouvera son unité. Il marche depuis déjà plusieurs jours quand il apprend la nouvelle de l'armistice. Une nouvelle intolérable. Il sait que l'Angleterre continue la lutte. Alors, avec l'un de ses camarades, il décide de gagner l'Angleterre coûte que coûte. Ils ont repéré un aéroport ; quelques avions français décollent encore vers l'Ouest, mais il est impossible de trouver une place ; quant à s'emparer d'un avion, c'est encore moins envisageable, aucun des deux ne sait piloter. Le rêve tourne court mais le jeune officier découvre l'aventure, le romantisme de l'action immédiate, et conforte son penchant naturel pour l'insoumission. Dans ces heures fiévreuses de la défaite, Lucien Osty découvre sa double nature de soldat et de rebelle. L'aventure de la guerre ne le lâchera plus.

Le 11 juillet 1940, le voilà enfin à Clermont-Ferrand. Conformément aux dispositions de l'armistice, il est démobilisé. Pour tous ceux de sa génération, le choc est brutal : la guerre, l'armée, c'est fini ! Tout ce qu'on lui propose alors, c'est d'intégrer les Chantiers de Jeunesse que vient de créer le général de La Porte du Theil. Il s'agit d'encadrer la jeunesse dans un mouvement qui tient du scoutisme mais qui doit inculquer les valeurs de la Révolution nationale et celles du régime de Vichy. Les jeunes y seront employés à des travaux forestiers, encadrés par des officiers d'active et des jeunes aspirants. Pour Osty, cela évoque tout à la fois l'éducation chez les jésuites et les Croix-de-Feu de son père : rien de très exaltant. Il décline l'offre et part jusqu'à la fin de l'été en Lozère où sa famille est repliée.

Son père vient de faire construire au Nord d'Aumont une belle maison. Cela fait un an que Lucien roule sa bosse, il éprouve le besoin de prendre un peu de repos et de retrouver ses racines. S'il n'a pas combattu, le jeune homme est tout de même fier de montrer à sa famille son uniforme d'officier, lui qui s'était engagé comme simple soldat. Mais la joie des retrouvailles est mitigée. À l'émotion de retrouver sa mère, qu'il voit peu mais qu'il aime profondément, s'ajoute le bonheur de redécouvrir son frère Jean qui n'est plus tout à fait un enfant. Sa sœur, la petite Josette n'a que cinq ans, il ne la connaît pas et la voit à peine. À nouveau, la déception vient de la sèche accolade que lui réserve son père. Albert Osty a l'air de rejeter sur son fils la responsabilité de la défaite. À sa génération, tous avaient tenu bon ; ils en avaient vu des combats, sur la Somme, au Chemin des Dames. Lucien, lui, n'a pas même été blessé… À lui tout seul, il incarne cette armée qui a tourné le dos devant l'ennemi et provoqué la débâcle du pays.

L'intermède toulousain

Lucien n'a pas oublié l'épisode de ses treize ans. Plutôt que de s'emporter, il écourte son séjour et décide de regagner Paris, peut-être pour y reprendre des études. Que faire d'autre en vérité ? L'apprentissage des armes et l'entrée dans la vraie vie lui ont laissé un goût de désillusion totale. Au moment où tous parlent de sursaut, de renouveau de la France, il n'a pas la moindre envie de choisir un camp. Son père est pétainiste et c'est une raison suffisante pour qu'il ne le soit pas, même si plus tard il avouera avoir été reconnaissant à Pétain et Darlan d'avoir pris sur leurs épaules la charge de la défaite. Autour de lui, la rumeur parle également de De Gaulle, le général exilé, mais il ne sait rien de lui et n'a pas entendu ses appels à la radio de Londres[5].

Comme beaucoup de Français, il est surtout frappé par l'incroyable responsabilité du haut commandement, totalement pris au dépourvu par l'avancée fulgurante de l'ennemi. L'incapacité des vieux chefs à innover, à comprendre que la guerre avait changé, à insuffler aux hommes l'énergie nécessaire pour faire face, voilà ce qui est insupportable. Pour le reste, Lucien ne partage pas les propos défaitistes qu'on entend ici ou là sur un pays à la dérive, qui serait incapable de se régénérer. Pas plus qu'il ne peut admettre la fascination qui s'empare alors de certains à la vue des troupes allemandes qui défilent impeccablement dans les rues. Viscéralement patriote, attaché à son pays et à sa terre, et plus que tout à l'indépendance d'esprit, il est totalement hostile au régime nazi. C'est contre lui qu'il s'est engagé, à dix-neuf ans. Contre lui qu'il continuera tôt ou tard à combattre.

Quand il rentre à Paris, après plus d'un an d'absence, la ville lui semble formidablement changée. Il y a d'abord ces chevaux de frise sur les places, à l'entrée de la ville, ces camions militaires, le drapeau à croix gammée qui flotte partout. Les panneaux indicateurs, lettres gothiques sur fond blanc : *Kommandant von Gross-Paris*, *Luftwaffen-Lazarett*. Les policiers qui s'inclinent au passage des officiers allemands et tous les autres qui font comme si rien n'avait changé. Le métro circule, mais il n'y a plus de taxis, les vélos ont fait leur apparition ; devant les magasins d'alimentation, les files d'attente semblent s'allonger démesurément. Pourtant, les terrasses de café sont pleines, les cabarets aussi. L'air de Paris lui paraît tout à coup irrespirable.

Le gaillard est déjà solide. Bien charpenté. Sa silhouette est relativement massive mais la démarche est souple, un peu chaloupée même et il ne déteste pas rouler des épaules. Il peut se le permettre : ses années de plein air et son caractère vif le disposent à l'affrontement physique. Prolongeant sa respectable carrure, naissant de part et d'autre d'un cou large et un peu épais, des bras puissants terminés par des mains noueuses et musclées accentuent l'impression de force qui se dégage du personnage.

Mais ce qui frappe immédiatement, dès la première rencontre, c'est son regard.

Sous des cheveux noir de jais qui recouvrent un front vigoureux, jaillissant, clairs et bleutés d'un visage carré souligné d'une mâchoire carnassière, ses yeux ont l'apparence de véritables faisceaux lasers. Personne ne peut oublier l'éclat très particulier de ce regard d'acier, presque délavé, au fond duquel brillent d'étranges lueurs, un peu inquiétantes, très énergiques. Ce regard transperce, fouille celui de son interlocuteur et manifeste avec éclat une vigueur et une curiosité de chaque instant. Ses yeux, mobiles et légèrement moqueurs, agissent en vérité comme des aimants. S'ils lui servent souvent à détailler les filles des pieds à la tête, ils lui permettent surtout de fixer l'attention de son vis-à-vis, littéralement magnétisé, et de l'inviter à la confidence, à la franchise et à la prudence aussi : on ne trompe pas un regard aussi limpide.

Croiser le regard de cet homme de vingt ans, c'est d'abord rencontrer une âme fière et conquérante qu'aucune autorité n'est encore parvenue à dompter. Une sorte de prédateur qui ne cache pas son appétit, ni sa volonté de saisir et de croquer à pleines dents le gibier – les opportunités – qui se présenteront à lui. En vérité, les yeux volontaires et décidés du jeune Osty ne trompent pas : leur puissance et leur acuité annoncent la trajectoire fulgurante qui va bientôt traverser un demi-siècle de turbulences sans précédent.

Et cette fois, la chance lui sourit ; Lucien n'a aucun rapport avec l'Alsace mais il apprend, on ne sait trop comment, que la faculté de Strasbourg distribue alors des bourses d'études. Depuis la fin juin, Strasbourg a été incorporé au Reich et par conséquent, comme en 1871, sa population est redevenue allemande. Pour autant, le régime de Vichy n'a jamais reconnu cette annexion, et les professeurs de l'université de Strasbourg, repliés à Clermont-Ferrand, soutenus financièrement par le ministère de l'Instruction publique, cherchent à inciter les étudiants, alsaciens ou non, à venir suivre leurs cours. Clermont est en zone libre, la bourse permet de subvenir aux besoins élémentaires : cela suffit à Lucien. Il ne s'attarde pour autant pas à Clermont et choisit de s'installer à Toulouse où l'on dit que la faculté de Lettres est excellente.

Au début de l'année 1941, il prépare ainsi sa licence d'histoire sous la direction du médiéviste Joseph Calmette. Calmette est un immense savant, chartiste, archéologue, historien, linguiste, musicien, parlant couramment l'anglais, l'allemand, l'italien, le catalan, l'espagnol, le portugais, il est spécialiste de l'époque carolingienne, et c'est sans doute en se souvenant de son prix au concours général obtenu grâce à sa lettre à la manière de Charlemagne que Lucien Osty vient le trouver. Calmette est lui aussi un homme du midi, mais c'est surtout un incroyable éveilleur de vocations. Son attention à l'égard de ses étudiants n'est pas seulement intellectuelle : il a mis sur pied un Comité de patronage pour leur venir en aide dans la vie de tous les jours et a même organisé pour eux le premier restaurant à prix modérés. Il a vite repéré le regard intense du jeune Lozérien, son goût pour l'étude et pour l'action. Osty lui a avoué qu'à part sa bourse il n'avait pas de ressources. Cela suffit à Calmette pour en faire son secrétaire particulier. Sur les pas de son frêle professeur, Lucien découvre un monde d'érudition qui rend soudain vivant un passé lointain et disparu. Les travaux de Calmette fusent dans de multiples directions, l'histoire des comtés et des comtes de Toulouse et de Rodez sous Charles le Chauve, le gothique bourguignon, la miniature cistercienne au XIIe siècle.

Lucien ne peut s'empêcher d'observer, qu'au même moment, les vieux peuples européens se déchirent, les totalitarismes nazis et soviétiques s'affrontent, prenant le monde à témoin, et en otage, de leur soif inextinguible d'hégémonie, et que ce qui reste de la civilisation occidentale menace de disparaître. L'heure est aux grandes confrontations entre des systèmes politiques différents, qui opposent les unes aux autres des visions contraires du monde. Comment y rester étranger, passif ? Toulouse est alors un incroyable centre intellectuel. On y trouve des républicains espagnols, des universitaires qui ont fui en zone libre. Parmi eux, un brillant philosophe, issu d'une famille juive émigrée de Russie, Vladimir Jankélévitch. Au moment où Lucien Osty passe ses examens et obtient sa licence, il apprend que le gouvernement de Vichy vient de radier Jankélévitch de l'Université, en application du statut des juifs d'octobre 1940, leur interdisant la fonction publique. De surcroît, Jankélévitch s'est vu retirer sa nationalité française. Encore quelques mois et il va rentrer dans la résistance active. En attendant, les étudiants vont écouter les cours qu'il dispense désormais dans les cafés du centre-ville. C'est là que Lucien Osty découvre celui qui se fait alors appeler André Dumez. Jankélévitch parle de morale, de vertu, de la mort. Il a des formules qui frappent : « Les nazis ne sont hommes que par accident »… Osty, enflammé par ces propos, comprend que sa jeunesse et son tempérament ne peuvent se contenter d'une posture d'attente. Rester à Toulouse lui semble désormais impossible. Des amis lui suggèrent d'aller proposer ses services à Vichy, il y fait un aller-retour et revient aussitôt, écœuré par l'atmosphère délétère de la ville d'eau. Non, il faut aller plus loin. Pour lui, à l'évidence, la route pour l'action et la reprise du combat passe par le Sud et par l'Espagne.

Dans les geôles espagnoles

En mars 1942, il tente une première fois de passer les Pyrénées mais, depuis des mois, la surveillance a redoublé de part et d'autre de la frontière. Au Sud de Bagnères-de-Luchon, au pied des escarpements sauvages et des cascades du cirque de la Glère, les gendarmes de L'Hospice-de-France l'arrêtent et le conduisent menottes aux poignets en prison. Il n'y passera que dix jours, le temps de comprendre ce qu'il faut de patience et de préparation pour quitter le pays. Huit mois plus tard, deuxième tentative. Cette fois, Osty ne part pas seul : de son équipier d'aventure, soixante ans plus tard, Jean Lartéguy a tout oublié sinon le prénom, Alain. Les deux candidats à l'exil ont décidé de ne pas faire appel à des passeurs qu'ils considèrent peu sûrs, trop chers, capables souvent de vous mener tout droit à la gendarmerie ou à la *Guardia Civil*. Ils vont passer par les chemins de contrebande. La formation d'officier de Lucien lui a enseigné quelques précautions, il faut être invisible, marcher de nuit. Les gendarmes patrouillent au sud de Bagnères ; ils doivent aller plus à l'Est, vers la Méditerranée. Le jour, ils se cachent pour tenter de prendre un peu de repos car l'avancée s'avère plus exténuante que prévue : les pentes sont raides, les chemins escarpés sont à peine dessinés, les abris sont rares sur les versants déjà bien enneigés. Heureusement, les nuits sont claires. Au bout de trois jours, ils atteignent la frontière. Après, pensent-ils, tout sera facile : ils vont rejoindre la côte, trouver un bateau pour gagner l'Afrique du Nord. Les montagnes se sont insensiblement abaissées.

Entre les Pyrénées et la serra de l'Albera, le paysage de collines laisse deviner la masse sombre du Fort de Bellegarde. Le poste-frontière verrouille le col de Panissars. La route qui mène à l'Espagne remonte à l'époque romaine, il y avait là un temple voué à Vénus, à la jonction de la via Domitia et de la via Augusta permettant le passage des légionnaires vers l'Ibérie. En contournant en silence le poste-frontière, Osty entend la voix chantante de Calmette évoquer la défaite du français Philippe III, battu ici par les troupes du roi Pierre II d'Aragon[6] en 1285. Avant l'aube, les deux marcheurs épuisés s'écroulent au pied des ruines du monastère médiéval de Santa Maria de Panissars. Le réveil est brutal, à coups de botte et d'éclats de voix espagnoles. Cette fois ce sont les garde-frontières de Franco. Le premier contact avec l'Espagne s'effectue donc en prison.

On leur avait recommandé, s'ils étaient pris à la frontière, de se faire passer pour des Anglais, plutôt moins mal traités que les autres par la police franquiste. Le voilà donc, racontera-t-il, tentant, dans un anglais de « vache espagnole », de se faire passer pour un sujet de sa royale majesté auprès de policiers imperturbables. Sans savoir si le subterfuge a fonctionné, Lucien et son comparse sont dirigés vers la prison de Gérone, où ils rejoignent un certain nombre de faux Anglais… Le seul fait de franchir illégalement la frontière constitue pour le régime espagnol un délit suffisamment grave pour justifier une incarcération d'office. En novembre 1942, cela fait près de trois ans que la guerre civile est terminée, mais les Espagnols gardent en mémoire l'exode massif des Républicains vers la France à l'avènement du gouvernement franquiste ; la garde civile se souvient aussi des volontaires des Brigades internationales, franchissant à pied la montagne pour venir au secours des *Rojos*. Certes, le conflit mondial a multiplié les candidats à l'exil, qui fuient la France, les rigueurs de l'occupation et du nazisme ; mais deux clandestins qui passent la frontière sont possiblement des communistes et mieux vaut les garder à l'ombre le temps nécessaire. Dans le cas de Lucien Osty, ce sera neuf longs mois.

L'emprisonnement lui pèse, évidemment. Sa soif de liberté croît à la mesure des jours qui s'écoulent, mornes et sans issue : l'hiver est rude et la geôle très inconfortable. Et puis l'ennui le ronge et l'inactivité devient vite insupportable à ses vingt-deux ans.

Au bout de quelques semaines, il est déplacé en compagnie d'autres prisonniers français qui souffrent physiquement, comme lui, des conditions de détention. Il est transféré à Caldas de Malavella : la prison y est plus petite, plus confortable. Caldas est une petite station balnéaire située en Catalogne, dans la province de Gérone, à une quinzaine de kilomètres au Sud-Est de Salt. L'air y est plus sain qu'à Gérone, les conditions de détention plus supportables et il parvient à reprendre suffisamment de force pour songer à nouveau à se faire la belle. À plusieurs reprises, il tente de s'échapper mais les surveillants ont repéré en lui la forte tête et l'expédient au camp de Miranda de Ebro.

Il s'agit du plus grand camp de concentration de la province de Burgos, 40 000 mètres carrés. Entre 1937 et 1945 près de 65 000 combattants républicains y ont été incarcérés. Quand Osty y arrive, il y a peut-être là 4 000 détenus. Des droit commun, des politiques, républicains espagnols bien sûr, d'anciens combattants des brigades internationales, des étrangers de toute l'Europe, fuyant la menace nazie, Polonais, Néerlandais, Tchèques, Yougoslaves. Des Allemands aussi, déserteurs de la Wehrmacht, des Français comme lui qui ont tenté de franchir la frontière et qui parfois se font passer pour Canadiens, des juifs venus de partout. Miranda est placé sous administration militaire espagnole mais Himmler en personne est venu inspecter le camp et la Gestapo y procède parfois à des interrogatoires. Comme dans tous les camps de concentration, la brutalité des gardiens et les conditions de vie sont particulièrement rudes. Dans cette partie nord de la Castille, l'enclave cerclée de barbelés et de miradors est accablée de températures caniculaires l'été et souffre d'un froid extrême pendant l'hiver. L'hygiène y est déplorable : l'eau coule aléatoirement d'une unique fontaine, les latrines à la turque, nettoyées et vidées à la main par les prisonniers, sont au nombre de trente-six pour quatre mille internés : l'odeur y est insoutenable. Les soins médicaux sont inexistants, le couchage précaire, la nourriture presque absente. Quelques semaines de ce régime épuisent Lucien Osty. Il souffre de violentes fièvres, redoute la saleté qui règne partout, la promiscuité avec les autres prisonniers et l'omniprésence des poux, pâtit du manque total d'hygiène. Il éprouve surtout une grande solitude morale et endure violemment la faim : « je ne rêvais plus, lorsque je rêvais, que de festins… » La faim : c'est surtout elle qui le tenaille et qui l'empêche de mieux résister aux autres difficultés. Toute son existence, jusque dans ses derniers jours, il conservera le souvenir terrible de cette faim.

Très affaibli, le jeune aspirant de 23 ans développe un début de tuberculose, souffre de pneumonies à répétition et même d'une attaque de pleurésie[7]. Bien plus tard, dans *La Ville étranglée*, Jean Lartéguy évoquera son épuisement physique et nerveux à Miranda, l'inaction insupportable, l'interminable attente et, pire que tout, « la nuit de la prison, gênante, épaisse comme de l'encre non délayée[8] ». L'épreuve du camp offre toutefois l'occasion à l'aspirant Osty de découvrir des soldats qu'il n'aurait jamais imaginé, des combattants de la liberté, des fugitifs unis par une haine commune du nazisme.

Pour le gouvernement espagnol, la présence de ces milliers d'étrangers sur son sol est doublement préoccupante, ce sont autant de bouches à nourrir et de tractations à mener entre les exigences contradictoires des puissances étrangères. Franco a longtemps semblé donner des gages à Hitler, favorisant les enquêtes de la Gestapo sur les antifascistes allemands détenus dans les camps espagnols, mais depuis l'automne 1942, le contexte géostratégique a changé : le débarquement américain en Afrique du Nord a rapproché les forces anti-hitlériennes. Le Caudillo, dans un savant jeu d'équilibre, cherche à ménager tout autant le Reich que les Anglo-Américains. En Afrique du Nord, les Français libres, divisés entre partisans de Giraud et de De Gaulle, s'intéressent particulièrement aux onze mille Français détenus en Espagne. La plupart sont des militaires, souvent des officiers, qui ont choisi de quitter la France de Vichy : il faut leur permettre à tout prix de rejoindre les Forces françaises libres. Franco, soucieux d'éviter de froisser Hitler, se refuse à autoriser le départ des Français vers l'Afrique du Nord par le Sud et Gibraltar. À la demande des Français libres, les diplomates américains en Espagne, le colonel Malaise et l'ambassadeur Carlton Hayes, vont alors approcher les représentants du gouvernement de Salazar. Le régime portugais ne doit rien à Hitler et mène sa politique comme il l'entend. Salazar accepte de créer une porte de sortie pour les Français, pourvu que cela se fasse discrètement. À cinquante kilomètres au Sud de Lisbonne, le port de Setubal fera l'affaire. À partir du mois de mai 1943, les Français détenus en Espagne sont extradés vers le Portugal, acheminés vers Pombal avant de prendre la mer pour le Maroc. En six mois, plus de 6 000 Français quittent ainsi les geôles espagnoles.

À l'automne 1943, Lucien Osty embarque à son tour à bord du Gouverneur général Lépine, un beau paquebot. Avec le Grévy, ce bateau assure le passage vers l'Afrique pour le compte des Messageries maritimes : après les longs mois vécus à Miranda, le voyage vers le Maroc prend des allures de croisière. D'autant que l'arrivée à Casablanca est triomphale. À l'entrée du port, l'équipage du croiseur *Jean Bart* au grand complet s'aligne sur le pont. Les marins chantent la Marseillaise, acclament ces héros évadés[9].

Les arrivants fraîchement débarqués se retrouvent presque aussitôt courtisés par les représentants des deux camps que compte alors l'Afrique du Nord, gaullistes et partisans du général Henri Giraud. Depuis des mois, la rivalité entre les généraux français préoccupe les alliés. Roosevelt, qui ne voit qu'un conflit de divas entre les deux généraux, a proposé moqueur un « mariage arrangé entre lady De Gaulle et Giraud ». Mais De Gaulle a fini par l'emporter : au début du mois de juin, le Comité français de libération nationale installé à Alger comporte deux co-présidents, Giraud et De Gaulle ; trois mois plus tard, lorsque Lucien Osty débarque à Casablanca, le général De Gaulle est en passe de gagner la bataille pour le contrôle du CFLN, mais l'Algérie et le Maroc bruissent encore de « quantité de petites guerres personnelles, de rivalités d'hommes, de clans, de services secrets[10] ». Pour qui veut agir, ces querelles politiciennes sont incompréhensibles et inutiles, mieux vaut ne pas s'en mêler.

L'aspirant Osty se préoccupe d'abord de trouver une unité dans laquelle il puisse reprendre le combat. Autour de lui, on parle beaucoup d'infanterie coloniale. L'association des deux mots lui plaît. C'est dans l'infanterie qu'il a appris le métier des armes. Et coloniale est un mot qui emmène loin de l'Aubrac et de la vieille France, un mot inconnu plein de rêve et d'aventures. Ce sera donc l'infanterie coloniale ! Mais avec un retour au bas de l'échelle. Il a beau avoir été reçu au concours de Saint-Cyr, tout ce qu'on lui propose, c'est un grade de deuxième classe, et encore, une fois qu'il aura été déclaré bon pour le service. Pour l'instant, le jeune Osty a l'air si fatigué par ses longs mois de captivité que le médecin le déclare inapte. Inapte ! Cela signifie le retour en France et, de nouveau, l'inactivité, la passivité face à l'occupant qui depuis maintenant près d'un an s'est déployé dans tout le pays. Inapte : un verdict insupportable ! Quatre jours de suite, Osty fait le siège du toubib. À défaut de santé, le gaillard a de l'énergie. De guerre lasse, le médecin finit par céder, à la condition qu'Osty se refasse une santé en sanatorium ou, à défaut, dans le désert, pour bénéficier d'un climat chaud, totalement sec, et refaire ses poumons. Le désert, approuve Lucien, oui, c'est très bien. Et il opte pour le génie, où l'on est moins exigeant sur les aptitudes physiques que dans l'infanterie.

Le 25 septembre 1943, le deuxième classe Lucien Osty est donc affecté au centre d'instruction et d'organisation des troupes coloniales : l'étape obligatoire pour les nouveaux engagés. Ses capacités et sa connaissance de l'armée sont vite remarquées : deux mois plus tard, le voilà envoyé au centre de formation des officiers, à Cherchell, une petite ville phénicienne sur la côte algérienne, située à une centaine de kilomètres à l'ouest d'Alger.

Depuis l'été 1940, les écoles militaires de Saint-Cyr et de Saint-Maixent avaient été repliées en zone non occupée, à Aix-en-Provence. Mais trois jours après le débarquement allié en Afrique du Nord, Hitler envahit la zone sud, le 11 novembre 1942. Fin novembre, il annonce à Pétain la dissolution de l'armée française. Il n'y a dès lors plus d'école de formation d'officiers en France métropolitaine. Le centre d'infanterie de Cherchell, créé en mai 1940, se transforme alors en école de formation des officiers de la France libre[11]. Dans ce moment très particulier de la guerre, la nouvelle école n'a pas retenu grand-chose de l'enseignement traditionnel de Saint-Cyr. L'accent est mis avant tout sur le développement de l'individu et sa responsabilisation : l'initiative personnelle y compte plus que les facultés d'apprentissage. C'est d'abord une école de la volonté et de l'autonomie. Une école, aussi, de la fraternité d'armes, où se retrouvent tous ceux qui désirent s'engager dans la poursuite de la lutte et qu'anime le fol espoir de rendre à leur pays sa liberté. Un vent d'enthousiasme règne parmi ces jeunes gens. Un commandant de l'école résumera plus tard cet esprit particulier qui imprègne les élèves et que les instructeurs s'évertuent à développer : « cet esprit se définit [...] par une certaine foi en soi qui n'est pas détruite par l'incompréhension partielle d'un profil de topographie, ni par la déficience de mémoire à propos d'un des articles du règlement. […] C'est une mentalité particulière qui est faite de la joie de s'affirmer et de se contraindre pour obtenir un peu des autres et infiniment de soi-même[12]. » Pas de formalisme exagéré donc, mais des contraintes et exigences qui ne poursuivent d'autre but que la mise en valeur de la personnalité de chacun : exactement le cocktail qui convient à Osty. Physiquement aussi, il va rapidement s'y épanouir.

Cherchell n'est pas le désert : mais le Sahara est proche et de nombreux exercices de nomadisation permettent au jeune élève officier de récupérer sa forme physique ; quelques semaines d'un climat sec et suffisamment chaud suffisent à le guérir de ses faiblesses pulmonaires. Il reprend vite des forces et ses solides qualités foncières de paysan d'Aubrac reprennent le dessus.

Dans la formation du jeune officier, il y a bien entendu un retour obligé à la salle de cours. Tableau noir, équations, formule d'Euler, calculs de coefficients d'élancement des poutres : rien de cela ne passionne Lucien Osty qui a toujours préféré les études de philosophie aux sciences. Beaucoup plus stimulant à ses yeux, les cours pratiques sur le maniement des explosifs sont pour lui l'occasion de découvrir son vrai talent, fait d'intrépidité et de précision. Il devient vite un expert en la matière. « J'étais, dira-t-il, capable de démolir, vous savez ! En règle générale ça inspire le respect. Et ça m'a souvent servi plus tard[13]… »

Ces activités militaires, la vie en pleine nature et le charme de Cherchell agissent sur lui de façon bénéfique. Les courses dans les montagnes proches, l'emploi des explosifs et des détonateurs, le plaisir brut des explosions, les nuits dans le désert quand le ciel vire à l'orange puis au mauve, les nuits claires au silence parfait, tout cela l'exalte. En ville, il se prend à découvrir les ruelles de la vieille cité bordées de cafés et de restaurants. Au cœur de l'agitation, la place romaine, une esplanade avec une fontaine antique, des arbres noueux à l'ombre desquels prendre le frais. Le jeune officier y fait la connaissance d'une étonnante aristocrate installée là après une longue vie vagabonde. Tous deux se lient d'amitié. La comtesse ravie de rencontrer un jeune homme épris de culture met à sa disposition sa bibliothèque. À l'écart de la rumeur de la rue méditerranéenne, Lucien Osty se trouve soudain plongé dans un salon retiré et fascinant où les reliures anciennes, les gravures, les textes en latin gardent les échos d'un savoir oublié. « Prenez ceux que vous voulez, les livres ne sont pas faits pour dormir, ils doivent voyager de siècle en siècle, d'un lecteur à l'autre. » Lucien charmé hésite, remercie. Le temps des livres n'est pas encore venu.

Au printemps 1944, la formation est terminée. Le 28 mars, Lucien frais diplômé de l'école de Cherchell, promotion Libération, chef de section d'infanterie mais également chef de section du génie, bout d'impatience en espérant que l'affectation qu'il va recevoir va enfin lui permettre de combattre pour la France. Le 29 mars, l'aspirant Osty est affecté au Corps léger d'intervention ; c'est ce qu'il attendait. Le CLI peut être considéré comme l'ancêtre des forces spéciales, on y trouve des soldats aguerris, entraînés aux actions de commandos. À quatre ou cinq, ils forment un « stick » dont la mission consiste, une fois largué en territoire hostile, à détruire des objectifs désignés : ponts, aéroports, gares, infrastructures diverses. Une vie rude, dangereuse, un entraînement exigeant, sans filet, avec des têtes brûlées prêtes à courir tous les risques. On a annoncé aux gars qu'ils allaient partir en Extrême-Orient et plus spécialement en Indochine. En attendant le départ, les commandos apprennent à se connaître, on se teste, on blague, on cache sous le matelas des dormeurs des charges explosives en guise de réveil musclé… Osty n'est pas le dernier à s'amuser ; il s'en tire avec des bleus et des bosses, des réveils effarés en pleine nuit, mais qu'importe, tous sentent que l'heure de l'action approche. L'annonce du débarquement en Normandie les a galvanisés. En juillet, Lucien apprend que les évadés de France sont prioritaires pour rejoindre les unités devant participer à la libération de la France. L'Asie attendra. Il quitte aussitôt le CLI et se porte volontaire pour les combats de libération.

Le 15 juillet 1944, il rejoint le groupe des commandos d'Afrique au camp de Staoueli[14] près d'Alger. Très vite, il s'y lie d'amitié avec Jean Delvigne[15], un autre jeune officier issu de la deuxième promotion de l'école de Cherchell (promotion Tunisie – 1943). Ils ne sont d'accord sur rien, ni sur la religion ni sur la politique, mais à l'entraînement, ils sont parfaitement complémentaires. Ils ne se quitteront plus. Les commandos sont entraînés par des officiers britanniques et le plus souvent écossais qui ont pour mission de former l'équivalent français des SAS, un bataillon de choc prêt à tout. Leur devise sera « Sans pitié ». Équipés principalement par les Américains, les commandos portent le casque français des troupes motorisées comme symbole de leur appartenance aux Forces françaises libres. Un mois avant l'arrivée d'Osty à Staoueli, ses camarades ont déjà fait un coup d'éclat : dans la nuit du 16 au 17 juin 1944, les commandos ont pris le contrôle de l'île d'Elbe pour assurer la protection de la plage de Marina di Campo où le débarquement allié aura lieu. Osty et Delvigne attendent avec impatience leur tour. Début août, c'est confirmé, ils vont participer directement aux combats contre l'armée allemande aux côtés des troupes de Monsabert[16]. La destination n'est pas précisée mais les commandos s'embarquent à Alger sur le Sidi Brahim, un nom qui fait dire à l'équipage marseillais que leur navire tangue, même en cale sèche.

Le 14 août, la BBC a lancé de nouveaux messages codés : « le chasseur est affamé (Bibendum)… Nancy a le torticolis (guérilla) ». L'opération qui commence, nom de code Dragoon, est le débarquement en Provence. À partir du 9 août, venue de la baie de Naples, d'Oran, de Malte, de Corse, une immense armada de plus 800 navires s'est rassemblée en direction des côtes varoises. L'assaut naval a lieu entre Toulon et Cannes, de Cavalaire à Saint-Raphaël. Dans la nuit, la 3e division d'infanterie américaine débarque à Cavalaire. La première Special Service Force commandée par le colonel Edwin E. Walker détruit les batteries des îles côtières de Port-Cros et du Levant situées devant Hyères. Au Nord, le groupe naval d'assaut français débarque à Miramar pour couper la route aux renforts allemands venant de l'Est. À 0 heures 30, les Commandos d'Afrique commandés par le lieutenant-colonel Bouvet prennent pied sur les plages du Rayol, du Cap-Nègre et de Canadel. Le 15 août, la jonction est faite avec les troupes du général O'Daniel, débarquées à Saint-Tropez et Cavalaire. Le lendemain devant la chambre des Communes, Winston Churchill s'exclame « Quelle chose magnifique que d'être aujourd'hui Français, avoir 20 ans et son pays à reconquérir ! ».

« Et toi, Laguilharre, t'es qui ? »

Dans les états de service de l'aspirant Osty, on lit que le jeune officier « participe à toutes les opérations de ce corps comme chef de section au commando de commandement (section déminage et explosifs) ». Pourtant, dans le récit qu'il consacrera plus tard à cette période, Lartéguy évoque à peine le débarquement en Provence, comme s'il n'y avait pas été présent. Dans *La Guerre nue*[17], il raconte qu'une fois son unité débarquée en Italie il aurait été, avec sa section, écarté des troupes embarquées en direction des côtes provençales à cause des risques que leurs explosifs faisaient peser sur la sécurité. L'explication semble étrange pour ces commandos gonflés à bloc qui n'ont jamais hésité à braver le danger. Toujours est-il que Lartéguy évoque à cette époque une lente et ennuyeuse remontée vers le Nord de l'Italie, décrivant la misère sordide de Naples, ville « pourrie par la guerre et par l'Occupation[18] ». Il décrit, désabusé, les hommes veules, les femmes à vendre et raconte son arrivée tardive par la mer, à Marseille où se produit la jonction avec le reste de son unité débarquée quelque temps auparavant.

C'est son camarade Jean Delvigne qui expliquera en 2011 ce qui s'est alors effectivement passé : « une partie des commandos s'est en effet illustrée au débarquement de Provence, grâce à deux hommes : le lieutenant-colonel Georges Bouvet et son adjoint, le capitaine Paul Ducourneau, véritable preux et guerrier magnifique. Eux, et eux seuls, le 15 août à 0 heures 30, avec quelques hommes, se sont emparés des falaises du Cap-Nègre ; là où habite aujourd'hui la femme du président, c'est amusant… Ducourneau, surtout, a été splendide de courage. Manœuvre très osée ! Quand ils ont vu que le pilote canadien de la barge de débarquement avait raté l'axe lui permettant d'accoster à La Nartelle, et qu'ils se trouvaient au pied d'une falaise escarpée dominant la mer, ils n'ont même pas hésité : ils l'ont grimpée, sans assurance et pieds nus. Vous imaginez… Avec tout le barda ! Et les armes… C'était ça Ducourneau ! Il faut rappeler aussi son action déterminante lors de la campagne de France. Héroïque tout le long ! Ce sont donc les seuls Français à avoir véritablement mené une opération de débarquement en France, à cet endroit et à ce moment. Osty et moi, et quelques autres, étions restés à Agropoli, faute de place sur les navires canadiens, et nous n'avons rejoint nos camarades que trois semaines plus tard, par la mer, en débarquant, je crois, à l'Estaque, dans le golfe de Marseille[19] ».

Comme 300 000 autres, Osty et Delvigne ont bien participé au débarquement de Provence. Mais plus tard et l'arme à la bretelle…

Après sept jours de combats intenses, Marseille a été libérée le 28 août. Acclamés plus encore que les Alliés, les commandos d'Afrique déambulent dans les ruelles du vieux port. Osty et ses camarades découvrent alors une ville rongée par la pègre. Nombre de trafiquants de tous bords se sont formidablement enrichis pendant l'Occupation, ce qui ne les empêche pas aujourd'hui de clamer haut et fort leurs exploits dans la Résistance. Rien de plus exaspérant pour ces officiers commandos qui tous ont choisi de s'évader puis de revenir en combattant. Comme il n'y a pas moyen de discuter avec les tartarins de la Canebière, le plus simple est de les faire taire. Osty et ses amis s'empressent avec un plaisir non dissimulé de flanquer des raclées d'importance à ces bavards de la vingt-cinquième heure. Rien de tel aussi pour souder les amitiés. Lucien Osty a désormais autour de lui un groupe éprouvé de camarades, tous issus des commandos : Jean Delvigne, Régis Bouvet, Métivier, Bernard de Leusse, Jean Ruyssen, Jean Nowicki[20], Paul Ducourneau, brave entre les braves[21], Alexandre Sanguinetti[22], le capitaine d'Armagnac, Suzanne Tillier, moderne chevalier d'Eon, ambulancière qui se déguisait en homme pour participer aux combats… Et puis l'adjudant-chef Rocca que le préfet fera enfermer chez les moines de l'île de Lérins après la fin de la guerre, à chaque fois que le général De Gaulle descendra dans le midi de la France, pour éviter un attentat !

Au cours de ces dernières semaines, Lucien Osty s'est également lié avec un officier de marine qu'il côtoie depuis Staoueli, un ingénieur haut en couleur qu'on surnomme l'Amiral, Louis Laguilharre[23]. Le personnage, sa vie rocambolesque fascinent Osty au point de lui donner pour la première fois l'envie d'écrire. Mais écrire quand on est militaire s'avère alors particulièrement compliqué : il faut demander l'autorisation de sa hiérarchie, faire examiner son texte. À cette époque, l'armée est encore la « Grande Muette » : mieux vaut donc choisir un nom d'emprunt. Osty écrira qu'un soir, tard, en compagnie de Laguilharre avec qui il tentait de trouver le bon pseudonyme, ils finirent « sans trop savoir comment » par trouver le nom de Lartéguy en contractant leurs deux patronymes. « Sans trop savoir comment... » Lartéguy est un nom basque, comme Laguilharre. En cherchant bien on trouverait que Lartéguy vient de mots basques qui signifient la lande, les ronces, familières à l'enfance lozérienne. Plus prosaïquement, Lartéguy confiera plus tard que le choix du nom Lartéguy s'était imposé après une nuit particulièrement arrosée au whisky. Fin de discussion brumeuse dans les vapeurs délétères d'un petit matin difficile ? « – Et toi, Laguilharre, t'es qui ? ». Un peu tiré par les cheveux, peut-être, mais pourquoi pas : le fait est qu'il n'existe pas d'explication plus plausible que celle-là... Peut-être l'influence de la lande, écossaise celle-là.

« Lartéguy » vient donc de naître, mais pour l'instant le pseudonyme reste inemployé. Les commandos sont repartis à l'action : c'est la campagne de France.

L'armée remonte vers le Nord, d'abord par la vallée du Rhône, puis en direction de la frontière allemande. Au mois d'octobre, Osty est dans les Vosges. Entre le 17 et le 26 octobre 1944, les combats vont y être particulièrement violents. « Les Allemands, raconte Jean Delvigne, avaient creusé des abris, des casemates, et la nuit, au moins, ils pouvaient dormir au sec. Nous, non. Nous étions dehors, sans aucun abri, dix jours de froid glacial, sous la pluie, sans vrai sommeil. Nous étions tous épuisés, littéralement épuisés. Et pourtant, il fallait combattre. Alors, n'est-ce pas, nous combattions[24] ».

Avec sa section, Osty franchit de nuit les lignes ennemies pour aller miner les positions défensives allemandes : il s'agit d'attendre le gros des troupes de Monsabert puis de favoriser ultérieurement leur progression. Ces infiltrations risquées sont souvent l'occasion de combats toujours brutaux, très brefs, où la surprise joue un rôle prépondérant. Une nuit, dans l'obscurité profonde de la forêt vosgienne, il est ainsi pris sous les feux croisés d'un ennemi invisible et ne peut rien faire d'autre que s'accroupir à l'abri d'un muret déjà bien délabré : mais les forces sont tellement imbriquées qu'il est en réalité impossible de savoir d'où viennent les coups. Les balles sifflent de toute part, déchiquetant l'écorce des arbres de leurs claquements secs et répétés. Pensant sa fin venue, Osty se surprend à prier. L'escarmouche terminée, il se reprochera ce qu'il considère comme un moment de faiblesse, mais il conservera définitivement de ces combats une image de la guerre comme un temps de chaos et d'effroyable confusion où toute pensée, tout sentiment disparaît dans l'urgence de la survie. « À la guerre, écrira-t-il, il y a ce qu'on a vu, pas grand-chose […] ; ce qu'on a fait […], l'action, le combat, généralement très rapide, quelques minutes ; et enfin, ce qu'on raconte après. Là, on a tout vu, tout fait[25] ». La brutale épreuve du feu lui apprend aussi à dominer sa peur, et très vite il découvre au combat ces gestes simples, répétés jusqu'à l'automatisme, ce fameux drill dont on lui a parlé à l'entraînement. La maîtrise de soi devient peu à peu une seconde nature. Infiltrés de nuit dans les lignes ennemies, les commandos d'Afrique combattent au corps à corps du 16 au 25 octobre 1944 dans la forêt de Cornimont. Pendant ces dix jours, 92 d'entre eux seront tués, 347 blessés. L'aspirant Osty révèle alors une trempe exceptionnelle décrite par Patrick de Gmeline : « L'aspirant Osty regarde passer ses hommes devant lui, l'un derrière l'autre, en silence. Ils viennent de miner la position de Grosse-Pierre : mines antipersonnel, indétectables, fonctionnant à la pression et à la traction ; le fil de nylon qui les relie les unes aux autres est parfaitement invisible… Maintenant, il faut ôter les goupilles de sécurité. Osty va faire cela tout seul. Ainsi, si tout saute, personne d'autre ne trinquera[26] ». Quelques instants plus tard, alors que ses hommes sont à l'abri et que le lieutenant-colonel Bouvet lui a demandé de lui confier ses papiers, sa plaque d'identification et le plan du champ de mines pour que rien ne tombe aux mains de l'ennemi s'il venait à être pris, Osty, tout transpirant malgré le froid très vif qui règne, commence son œuvre : « Il sait que sa vie dépend du contrôle de ses nerfs. Il se met à ramper […] évitant soigneusement les fils qui s'entrecroisent. Il dévisse les premières goupilles. […] Osty a mal partout, aux mains, aux doigts, aux muscles. […] Il perd toute notion du temps. […] Lorsqu'il s'affale dans la jeep, garée derrière une grange, à Saulxures, il serait incapable de dire comment il y est parvenu[27]. » À l'issue de ce fait d'armes qui a duré plus de quatre heures, Osty s'endort d'un sommeil de brute. Cette action valeureuse lui vaudra sa première croix de guerre avec étoile de bronze, assortie d'une citation à l'ordre de la brigade.

Après les combats, la permission. Aussitôt, Lucien fonce à Paris. La capitale vit encore dans l'euphorie des premiers temps de la Libération. Américains ou français, les soldats accueillis en vainqueurs retrouvent des plaisirs de gamins, Osty n'est pas en reste. En pleine nuit, il saute dans une jeep, monte et descend plusieurs fois les Champs-Élysées à contresens sur les trottoirs…

Quelques jours plus tard, il rejoint la troupe à Salins-les-Bains, dans le Jura. Objectif, la libération de Belfort : dans la nuit du 19 au 20 novembre 1944, les 1 200 hommes du groupe de commandos d'Afrique du lieutenant-colonel Bouvet, après avoir franchi vers 1 heures 30 du matin le canal de Montbéliard à la Haute-Saône, à l'écluse de Châlonvillars, grimpent vers le sommet de la colline du Salbert pour s'en emparer. Vers 6 heures 30, le détachement de tête, 45 commandos avec le chef de bataillon Ducourneau, atteint le fort après avoir parcouru quatre kilomètres à l'intérieur des lignes ennemies. Les Allemands ont abandonné le fort. Dans le matin naissant, les commandos contemplent Belfort encore occupée. L'aspirant Jean Delvigne part en reconnaissance avec sa section. À 7 heures 30, une fusillade éclate. Les Allemands se replient en direction de Belfort. Delvigne, à la tête de sa section, est le premier soldat français à entrer dans la ville. Cela fait quatre ans que le drapeau à croix gammée flotte au sommet du château que les Allemands ont totalement miné. De son côté L'aspirant Osty avec « beaucoup d'adresse », nettoie les quartiers sud de la ville de Belfort et pénètre le premier dans le château dont il assure le déminage[28] à la tête de sa section. Son action personnelle contribue ainsi directement à libérer la ville. Ce fait d'armes lui vaut sa deuxième citation à l'ordre de la brigade[29] et de nouveau l'attribution de la Croix de Guerre avec étoile de bronze.

La trouée de Belfort ouvre la route vers Mulhouse qui est libérée le 21. Deux jours plus tard, la 2e DB atteint Strasbourg et le Rhin. Noël 1944, Lucien bénéficie d'une courte permission et décide de se rendre à Aumont pour retrouver sa famille qu'il n'a pas vue depuis cinq ans. Depuis le début de la guerre, Albert et Lucia Osty sont rentrés en Lozère s'établir à Aumont-Aubrac. Pendant quelque temps, muni d'un *ausweis* et des autorisations nécessaires, Albert qui a installé un gérant place Daumesnil, a continué de se rendre régulièrement à Paris. Lucien n'a aucune nouvelle d'eux mais il a hâte de se montrer en vainqueur à ses parents, à son père surtout.

À l'arrivée à Aumont, un choc terrible l'attend : sa mère, rongée par le chagrin depuis son départ, est morte au début de l'année 1944. Lucien noie sa tristesse en vidant la cave paternelle en compagnie de son frère, et décide de rejoindre au plus vite son unité en Alsace.

Le 1er janvier 1945, Hitler a en effet lancé une contre-offensive générale sur le front de l'Ouest : à l'aube, 800 avions passent à l'attaque des terrains d'aviation alliés aux Pays-Bas, en Belgique et dans le Nord de la France : près de 200 appareils sont détruits au sol, mais les pertes de la Luftwaffe sont équivalentes. Dans le Nord de l'Alsace, sept divisions allemandes, dans le cadre de l'opération « *Nordwind* » (« vent du nord »), déclenchent simultanément une offensive et bousculent le VIe corps d'armée américain, contraint de se replier. À son frère Jean, qui a désormais seize ans et s'inquiète de voir s'en aller son baroudeur de frère, Lucien répond :

« – Tu sais, d'après ce que je peux comprendre ça va barder. C'est une contre-offensive terrible.

– Et c'est toi qui vas les arrêter ?

– Écoute, d'après mes informations, en effet notre groupe de commandos va se trouver en première ligne face à une division SS, des durs. Ça ne va pas être facile et j'espère ne pas me faire descendre[30]. »

Au début du mois de janvier 1945, le front s'est incurvé autour de la « poche de Colmar », que l'ennemi veut conserver à tout prix, parce qu'elle constitue une menace permanente sur le flanc sud des armées alliées. Le commandement allemand y tient également pour des raisons politiques : l'Alsace doit rester une terre allemande. Himmler s'y est installé et dirige les préparatifs d'attaque contre Strasbourg. Pour sauver la ville et l'Alsace, le général de Lattre décide alors une offensive pour réduire définitivement le saillant allemand. L'opération est déclenchée le 20 janvier, à 7 heures 30. Le 1er Corps français attaque. La couche de neige atteint deux mètres. Le froid est intense. Des combats particulièrement violents opposent au Nord-Ouest de Mulhouse les commandos d'Afrique aux troupes allemandes. Le sol est tellement gelé que les commandos parviennent à progresser par-dessus les mines ennemies neutralisées par le froid. Les démineurs sont en renfort direct des actions de combat. Le 21 janvier 1945, par les chemins de la sombre forêt de Nonnenbruch, là même où Jules César battit, en 58 av. J.-C., Arioviste, le chef des Germains suèves qui voulait envahir la Gaule, Cernay est attaquée et les combats qui s'y déroulent sont d'une rare violence. Le soir, à 17 heures, la dernière contre-attaque allemande de la guerre est définitivement stoppée : mais la saignée est terrible pour les commandos, qui déplorent 189 tués ou disparus et 192 blessés, le prix de la victoire. Dès lors, le groupe poursuit ses combats et sa marche en avant sur les talons de l'armée allemande. Dans la nuit du 17 au 18 mars, l'aspirant Delvigne est le premier

Français à franchir le Rhin, à Kembs. Les troupes françaises sont désormais en Allemagne. Osty participe au nettoyage des régions dans lesquelles les commandos progressent sans rencontrer maintenant de réelle opposition. Quelques cantonnements successifs et quelques opérations de sécurisation de zone à travers la Forêt-noire, par le Feldberg et le Schluchsee, toujours vers l'Est. Le 8 mai 1945, l'annonce de la capitulation allemande le trouve à Aach-Linz, petite bourgade du canton du Bade-Wurtemberg, située à mi-chemin entre Sigmaringen et le lac de Konstanz. Le 21 mai 1945, en présence du général de Lattre, De Gaulle en personne vient féliciter les troupes françaises et décore Jean Delvigne de la médaille militaire[31]. Malgré leurs pertes considérables, les commandos d'Afrique sont à la fête ; depuis près de six mois, ils ont toujours été à la pointe des combats de la libération, la victoire leur doit beaucoup.

Mais la guerre est désormais finie et, pour l'aspirant Osty, la carrière militaire semble perdre beaucoup d'attraits. Il a assisté aux querelles de chefs qu'il avait, dans un premier temps, admirés sans limite. Une rivalité féroce oppose de Lattre de Tassigny et Leclerc. Leclerc, jeune général de brigade, vient d'entrer en libérateur à Strasbourg, il est au sommet de sa gloire : née du serment de Koufra, la légende de la 2e DB est en route. De Lattre est général d'armée, mais malgré les succès de la 1re armée, il n'a remporté aucune victoire éclatante. Et, comme beaucoup de combattants de la campagne de France, Osty lui reproche d'avoir, en novembre, préféré la libération symbolique de Colmar à une offensive générale vers Neuenburg, Müllheim, Freiburg qui aurait libéré l'Alsace tout entière. Dans l'esprit de De Lattre, il fallait arriver le premier à Colmar ! La course à la gloire était à ce prix, c'est-à-dire, pour Osty, au prix d'une contre-offensive allemande, de plusieurs milliers de morts supplémentaires, de villages rasés, de civils tués sous les bombardements, retardant de trois à quatre mois la défaite finale du Reich. Le choix de De Lattre, critiqué par Eisenhower comme par les généraux allemands, justifié par ailleurs par l'état-major français, n'est sans doute plus à discuter aujourd'hui. Mais l'affaire, abondamment commentée à l'époque, étaye les critiques de Lucien Osty à l'encontre d'une hiérarchie qu'il estime très peu soucieuse de la situation sur le terrain et bien moins encore de celle des hommes engagés au combat[32].

Un autre épisode l'a conduit à remettre en question son engagement militaire. Juste après avoir nettoyé le château belfortain, son unité a laissé un régiment de cavalerie s'en emparer. Dans leur hâte, les démineurs n'ont pas remarqué un engin explosif laissé par l'ennemi dans une cheminée du château. Au moment où le colonel de la cavalerie entre dans le bâtiment, l'engin explose. Osty est d'abord suspecté d'avoir sciemment provoqué l'accident, pour une banale affaire de rivalité entre unités. L'accusation est trop invraisemblable pour être prise au sérieux et tout s'apaise rapidement, mais Osty en restera marqué : les rivalités internes, les mesquineries ont par trop terni sa conception de l'honneur militaire.

Quelque temps plus tard, au cours de la contre-offensive sur l'Alsace, il découvre un autre visage de la guerre qui le révulse : en se repliant, les troupes allemandes ont massacré des civils. En représailles de ces exactions, son unité reçoit l'ordre de fusiller des prisonniers allemands, de pauvres types dépenaillés, échappés d'une armée en déroute, totalement égarés et désarmés, pris en train de chaparder des poules pour tenter de survivre dans ce froid terrible de janvier 1945. Osty refuse d'obéir à cet ordre inacceptable et fait évacuer les prisonniers à l'arrière du front. La victoire pour la liberté ne se gagne pas à n'importe quel prix.

L'offensive en Alsace est en cours lorsqu'il apprend, en février 1945, qu'il a été désigné pour intégrer l'école des cadres de Rouffach. Une école d'officiers imaginée par de Lattre pour souder des officiers aux parcours très différents, officiers d'active, combattants de corps francs, des FFI... une belle idée. Mais retourner à l'école après ce qu'il a vécu, cela ne lui dit rien. Après l'euphorie du printemps et de la victoire, il sent que plus rien désormais ne le rattache à l'armée. Il demande sa démobilisation et part en congé.

En septembre 1945, après cinq ans sous les drapeaux, il quitte l'uniforme. En décembre, il est nommé au grade de sous-lieutenant. Les combats de la libération sont dorénavant derrière lui. Il a vaincu ses démons intimes, libéré une ville, rendu sa liberté à un pays et tourné le dos à son enfance : sur ce premier moment de sa jeunesse, l'armée, les luttes et l'amitié l'ont marqué d'une empreinte qui ne disparaîtra plus.

Chapitre III

LA QUÊTE

> « L'engagement particulier de l'artiste, c'est de descendre aux entrailles des choses et de rendre exactement ce qu'il a découvert. »
>
> Roger Vailland

La guerre est terminée. Lucien a en poche sa solde, sa prime de guerre, de quoi vivre royalement au moins quelques semaines. Avec des amis démobilisés comme lui, il loue une maison à Bois-Colombes. Paris est tout proche. Plus aucune contrainte. Après les années de couvre-feu, la vie nocturne bat son plein. De fête en fête, les économies des jeunes démobilisés fondent comme neige au soleil. Bois-Colombes est trop cher. Avec Jean et Louis, Delvigne et Laguilharre, Lucien se replie au Quartier latin. Au Select hôtel, place de la Sorbonne, les chambres du sixième étage sont bon marché et, dans le quartier, l'hôtel est appelé Hôtel des grands hommes, ce qui n'est pas fait pour leur déplaire. Dans ce quartier d'étudiants, on se loge, on dîne pour deux sous, on discute interminablement de ce que l'on a vécu, des lendemains qu'on attend.

La dolce vita du pauvre

Entre deux déjeuners chez Camille, rue des Écoles, Lucien Osty retrouve l'envie d'écrire, de raconter, qui le tenaille depuis déjà longtemps. Il a déjà noté les aventures de son ami Laguilharre, rédigé quelques récits de guerre. Il contacte plusieurs journaux, mais on ne lui propose que des piges de loin en loin, quelques reportages sans grand intérêt. Au fil des mois, les maigres économies ont fondu et Lucien commence à se demander de quoi demain sera fait. Une lettre de son père vient subitement tout modifier. Albert, ce père difficile et lointain, vient d'acheter un appartement rue de la Montagne-Sainte-Geneviève, il est pour lui… L'offre est en apparence généreuse, mais en fait l'arrangement a été soigneusement préparé par Albert Osty avec Maître Chassonerie, son ami notaire. En contrepartie, mais Lucien ne l'apprendra que trois ans plus tard, il renonce à la succession de Lucia. Le père a manigancé un désistement d'héritage auquel il contraindra ses enfants au moment de l'exécution testamentaire.

Quoi qu'il en soit, l'appartement est magnifiquement situé, au numéro 68 de la rue de la Montagne-Sainte-Geneviève. Les fenêtres donnent sur le Panthéon, Saint-Étienne-du-Mont et la Tour Clovis du Lycée Henri-IV ; Sainte-Geneviève, la grande bibliothèque fréquentée par les étudiants en lettres et en droit, est à deux pas. Dans les cafés, les cantines du quartier, on parle de recherches, de thèses, d'histoire médiévale, d'essais savants, de quoi ravir l'ancien disciple de Calmette. Lucien joue au nanti, il déjeune maintenant régulièrement au bas de chez lui, au restaurant le *Vieux Paris*. Ducasse, le propriétaire, est landais et plein d'admiration pour le jeune héros à qui il fait régulièrement crédit, tout comme l'épicier, le père Besse, chez qui les ardoises de Lucien s'allongent de jour en jour. Le jeune impécunieux se dit qu'il est peut-être temps de profiter de l'inexplicable générosité nouvelle d'Albert. Les subsides paternels lui permettent de se maintenir à flot quelque temps et même de jouer les généreux. Lucien ouvre sa table à ses amis, mais aussi à des inconnus. Il faut dire que les prix se sont envolés depuis la Libération et, pendant de longs mois, le rationnement qu'on espérait oublier continue de peser sur la vie quotidienne. Lucien a remarqué dans le quartier une jeune fille frêle qui visiblement crève de faim ; il l'invite à déjeuner chez lui. Elle lui raconte sa vie : elle s'appelle Edmée, elle est de Strasbourg, elle a fait de la résistance et se prépare à être médecin militaire. Sans qu'ils le sachent encore, leurs vies suivront des chemins parallèles. Edmée-Valérie André s'engagera en Indochine. Passionnée d'aviation, elle passera son brevet de pilote, de parachutiste, sautera dans des zones de guerre… Elle effectuera 129 missions de guerre et évacuera 165 hommes jusqu'à son retour en métropole en 1953. Des années plus tard, elle deviendra la première femme général et sera décorée grand-croix de la légion d'honneur.

Edmée n'est pas la seule invitée de l'appartement de la Montagne-Sainte-Geneviève : il faut dire que Lucien est charmant. Beau garçon, comme le prouve son portrait des studios Harcourt. Les fêtes se succèdent et l'ambiance est d'autant plus joyeuse chez lui qu'il partage désormais les lieux avec son frère Jean, interne des hôpitaux. Ce temps des copains à Paris s'accompagne de virées en Lozère avec Jean, bien sûr, mais aussi en compagnie de Laguilharre et de Delvigne. Ils campent au bord des rivières, braconnent un peu et se baladent sans fin avant le retour à Paris.

Lucien Osty a sympathisé avec un pyrénéen, Déramon, qui vient de fonder une agence de presse spécialisée, Agrapresse. Une multitude de petits journaux destinés aux paysans sont apparus au lendemain de la libération. Et justement, à *Libération paysanne*, ils recherchent des pigistes... Lucien a accepté. Les champs, les moutons, il connaît ça aussi. De son côté, Laguilharre a retrouvé son métier d'ingénieur. Jean Delvigne s'est lui aussi lancé dans le journalisme.

Le temps des secrets

Delvigne a retrouvé un ami des commandos, Georges d'Armagnac, son ancien commandant d'unité. Sa famille est originaire du Gers, ils sont même parents éloignés[1]. Ils se sont revus. D'Armagnac vient d'être engagé par André Dewavrin, le mythique colonel Passy, créateur du bureau central de renseignements et d'action (BCRA) de la France libre. Le BCRA tient tout à la fois du renseignement, du contre-espionnage et de l'action militaire. Depuis quelques mois, Dewavrin a remplacé Jacques Soustelle à la tête des nouveaux services de contre-espionnage du gouvernement provisoire, baptisés pour l'instant du nom un peu elliptique de Direction générale des Études et de la Recherche. Dewavrin vient de réorganiser le service de fond en comble. Il a commencé par démobiliser 8 000 agents et, parmi eux, certains dont les sympathies pour le parti communiste l'inquiétaient. Il cherche à recruter des anciens de la France libre, si possible des commandos. C'est pour cela que Georges d'Armagnac a donné rendez-vous à Jean Delvigne dans son bureau de la rue Oswaldo Cruz. Il a en effet une proposition à lui faire :

« – Nous avons besoin, lui dit-il, d'un agent en Perse, auprès du jeune Shah, avec une couverture journalistique : c'est la meilleure. On vous la fournira et on espère que vous irez.

– Jamais, lui répond Delvigne, je ne suis pas fait pour ça, je ne peux pas, il m'est impossible de raconter une chose et son contraire, je suis complètement sous-doué pour ce type de travail.

– Mais vous connaîtriez quelqu'un ?

– Il y aurait probablement Osty, à qui votre proposition rendrait service et qui possède certainement les aptitudes pour jouer le rôle que vous attendez[2]. »

Osty, d'Armagnac le connaît bien sûr. Lui aussi a le profil. Ce dernier accepte aussitôt cette proposition qui va lui permettre de gagner sa vie, mais surtout d'échapper à la monotonie quotidienne en partant voir du pays. Par l'intermédiaire d'un autre ancien du BCRA, le compagnon de la libération Yvon Morandat qui vient de créer l'Agence européenne de Presse, Lucien Osty se met à travailler pour *Résistance-Paris Matin* que dirige alors Max Corre ; il est également correspondant de l'Agence européenne de Presse. Le voilà authentiquement journaliste et c'est bien sûr pour faire des reportages sur l'Iran qu'il s'envole pour Téhéran.

Il y est accueilli par un couple d'archéologues français, André et Yeda Godard. André Godard est une célébrité dans le pays. Il est alors directeur du Musée national d'Iran et a dirigé notamment les fouilles d'Ispahan. Pendant la guerre, en novembre 1944, le couple a accueilli De Gaulle de passage à Téhéran. Ils vont recevoir Osty comme un fils et lui faire rencontrer toute une série de dirigeants du pays dont l'étonnant général Ali Razmara qui lui propose de monter sa garde personnelle. Ali Razmara, chef de l'armée iranienne, formé à Saint-Cyr, vient tout juste d'écraser une révolte prosoviétique au Kurdistan. Il deviendra Premier ministre en 1950 et sera assassiné quelque temps plus tard par un groupe chiite fondamentaliste, Feda'eyān-e Eslām, les auto-sacrificateurs de l'islam.

Grâce aux Godard, Lucien Osty rencontre surtout sa majesté Mohammad Reza Pahlavi. Le jeune Shah d'Iran est au pouvoir depuis 1941 et, depuis la fin de la guerre, il cherche à échapper à la dangereuse influence des communistes prosoviétiques et à se rapprocher des États-Unis et de leurs alliés. Le Shah a tout juste un an de plus que le jeune journaliste. Tous deux deviennent proches. Au cours d'un entretien dans le bureau impérial, le souverain confie à Osty : « J'aurais bien aimé être journaliste comme vous. » Osty regarde alors le bureau du Shah, sur lequel se trouve un magnifique étui à cigarettes finement ciselé, d'or et d'argent massifs. « Vous savez, Majesté, répond Osty, si vous aviez été journaliste, jamais vous n'auriez pu disposer d'un tel étui ! » Le Shah prend alors l'étui à cigarettes et en fait cadeau au jeune journaliste éberlué, encore peu au fait de la générosité orientale[3].

Osty a rencontré les dirigeants iraniens, il a envoyé à Paris les articles que l'on attendait et les notes destinées aux services de la DGER, mais ce qui l'intéresse déjà, c'est l'endroit où l'on se bat, au Kurdistan. Dans un roman publié en 1954 sous le titre *Du sang sur les collines* et qui deviendra par la suite *Les Mercenaires*, Jean Lartéguy raconte les aventures du capitaine Pierre Lirelou depuis les Brigades internationales jusqu'à la Corée et l'Indochine. Lirelou passe aussi par l'Iran en plein soulèvement kurde. Tous les personnages de Lartéguy sont directement inspirés des rencontres qu'il a pu faire en 1947 : le général Assad Khan vainqueur des Kurdes et exigeant du Shah le poste de Premier ministre n'est autre qu'Ali Razmara, Mahmoud le révolutionnaire qui récite du Sorel avant d'être pendu, est en fait le leader kurde, Qazi Muhammad exécuté le 30 mars 1947 à Mahabad…

Lucien Osty parcourt ainsi l'Iran en journaliste. Un journaliste qui sans doute renseigne les services secrets mais sans pour autant en faire véritablement partie. Interrogé à ce sujet, Bob Maloubier[4] qui, lui, ne fait pas mystère de son appartenance passée au service action et dont la parole ne saurait être mise en doute sur ce point, est formel : les « anciens des forces spéciales, on se connaît tous, forcément, et Jean (Osty-Lartéguy) en était bien sûr. On était tous des marginaux si l'on peut dire, pas des réguliers en tout cas. Mais Jean n'a jamais été stipendié, ni n'a figuré sur la liste des agents, jamais. D'ailleurs, quand on a écrit ensemble *Triple Jeu*, un bouquin sur Déricourt, l'espion qui bossait pour trois services de renseignements différents à la fois, il a fait appel à moi parce qu'il m'avouait ne rien entraver au sujet. Alors, qu'il ait rendu quelques services, oui, sans doute, comme beaucoup de journalistes ou d'hommes d'affaires. Mais agent régulier, non, certainement pas[5]. »

Bien des années plus tard, Lartéguy fera d'ailleurs dire à un des héros des *Naufragés du soleil*, Magne, le journaliste résistant : « il ne supportait pas qu'on laissât entendre qu'il eût pu appartenir à un quelconque service secret[6]. »

Les reportages sur l'Iran sont parus dans l*e Parisien Libéré* et, pour la première fois, sous le nom de Jean Lartéguy. Quand il rentre à Paris au début de l'année 1949, Lartéguy parvient à nouveau à faire quelques piges pour *France-Soir*, des reportages et de menus travaux pour un autre ancien de la campagne d'Alsace, un baroudeur de la 2e DB, blessé au visage à Mirecourt en 1945, un héros au cœur d'enfant qui multiplie les scénarios, les publications pour la jeunesse, l'ancien adjudant-chef Jean-Marie Legrand, plus connu sous le nom de Jean Nohain… Mais ces piges ne sont que des expédients, rien qui permette de vivre véritablement.

Lartéguy reprend alors contact avec Max Corre qui vient de prendre la direction de *Paris-Presse-L'intransigeant.* Max Corre a beaucoup apprécié ses reportages sur l'Iran, la Perse comme on dit alors. Le monde est en pleine guerre froide mais depuis quelques mois, le conflit entre les deux blocs a débouché sur une guerre ouverte en Corée. À l'aube du 25 juin 1950, 600 000 soldats nord-coréens franchissent le 38e parallèle : c'est le début de la guerre. Le 28 juin, Séoul tombe aux mains des communistes. Les Américains réagissent très rapidement et envoient le général MacArthur débarquer à la tête d'un corps expéditionnaire. Après la victoire des communistes en Chine, toute l'Asie se retrouve plongée au cœur de la guerre froide.

Corre a repris le journal créé en 1944 par Ève Curie et Philippe Barrès mais le titre bat de l'aile, il est de plus en plus concurrencé par *France-Soir* qui finira par l'absorber. Pour l'instant, il souhaite avoir des reportages innovants sur la guerre de Corée. En effet, le conflit ne mobilise pas seulement les États-Unis ; pour la première fois, une force multinationale sous l'égide des Nations unies y a été envoyée. 1 000 Français, vétérans de l'infanterie, de la marine, parachutistes ou légionnaires se sont portés volontaires pour combattre aux côtés des Américains. Max Corre sait que Lartéguy possède déjà une expérience militaire ; il lui propose de raconter la guerre de l'intérieur, en tant qu'officier reporter. « J'ai tout de suite sauté sur l'occasion, dira-t-il, comment refuser ? Je me voyais sur les traces de Kessel ! »

Il contacte aussitôt les autorités militaires. Par décret du 11 mai 1950, il a été nommé au grade de lieutenant à titre définitif, pour prendre date du 25 avril 1949 : il est ainsi, comme le mentionnent ses pièces militaires, « admis à servir en situation d'activité au titre de l'encadrement du bataillon français de l'ONU à compter du 21 juin 1951 ». Le 18 juin 1951, après un mois de vacances passé à Alger en attendant son ordre de mission, Lartéguy redécouvre la vie militaire. Il a épongé ses dettes, il laisse même un peu d'argent à son frère, mais toute sa prime d'engagement y est passée. Il part une nouvelle fois les poches vides.

Le lieutenant Osty a été affecté au 4e détachement de renfort du bataillon, stationné au camp d'Auvours, puis il est dirigé sur Marseille pour y embarquer en direction du Japon où il fera escale avant de rejoindre la Corée. Il monte à bord de La Marseillaise le 17 juillet 1951[7] et vogue vers ce « pays que l'on s'obstine à appeler le Pays du Matin Calme[8] » et qui lui semble tout le contraire. Un peu plus d'un mois plus tard, le 15 août 1951, il débarque au port de Yokohama. La longue attente de la traversée, l'arrivée dans ce Japon encore écrasé par la défaite, tout cela en ferait déchanter plus d'un. Le 19 août, un peu théâtral, il écrit à sa sœur : « de l'autre côté de la mer, j'ai peut-être rendez-vous avec ma mort. Mais cela n'a que peu d'importance. » Deux jours plus tard, il rembarque de Sasebo, à bord du *Kongo-Maru*, en direction de la Corée qu'il touche enfin, le 22 août 1951, à Fusan.

À la tête du bataillon français, il va découvrir un chef de légende : le général de corps d'armée Raoul Magrin-Vernerey, qui a pris pour nom de guerre Ralph Monclar, celui de son village, Monclar-de-Quercy. Monclar est né en 1892. À quinze ans et demi, mentant sur son âge, il a tenté de s'engager dans la légion étrangère. En 1914, il intègre Saint-Cyr et est blessé sept fois pendant la guerre. En 1940, il est à Narvik et rejoint ensuite les Français libres. En 1950, à la veille de sa retraite, il se porte volontaire pour commander le bataillon français en Corée. Monclar a rédigé quelques années plus tôt un étonnant *Catéchisme de combat* dans lequel il montre le rôle central du moral et de l'esprit d'équipe au combat. À partir de décembre 1950, le bataillon de Corée a été incorporé au 23e régiment d'infanterie placé sous les ordres du colonel américain Paul Freeman. Dès janvier 1951, le bataillon français est engagé dans de violentes offensives. Les soldats américains, sidérés, voient les Français fixer au bout de leur fusil des baïonnettes pour le combat au corps à corps. Face à eux, les volontaires chinois combattant aux côtés des Nord-Coréens sont si terrifiés que le général Ridgway qui commande alors les forces de l'ONU en Corée suggère à tous ses hommes de s'inspirer de « l'esprit de la baïonnette ». « Les baïonnettes, explique-t-il, n'ont pas été inventées pour ouvrir des boîtes de ration mais pour se battre. » Les combats des débuts de l'année 1951 ont été particulièrement rudes, par moins trente degrés, dans les rizières et les collines gelées. De part et d'autre, chaque camp s'est abrité dans des tranchées creusées tant bien que mal et les corps à corps à l'arme blanche sont de plus en plus fréquents. Malgré l'intensité des batailles, le front reste figé pendant des mois.

Lartéguy a débarqué en Corée à la fin du mois d'août, à Fusan, mais il ne gagne pas immédiatement la zone de combats. Les premières semaines terriblement monotones sont consacrées à la préparation de la troupe, à qui il faut présenter les conditions du combat. Et pendant des jours, la morne vie de garnison n'offre rien à raconter, ni à écrire, à part les inévitables mesquineries, les rivalités opposant les hommes entre eux. Des luttes qui ont pour objet la promotion personnelle : il s'agit souvent de gagner un galon supplémentaire, et un peu de gloire aussi, et de pouvoir en arborer les insignes rutilants sur les épaules et la poitrine. Ces flagorneurs lui inspirent cette remarque qu'il leur jettera un jour à la figure : « le drame des courtisans est de se défier de tout le monde ; ce qui les rend incapables de prendre une décision[9] ». Impitoyable, Lartéguy note d'ailleurs que le bataillon est composé de « militaires de carrière, de malchanceux et de cocus[10] »...

La silhouette, naturellement massive, s'est encore densifiée, un léger embonpoint l'alourdit un peu, qui va rapidement fondre. Sa robustesse passée va de nouveau pouvoir s'exprimer pleinement. Le cheveu pousse dru, à peine un peu moins sombre désormais, et la coupe militaire achève de rendre son visage carré. Une légère calvitie lui dessine sur les lobes frontaux deux accents circonflexes qui renforcent l'allure martiale de sa brosse : sur son front, quelques plis soulignent les années de souffrance endurées. La poitrine est toujours aussi large, imposante, et donne du volume et du souffle à sa voix forte par laquelle il exprime des ordres que l'on ne discute pas. Et, de fait, quand son regard clair et magnétique se fige, qu'il se durcit, tendu par une volonté qu'on devine inflexible, personne ne bronche et pas un soldat de sa section ne pense un instant à lui désobéir. Il ne commande pas toujours d'amitié, bien qu'il aime sa troupe au fond de lui, mais le résultat est bien présent : la section Lartéguy marche d'un seul pas. Son chef emporte l'adhésion. Physiquement.

La troupe obéit à son officier aussi parce que le soldat est fasciné par l'homme. La clope du troupier, celle qui accompagne dans les rations de combat le petit flacon de gnôle infecte et réconfortante et les boites de singe, la fameuse « goldo », éternellement vissée au coin du bec, accentue son allure de baroudeur. Il possède, comme on dit, une « gueule », un coffre.

Sur le terrain, il est volontiers un peu négligé, presque débraillé. Comme s'il voulait affirmer son mépris du danger et livrer, sans armure, son souffle à l'aventure.

La blessure

À l'automne, enfin, l'unité de Lartéguy entre dans la zone de combat : le voilà aux pieds des fameuses *White Hills*, où cette guerre de mouvement puis de positions va s'avérer particulièrement meurtrière[11]. En quelques semaines, la température chute brutalement. La terre est gelée, un vent glacial rend plus pénibles encore les averses de pluie puis, bientôt, les chutes de neige, qui se transforment, au fil des jours, en torrents de boue et en congères verglacées. En septembre 1951, l'état-major américain a déclenché l'opération « Heartbreak Ridge », opération « Crèvecœur » en français[12]. Il s'agit de reprendre le contrôle d'une ligne de crête, à quelques kilomètres au Nord du 38e parallèle qui sépare les deux Corées, envahie par le Nord depuis plus d'un an. Les collines pelées ont été hérissées de fortifications par les Nord-Coréens. L'assaut américain commence le 13 septembre et va durer plus d'un mois. En quelques heures, les bombardements aériens, les tirs d'artillerie transforment les collines arides en cratères lunaires.

Les fantassins du 23e régiment avec le bataillon français partent ensuite à l'assaut des pentes rocheuses. Les Nord-Coréens résistent avec acharnement, reprennent la nuit le terrain perdu le jour. Les Américains ont surnommé ces combats incessants, ces sacrifices humains, les *skyways*, les chemins pour le ciel… Les combats à l'arme blanche, au couteau, transforment la bataille. Le 12 octobre 1951, vers 2 heures du matin, le bataillon français se lance à l'assaut de la crête qu'il va conquérir au lance-flammes. À 6 heures 30, le sous-lieutenant Dureau et ses hommes prennent pied sur le sommet, le drapeau nord-coréen qui flotte sur le blockhaus du P.C. communiste est arraché, les derniers défenseurs chinois et nord-coréens sont faits prisonniers. À midi, le bataillon français, épuisé, est relevé. Sur un front de deux kilomètres, l'artillerie américaine a tiré 310 000 obus. L'ennemi a perdu 10 000 hommes, Le 23e régiment, 1 900 tués ou blessés. Le bataillon français compte 47 morts. Une « sale boucherie inutile[13] », écrira Jean Lartéguy.

Pendant ces combats du 12 octobre, le lieutenant Osty perd les trois-quarts de ses hommes. Il se bat comme un lion. À plusieurs reprises, il repart à l'assaut de la cote 851 avant d'être finalement terrassé : un éclat de mortier dans la jambe gauche, une balle dans le bras, des éclats de grenade dans tout le corps, il est laissé pour mort sur le champ de bataille. Dans la boue glacée de la colline, l'un de ses hommes le voit pourtant remuer faiblement. Osty est immédiatement évacué par hélicoptère. À l'hôpital de campagne, l'état de sa jambe est tel que le chirurgien pense qu'il va devoir amputer. Il préfère finalement évacuer le blessé pour le faire soigner à l'arrière.

Lucien Osty, qui vient au passage de mériter sa troisième et dernière citation à l'ordre du corps d'armée cette fois, est alors évacué vers le Japon, Osaka puis Tokyo, et reçoit les premiers soins d'importance au Saint Luks Hospital, en compagnie des autres blessés de l'ONU. Les chirurgiens américains sauveront sa jambe. Sa guerre est finie. Soulagé, il écrit d'Osaka à sa sœur qu'il se « promène désormais dans une petite voiture », expliquant qu'il était « resté sur le terrain mais y avait laissé avant lui pas mal de Chinois… »

Il quitte cette guerre qu'il n'a pas aimée. Une guerre dans laquelle il savait ne pas se battre pour sa terre, ni pour sa famille, ni pour son pays. À peine pour un système : « c'est pour cela, écrira-t-il, que cette guerre est sinistre : parce que personne n'en fait sa guerre à lui et que le technocrate a remplacé l'entraîneur d'hommes[14] ». Son amertume est palpable. Elle se traduira dans une confidence lâchée par l'un de ses héros de roman, Lirelou : « Ici nous sommes vieux, désespérés. Notre victoire, nous ne la souhaitons pas ; elle n'aurait aucun sens. Nous faisons une opération de police. T'as vu des opérations de police victorieuses[15] ? »

Sitôt qu'il peut se traîner à l'aide de cannes, Lartéguy sort du Tokyo Army Hospital où il a été transféré : « le plus grand atelier de matériel humain dans le Pacifique », dira-t-il. Avec une bonne foi aussi grande que son ignorance, il se lance alors à la découverte de Tokyo et du Japon.

Dans Tokyo, à petits pas de vieillard, il arpente d'abord, sur les traces des GI's, les bruyant snacks bars des P.X., ces magasins militaires américains qui vendent sans taxe ni bénéfice. Aux vitrines d'une multitude de magasins de souvenirs, la même pancarte indique en grands caractères : WELCOME ! Welcome aux soldats « invités » puisque c'est ainsi que l'empereur les a appelés. Bienvenue dans ces magasins où les clients japonais sont interdits... Puis, poursuivant au fil des rues aux lanternes de papier, il découvre surtout des quartiers populaires grouillant d'une foule dense, parcourue de remous électriques. Un après-midi, dans le quartier de Shinjuku, il suit la foule qui se rend au temple shintoïste. Les lanternes en papier, le son cristallin des clochettes, les tenues traditionnelles, les kimonos, le calme de ces jardins qui reposent au cœur de la ville dévastée le fascinent[16].

Pour bien poursuivre sa convalescence, les médecins l'ont installé dans un hôtel de luxe à Kyoto, le *Myako*, où sont remis d'aplomb les officiers américains. Entre le bar de cet hôtel et les promenades qu'on lui permet d'effectuer dans le parc, il multiplie les rencontres, découvre de grands correspondants de guerre traumatisés par la fin du conflit mais devenus fous d'Asie et incapables de retourner en Amérique, comme le photographe Holden, un des héros de son roman, *Le Mal jaune* : Holden, incarnation de ces reporters qui ont couvert la guerre dans le Pacifique, photographié et fixé pour l'éternité les atrocités de Guadalcanal, les prisonniers américains décapités, les soldats japonais passés au lance-flamme et transformés en torches vivantes, le saut des jeunes villageoises japonaises se précipitant dans le vide à Iwojima avant l'arrivée des Marines, les ruines calcinées d'Hiroshima ou de Nagasaki. Tous ces correspondants de guerre au regard vide, courant le monde à la recherche de scoops, hantent son sommeil[17].

Lartéguy profite de cette période de calme, et de ses multiples rencontres, pour recueillir un grand nombre d'informations et pour écrire une série d'articles sur la guerre de Corée et sur le Japon au lendemain de la défaite. Il s'intéresse à tout, aux partis politiques japonais, à la reconstruction de son armée et à sa police nationale de réserve, mais également à la réforme agraire en cours. Rien ne lui échappe : homme de synthèse, il fonde ses récits sur des analyses fouillées et des enquêtes minutieuses. Son style et sa méthode, héritée de Calmette, s'affirment : en métropole, ses articles rencontrent peu à peu des échos favorables.

La découverte du Japon est aussi pour lui l'occasion de pester contre une occupation américaine qu'il juge sévèrement. La suffisance des Américains, leur mépris qu'on qualifierait aujourd'hui de raciste à l'égard des Japonais est visible à l'hôpital comme dans la ville. Les médecins américains ont sauvé sa jambe, mais cela ne l'empêche pas d'éprouver une exaspération grandissante à l'égard de ces conquérants écrasants. Et même s'il s'agit d'un champion du monde de boxe ! Joe Louis, le bombardier brun, champion du monde sans discontinuer de 1937 à 1949 vient en star au Japon apporter un peu de réconfort aux boys blessés en Corée. Il avise le *frenchie* Lartéguy et lui demande s'il aime la boxe. Lartéguy prend un air inspiré avant de répondre : « Moi je préfère la pataphysique[18] ». L'humour et la référence décalée à Alfred Jarry, ont dû, on l'imagine sans peine, laisser sans voix le brave champion des mi-lourds, un peu sonné cette fois…

Il me le confiera bien des années plus tard : l'hôtel *Myako* c'était « l'antichambre de la connerie ». Les Américains lui semblent de grands enfants exaspérants. Il les suit dans les maisons de thé où les geishas apostrophent tous les étrangers de leur « Hello Johnny », en leur réclamant du chocolat et des cigarettes.

L'âme triste du Japon

Heureusement, par l'entremise d'amis japonais, Lartéguy obtient bientôt d'être logé en ville, dans le quartier de Ponto-Chô, celui des geishas, un lieu généralement inaccessible aux étrangers qui le plonge dans un univers totalement inconnu.

À Kyoto, tout lui semble plus authentique que dans la capitale. Il a la chance d'y faire une étonnante rencontre, un peintre qui a fait ses études à Paris et avec qui il va parler littérature. Le bonhomme lui fait découvrir de l'intérieur, la vie des villes japonaises, les rues tranquilles aux maisons en cloisons de papier, les rites des écoles de geishas, les bars enfin où se retrouvent les anciens soldats de l'empire du soleil levant, des hommes de son âge, fatigués des combats sans but, marqués plus encore que les autres par le désespoir de l'après-guerre[19].

Au cours de l'une de ces nuits, Lartéguy se retrouve ainsi en compagnie de vieux étudiants, tous anciens combattants. Ils ont beaucoup bu. L'un d'eux, plus calme que les autres, prend alors la parole, et ses camarades se taisent aussitôt. C'est un ancien kamikaze qui raconte son histoire. Sans doute pour la centième fois… Un hasard extraordinaire lui a sauvé la vie. Lâché en plein ciel aux commandes de sa bombe volante, il ne parvient pas à trouver la flotte américaine. À court d'essence, il fait planer son avion jusqu'à un atoll du Pacifique où il parvient à se poser. Lartéguy, fasciné, se fait traduire la confession terrible de l'ancien pilote suicide : « J'ai été un fils soumis à mon père, qui lui-même était soumis à une longue lignée d'ancêtres morts. Comme lui, le serviteur des lois et des rites, pour mon Dieu-Empereur je me suis battu, j'ai souffert, j'ai crevé de faim, j'ai bien failli mourir. Je puis vous dire, ce soir, que je ne regrette pas la défaite de mon pays, car c'est grâce à cette défaite que nous avons pu échapper à l'esclavage que nous imposaient nos morts ».

Puis le jeune homme sort de sa poche un petit livre jaune et marron, aux pages cornées, et se met à lire. C'est une lettre, la dernière écrite à ses parents, d'Akio Otsuka, un étudiant à l'université de Chuo, à Tokyo. Akio Otsuka a été tué au large d'Okinawa, à bord de son avion-suicide, le 28 avril 1945, à l'âge de vingt-trois ans : « Je le dis avec franchise, [...] je ne meurs pas sans regret. [...] À Tokyo, les fleurs des cerisiers vont bientôt tomber. Tombez, tombez, fleurs de cerisiers. Pourquoi fleuririez-vous alors que ma vie va se détacher ? [...] Je vous montrerai que je sais mourir bravement. Avec toute mon affection respectueuse. Akio[20]. »

Ces jeunes gens envoyés à la mort dans des avions dépourvus de train d'atterrissage, pour des combats inutiles, ces mots désespérés et désabusés résonnent tellement fort en Lartéguy qu'il décide aussitôt de faire connaître en France ces textes bouleversants. Et comme il en a découvert d'autres encore chez un antiquaire de Kyoto, un peu marin, un peu trafiquant et, qui plus est, ancien attaché militaire, il en tire un recueil extraordinaire, *Ces voix qui nous viennent de la mer*, qui paraîtra en 1954 chez Gallimard et contribuera à modifier l'image reçue d'un peuple japonais uniformément militariste. Mais ce qui a frappé Lartéguy par-dessus tout, c'est l'âge de ces « jeunes morts », offrant leur vie au service de la patrie. Quinze ans plus tard, il republiera *Ces voix qui nous viennent de la mer*, en y ajoutant d'autres textes recueillis un peu partout en Europe, dernières lettres en pleine guerre de Belges, d'Allemands, de Néerlandais, de Français, de Russes, de Polonais, d'Anglais, ou de Grecs, tous fusillés à moins de trente ans, toutes venant faire écho à la dernière lettre d'un sergent français mort en Indochine en 1948, Guy de Chaumont de Guitry, qui écrivait quelques jours avant sa mort : « Partout j'ai trouvé la guerre, partout des paroles de haine, partout du sang. Et pourtant il y avait partout le même désir de bonheur, partout le même rêve de paix, partout la même horreur de la guerre. »

Rapatrié sanitaire, Lartéguy quitte à regret le Japon et revient en Europe, à jamais marqué par l'héroïsme et la fraternité des jeunes combattants. Il est en même temps durablement frappé par l'absurdité des batailles et des conflits auxquels il a pris part : celui de la guerre de Corée, surtout, qu'il a particulièrement détesté. À trente-trois ans, il a connu la prison, vécu deux guerres, été grièvement blessé. Lorsqu'il embarque à Yokohama sur La Marseillaise, ce paquebot initialement baptisé Maréchal Pétain, c'est un homme accompli qui revient en Europe, ancien combattant mais plus encore écrivain, fasciné tout autant par les turbulences de son époque que par les rites et les traditions millénaires du Japon qu'il voit s'éloigner.

La traversée de retour dure un mois. Entre la salle de sport, la piscine et les bals du soir, les passagers prennent leur mal en patience. Lartéguy ronge son frein, cabine, fumoir, promenade sur le pont, aller et retour… « Je boite de long en large, écrit-il à sa sœur Josette le 5 février 1952, et regarde les autres danser. Je serai à Marseille le 20 février, toujours boitant. Ma jambe ne va pas encore très bien, mais tout le reste fonctionne à peu près normalement, tête y compris, ce qui est nouveau », et il ajoute, « ma brève carrière militaire est terminée ». Sept ans plus tôt, l'aspirant Osty avait déjà tenu les mêmes propos après la campagne d'Alsace mais, cette fois, l'expérience coréenne est décisive. Le 20 février, Lartéguy débarque à Marseille. Sa jambe n'est toujours pas guérie et il est aussitôt admis à l'hôpital Michel Levi avant d'être envoyé à Paris, au Val-de-Grâce, puis aux Invalides, pour parfaire la rééducation de sa jambe[21].

L'armée l'a placé en congé de fin de campagne jusqu'au 1er mai 1952. Dès le lendemain, il sera démobilisé avec une affectation administrative et un avancement qui lui permettra ultérieurement d'obtenir le grade de capitaine sur lequel tombe, cette fois définitivement, le rideau de sa carrière militaire.

De sang et d'encre

Contrairement à ses années d'après-guerre, Lartéguy dispose désormais d'un bien meilleur jeu en main. Sur *La Marseillaise*, il a eu le temps de penser à l'avenir. Il possède maintenant un nom reconnu, une signature attendue : il fourmille d'idées et de projets. Et d'abord, celui d'un roman. Dès son retour à Paris, il l'écrit d'un seul jet, en un mois à peine. *Du sang sur les collines* raconte sa guerre de Corée et sera publié en 1954 chez Gallimard. Lartéguy le remaniera six ans plus tard, il deviendra *Les Mercenaires*. « Les mercenaires que j'ai rencontrés et dont parfois j'ai partagé la vie, écrit Lartéguy, combattent de vingt à trente ans pour refaire le monde. Jusqu'à quarante ans, ils se battent pour leurs rêves et cette image d'eux-mêmes qu'ils se sont inventée. Puis, s'ils ne se font pas tuer, ils se résignent à vivre comme tout le monde, mais mal, car ils ne touchent pas de retraite, et ils meurent dans leur lit d'une congestion ou d'une cirrhose du foie. Jamais l'argent ne les intéresse, rarement la gloire, et ils ne se soucient que fort peu de l'opinion de leurs contemporains. C'est en cela qu'ils diffèrent des autres hommes[22]. »

Ces mercenaires, Lartéguy nous les fera découvrir à travers les aventures du capitaine Lirelou et de son ami auvergnat, Faugât, un communiste rencontré en Espagne, en 1936, dans les Brigades internationales. Tous deux sont emportés dans la tourmente des grands conflits du siècle, de la guerre d'Espagne à la Seconde Guerre mondiale dans les premiers commandos parachutistes, en Indochine dans un maquis contre le Viêt-Minh, en Corée enfin. Récit d'aventures militaires, *Les Mercenaires* sont aussi pour Lartéguy l'occasion d'affiner sa réflexion sur l'engagement, la résistance, le sens de l'honneur, la fidélité.

Débute alors la période de son existence qui va le faire connaître au monde, celle, osons le mot, de sa métamorphose. L'homme d'action, l'aventurier et le rebelle ne vont pas pour autant disparaître complètement : mais le champ d'action et le rayonnement de Lartéguy vont profondément évoluer. L'enveloppe du soldat, celle de l'officier s'effacent brutalement, remplacées peu à peu par d'autres carapaces dont l'assemblage va favoriser le développement d'une personnalité hors du commun. Sans retour cette fois, le glaive cède donc sa place à la plume : le temps pour lui est venu de raconter, d'écrire et de témoigner.

Lartéguy reprend son travail à *Paris-Presse* mais son statut a changé. À la fois parce que ses papiers sur le Japon ou les combats en Corée ont été appréciés, et parce qu'il a acquis ce statut un peu spécial de correspondant de guerre participant. Il raconte la guerre non pas depuis un hôtel ou une salle de rédaction, mais au milieu d'un assaut ou depuis une tranchée.

Les combats du bataillon français en Corée n'ont pas tout de suite attiré l'attention des foules. D'abord parce que les militaires français sont des volontaires, des soldats professionnels, mais surtout parce que la guerre de Corée a été l'occasion d'une très large opération de désinformation menée par le parti communiste français qui, depuis des mois, dénonce avec les intellectuels du Mouvement de la Paix la sale guerre menée au pays du matin calme par les Américains. Un an plus tôt, *L'Humanité* n'a pas hésité à publier un dessin d'un caricaturiste de la *Pravda*, représentant le général MacArthur, très élégant, pistolet à la hanche, un rictus déformant son visage, les bras dégoulinants de sang, tenant d'une main le drapeau de l'ONU recouvrant des cadavres étendus sur le sol, tandis que de l'autre il soulève délicatement un avant-bras de nourrisson sectionné au coude… Le 22 février 1952, le ministre nord-coréen des Affaires étrangères ayant accusé l'armée américaine d'avoir utilisé des armes bactériologiques dans son pays, *L'Humanité* annonce : « Les monstres américains utilisent en Corée l'arme microbienne. » Dans le journal communiste, qui tire alors à plus de 120 000 exemplaires, les caricaturistes se déchaînent, représentant le président Harry Truman en rat porteur d'un tube marqué « bacille de la peste », se dirigeant vers l'Union soviétique. Dans les colonnes du journal, le général Matthew Ridgway, qui commande alors les troupes des Nations unies en Corée, est surnommé « Ridgway-la-peste », environnés de tubes, de cornues, d'insectes répugnants. Trois semaines à peine après la démobilisation de Lartéguy, est organisée à Paris et dans toutes les grandes villes de France une vaste mobilisation contre la venue dans la capitale du général pestiféré. Ridgway est accueilli dans la capitale par plus de 20 000 personnes qui scandent « US Go Home, Ridgway-la-peste ! » La guerre de Corée est alors au sommet de son impopularité en Europe, mais également aux États-Unis, où plus des deux tiers de l'opinion publique sont favorables au retrait des forces américaines. À l'automne 1952, en pleine campagne pour la présidentielle, le parti républicain a choisi pour candidat le général Dwight Eisenhower – surnommé Ike –, l'homme de la victoire en Europe. Le 24 octobre, à Detroit, Ike a annoncé que s'il était élu, il se rendrait en Corée. Tout en tenant des propos extrêmement fermes contre l'agression communiste, Eisenhower est persuadé qu'il est temps de mettre en œuvre une nouvelle approche du conflit : en clair, d'entamer des négociations avec Staline, en vue d'un règlement négocié du conflit. Ike est élu le 4 novembre 1952. Moins de trois semaines après son élection, il se rend comme prévu en Corée.

Paris-Presse y envoie naturellement son correspondant qui connaît le mieux le terrain, Jean Lartéguy. Eisenhower, président élu, n'est pas encore en exercice. Il rend naturellement visite aux boys, mais également au bataillon français dont tous les journaux américains ont vanté la bravoure. À cette occasion, le lieutenant-colonel Borreil, qui a remplacé depuis un an le général Monclar, souhaite remettre l'insigne du bataillon au président Eisenhower, qui décide aussitôt de transformer la cérémonie en événement médiatique. Pour l'occasion, les journalistes et les photographes sont donc convoqués en grand nombre. Eisenhower se dirige vers la foule des journalistes et se précipite pour donner l'accolade à l'un d'eux, un Français, précisément le correspondant de *Paris-Presse*, Jean Lartéguy… À plusieurs reprises, au cours de ce voyage, Eisenhower répétera envers lui ces mêmes effusions. Lartéguy racontera « n'avoir jamais compris pourquoi[23] », mais puisque Eisenhower lui-même a repéré ce jeune journaliste de trente-deux ans, pourquoi ne pas y voir le signe du destin ?

Les articles de Lartéguy sur la visite présidentielle en Corée sont maintenant d'autant plus suivis qu'après de longs mois d'enlisement, l'actualité de la guerre s'est soudainement accélérée. Au début de décembre, alors que le président américain est déjà reparti à bord de l'*USS Helena*, le général Douglas MacArthur annonce au Congrès qu'il est temps de mettre un terme à la guerre en entamant des négociations de paix avec Staline, comme Eisenhower l'avait annoncé avant l'été. Le jour de Noël 1952, le *Times* annonce en gros titre un tournant spectaculaire de la Guerre froide : « Staline est d'accord pour rencontrer Eisenhower et annonce au *Times* qu'il privilégie une nouvelle approche pour mettre un terme à la guerre de Corée. » Une des premières mesures que prend Eisenhower après son entrée en fonction en janvier 1953 est de nommer Charles Bohlen ambassadeur à Moscou. Bohlen a été l'interprète de Roosevelt à la conférence de Téhéran et à Yalta. C'est peut-être le signe que la paix s'annonce. Tout naturellement, *Paris-Presse* envoie Lartéguy à Moscou, raconter comme il l'a si bien fait dans ces précédents articles l'ultime épisode du conflit coréen. Au début du mois de mars, Lartéguy est dans la capitale soviétique lorsque tombe l'annonce de la mort de Staline, « le petit père des peuples ». La disparition du tsar rouge ouvre une brève période de complots et de règlements de comptes au sommet du parti communiste soviétique. Sur le plan extérieur, les premiers craquements de l'empire soviétique se font entendre à Berlin-Est où, au mois de juin, une insurrection ouvrière est écrasée. En Corée, les successeurs de Staline décident d'accélérer la fin du conflit et, le 27 juillet, l'armistice est enfin signé à Pan Mun Jom. La guerre a fait près d'un million de morts, dont plus de 50 000 dans les forces des Nations unies.

Coupée en deux par le 38e parallèle, totalement détruite par trois ans de guerre, la Corée n'est plus qu'un champ de ruines. Lartéguy y retourne pour *Paris-Presse*. La Guerre froide en Asie fait tache d'huile : de Corée, Lartéguy est bientôt envoyé à Hanoï. Il ne sait pas encore qu'il part pour un voyage sans retour.

Chapitre IV

L'INDOCHINE, LE CŒUR ET LES SENS

« Quiconque écrit s'engage. »
Thomas Corneille

À Hanoï, c'est le coup de foudre : tombé sous le charme de ce pays et de ses habitants, Lartéguy ne quittera plus jamais vraiment l'Indochine, y revenant sans cesse par la pensée, dans ses écrits et au cours de ses multiples voyages. Il prend conscience là-bas, aux confins de l'Asie, de l'inéluctable et proche effondrement de l'Empire colonial français.

Depuis bientôt sept ans, la guerre a éclaté en Indochine. Les exactions commises début 1945 par les troupes nippones ont causé de sérieux troubles : l'exécution sommaire d'officiers français et les assassinats aveugles commis au sein de la population ont achevé de déstabiliser toute la péninsule. À la fin de l'été 1945, les nationalistes vietnamiens ont chassé l'occupant japonais et proclamé l'indépendance du Vietnam. En France, le gouvernement provisoire dirigé par le général De Gaulle a un temps cherché à négocier avec le leader de l'indépendance, Hô Chi Minh, dont le nationalisme semblait alors plus déterminant que son rôle dans la fondation du parti communiste indochinois en 1930. De Gaulle proclame que l'Indochine doit dorénavant rejoindre l'Union française : l'amiral Thierry d'Argenlieu, dépêché sur place, n'obtient aucun résultat probant. Dès octobre 1945, la présence du général Leclerc permet d'apaiser l'Annam et le Laos, le Tonkin demeurant sous influence chinoise. Hô Chi Minh est invité à Fontainebleau : devant la très forte volonté du leader vietminh, soutenu par le parti communiste français et par quelques intellectuels et artistes comme Joliot-Curie, Mauriac ou Picasso, les atermoiements des politiques français précipitent l'échec de l'entrevue. Après avoir dans un premier temps accepté l'idée d'indépendance, la France, soucieuse de ménager ses intérêts économiques dans le Sud du pays, s'est orientée vers une partition de l'Indochine. Mais la lutte est devenue inéluctable.

En première ligne

Les incidents de plus en plus violents à la fin de l'année 1946 ont débouché sur une guerre entre le Vietminh nationaliste et les Français. D'abord commandé par le général Leclerc, le corps expéditionnaire français s'est renforcé au fil des mois sans que les troupes françaises parviennent à éradiquer la guérilla. Dans les rizières et les collines d'Indochine, les militaires français pistent, décontenancés, un ennemi invisible sans parvenir à comprendre que les tranquilles paysans penchés sur leurs champs sont en réalité les soutiens et les combattants de l'armée viêt-minh. On n'arrête pas une idée avec des balles, avait prédit Leclerc.

En 1950, au moment où la guerre de Corée a éclaté, la guerre d'Indochine a totalement changé de dimension. Les combattants du Viêt-minh sont désormais soutenus et équipés par les Soviétiques et les Chinois. Mois après mois, les soldats français perdent du terrain dans le Nord du pays, progressivement conquis par le Viêt-minh qui proclame désormais ouvertement son allégeance communiste. La légende d'Hô Chi Minh grandit. Les États-Unis comprennent alors parfaitement que l'Indochine est en passe de devenir une deuxième Corée et décident d'apporter un soutien massif à l'effort de guerre français qui ne parvient pas à enrayer la propagation communiste. En octobre 1950, près de la frontière chinoise, les troupes françaises sont défaites par le Viêt-minh à Cao Bang, le long de la Route Coloniale numéro 4, la fameuse RC4 qui relie les provinces du Nord à celles du Sud. Le 1er bataillon étranger de parachutistes y est anéanti[1]. En 1951, le général de Lattre, déjà malade, parvient au Nord à rétablir le contrôle français sur le delta du Fleuve rouge. Il est rapidement remplacé par le général Salan, qui connaît bien la région et qui poursuit ses succès. Hanoï, Haiphong sont bientôt placées sous contrôle français, mais le Nord du Tonkin se trouve déjà aux mains du Viêt-minh. Commandée par le général Giap, l'armée viêt-minh multiplie les actions nocturnes contre les forces françaises. À ses soldats réguliers, les bôdois, équipés et entraînés par les Chinois, le Viêt-minh a ajouté toute une infrastructure politico-révolutionnaire implantant dans les régions qu'il conquiert des comités villageois, des commissaires politiques, des collecteurs d'impôts et de riz, des guérilleros, des forces d'auto-défense villageoises, fortifiant les villages, aménageant des caches, des souterrains, des pièges et des mines contre les troupes françaises. Lorsque les Français lancent des opérations de reconquête, les régiments réguliers de l'armée viêt-minh semblent insaisissables et disparaissent avant de revenir, omniprésents, dès que les opérations sont terminées. Depuis l'automne 1951, renonçant à mener une guerre classique en terrain découvert, le Viêtminh a décidé d'orienter ses efforts sur le Nord-Ouest du Tonkin, une région escarpée, difficile d'accès, afin d'y attirer loin de leurs bases les troupes françaises. En mai 1952, le gouvernement de René Mayer a remplacé le général Raoul Salan par un brillant officier, le général Navarre : il s'agit du septième commandant en chef. Le chef du gouvernement a avoué à Navarre que la situation en Indochine était très mauvaise. En juillet de l'année suivante, Navarre décide de reprendre l'offensive. Pour cela, il choisit de porter un coup décisif à l'adversaire en reprenant le contrôle de la région frontalière entre le Vietnam et le Laos. Il semble en effet vital d'empêcher le développement des relations entre le Viêtminh et le Pathet Lao, mouvement communiste laotien. L'emplacement choisi pour cette opération est une plaine entourée de montagnes boisées, Diên Biên Phu.

L'opération Castor commence le 20 novembre 1953. Navarre a décidé un largage massif de parachutistes pour occuper la cuvette de Diên Biên Phu. Le 6e BCP (bataillon de parachutistes coloniaux) du commandant Bigeard et le 2e bataillon du 1er RCP (régiment de chasseurs parachutistes) du commandant Bréchignac sont parachutés et s'emparent de

Diên Biên Phu. Les semaines suivantes, des renforts viennent compléter les troupes parachutées et le camp est aménagé.

Pour Jean Lartéguy, comme pour la plupart des journalistes, il ne fait aucun doute que le corps expéditionnaire va infliger une leçon décisive à l'armée viêt-minh. En énormes caractères, *France-Soir* barre toute sa une du 22 novembre de ce titre : « Indochine : ruée de parachutistes sur Diên Biên Phu ». *L'Aurore* du 23 consacre aussi l'essentiel de sa première page à l'événement : « Nouveau coup de boutoir de Navarre contre les Viets : des milliers de parachutistes s'emparent de Diên Biên Phu, en pays thaï, à 290 kilomètres d'Hanoï. L'armée française confirme en Indochine la valeur de ses troupes et l'autorité de ses chefs. » Le correspondant de *France-Soir* est un des plus enthousiastes, c'est un ami de Lartéguy, Lucien Bodard.

À ce moment, la réputation de Lartéguy est déjà suffisamment établie pour lui permettre de gagner les zones de combat, en première ligne, et peut-être même de participer aux engagements. Il me le confiera lui-même à demi-mot, un soir de février 2009 :

« – J'étais vraiment au feu là-bas, vous savez, j'étais souvent pris dans des coups de main et des ripostes.

– Et vous y avez combattu ? »

Pas de réponse : un sourire rapidement figé et un long silence pudique…

Pour les militaires, Lartéguy n'est pas un journaliste comme les autres. Courageux, présent au feu, c'est un des leurs. En quelques mois, sa réputation est établie. Raoul Coutard raconte ainsi les circonstances dans lesquelles il fit sa connaissance[2] : « Il me faisait toujours penser à ces pavés qu'on jette dans la mare. J'avais été envoyé en reportage, le 24 décembre 1953, avec Jean Raynal, par un canard qui s'appelait *Indochine Sud-Est Asiatique*, dans les mines gigantesques de Cam-Pha qui exploitent à ciel ouvert d'immenses gisements d'anthracite. On attendait d'être reçu par le directeur quand arrive un grand type, qui bossait pour *Paris-Presse* : Lartéguy. Il nous dit qu'il a juste une question à poser. Alors nous, comme on était là pour un long reportage, on lui laisse poser sa question. Et voilà Lartéguy qui avise le dirlo et lui balance d'entrée : "expliquez-moi pourquoi vous donnez deux kilos de riz par Viet et par jour, alors qu'un seul suffit ? Est-ce que vous faites ça pour être peinard *[sic]* avec les Viets ou quoi ?" Là, il avait marché sur le râteau et c'est nous qui l'avions pris dans le museau ! Fin du reportage ! Alors, pour se faire pardonner, Lartéguy, qui avait eu ainsi la confirmation de ses doutes, nous invita à dîner et le lendemain on a fait le tour de la baie d'Ha Long sur un dinghy des commandos marine, la même unité où Delon avait été barman ».

Accompagnant le général Cogny en opération, Lartéguy obtient l'autorisation de se déplacer sur le front afin d'aller constater, sur place, la nature exacte des combats et les difficultés auxquelles sont confrontés les soldats. Ces reportages au front sont pour lui occasion de découvrir certains des plus remarquables officiers de sa génération, comme ce chef de bataillon parachutiste, à peine plus âgé que lui et dont l'ardeur au combat le fascine, Marcel Bigeard. Entre l'ancien de Corée et le parachutiste, le courant passe immédiatement. Tous deux resteront amis jusqu'à la fin de leurs jours. C'est au front également, à Lang Son, qu'il retrouve son camarade des commandos d'Afrique, Paul Ducourneau. À chaque combat, les Français semblent regagner du terrain et au début de l'année 1954, Étienne Anthérieu, correspondant du *Figaro* en Indochine, peut ainsi affirmer : « la troisième semaine de janvier marque un tournant dans la guerre d'Indochine. Navarre ne cesse de harceler les arrières viêt-minh [...]. En adoptant un plan offensif, le commandement français perturbe l'ennemi ».

La cuvette de Diên Biên Phu est désormais solidement défendue par les 16 000 hommes parachutés par l'armée française. Elle constitue un véritable carrefour de pistes à l'Ouest du Tonkin, situé à proximité des frontières chinoise et laotienne, à 300 kilomètres et une heure et demie d'avion d'Hanoï. Les bases du Viêt-minh les plus proches se trouvent à 500 kilomètres. L'artillerie sera donc peu active. D'après l'état-major en Indochine, le Viêt-minh ne peut entretenir que deux divisions sur place ; les combats seront donc limités et la bataille de courte durée. Impossible d'imaginer que l'armée viêt-minh, « les Viêts » comme on dit alors, puisse acheminer des troupes aussi nombreuses. Pourtant, par tous les moyens, le général Giap a décidé d'y conduire plusieurs divisions et du matériel lourd : à bicyclette ou à dos d'homme, les montagnes sont franchies. Le Viêt-minh réquisitionne près de 260 000 paysans. Pieds nus, poussant sur des chemins de terre des bicyclettes surchargées, les porteurs viêt-minh procurent vivres et munitions pour les 55 000 bôdois qui se préparent à l'attaque. Contrairement aux prévisions de l'état-major français, le général Giap parvient ainsi à regrouper quatre divisions autour de Diên Biên Phu, dont une division lourde équipée de 24 canons de 105 mm. Le camp est entièrement encerclé par les troupes viêt-minh.

Le 13 mars 1954, Giap lance l'attaque depuis les collines qui surplombent la cuvette, écrasant sous le feu de son artillerie le camp retranché français. La mousson n'est pas encore arrivée, mais les premières pluies amènent 50 centimètres de boue dans les abris. Les Français ne contrôlent bientôt plus qu'une zone de 1 500 mètres de diamètre où s'entassent, dans les souterrains, 1 200 blessés. Le 1er mai, c'est l'assaut final. Après une semaine de combats acharnés, le 7 mai à 17 heures 30, le dernier fortin français, *Isabelle*, tombe aux mains de la division du général Vuong Thua Vu. La défaite de Diên Biên Phu est un désastre. Les Français faits prisonniers sont immédiatement envoyés dans des camps qui n'ont rien à envier au goulag stalinien. Le pays est sous le choc.

Tous les journaux en font leurs grands titres et traduisent l'incrédulité d'une nation qui appartenait pourtant, il y a peu encore, au camp des vainqueurs des deux plus grands conflits du siècle. Ce trouble s'estompe cependant assez vite ; l'opinion refuse de regarder la défaite en face ; elle jette un voile pudique sur l'écroulement de la présence française en Asie, annonciateur d'autres capitulations et de l'effondrement rapide de l'Empire français. Lartéguy pose ce constat sans concession : « les Français ne pensent plus qu'à s'enfermer dans leur petit pays, leurs petites villes, leurs petites maisons et, comme des vieillards, ils ne regardent plus le monde qu'à travers leurs fenêtres, en écartant un peu les rideaux [...]. Ils veulent leur retraite, toucher des pensions et qu'on les laisse épousseter leurs vieilles gloires. La

France [capitule], par égoïsme, par paresse, pour qu'elle puisse s'endormir dans une douillette décadence[3]. »

Les bradeurs d'empire

Lartéguy a compris qu'il n'assiste pas seulement à la perte d'une bataille, mais que s'écroule aussi tout un système bâti sur de vieilles amitiés dont les fondements politiques, économiques et sociaux s'étaient enracinés au cours des derniers siècles. Il ne manque pas de pointer du doigt la responsabilité du politique. Il précise même comment De Gaulle, commettant en l'occurrence une faute qu'il juge majeure, s'est rendu coupable de la débâcle, prêtant en son temps l'oreille aux conseils dévastateurs de l'amiral Thierry d'Argenlieu, au détriment de ceux de Leclerc. À cause de De Gaulle, écrira-t-il au moment de l'entrée en guerre des États-Unis au Vietnam, et à cause de la politique qu'il avait décidé d'y suivre auparavant, « les Américains et des Sud-Vietnamiens ont tendance à nous considérer sinon comme des alliés, du moins comme des sympathisants Viêt-Cong », ajoutant sans y mettre plus de forme que « De Gaulle s'est trompé, sa politique repose sur un coup de poker ». Au sujet du rôle que De Gaulle entendait alors donner à la France, Lartéguy ne se montre guère plus tendre : « ce rôle de troisième force est contrarié par les idées anachroniques de Charles De Gaulle qui rêve à une hégémonie française dépassée ». Pour autant, il ne le rend pas seul responsable de la situation : en effet, il note également que la collusion entre les Japonais et les services de l'OSS[4] a permis aux forces communistes de se jouer de l'amitié franco-vietnamienne et d'en venir finalement à bout.

Pour l'opinion publique, française et internationale, la question demeure de l'avenir politique de l'Indochine. La France a certes été vaincue à Diên Biên Phu, mais elle conserve de très solides positions dans le pays. À Paris, la défaite a entraîné la chute du gouvernement Laniel et l'arrivée au pouvoir de Pierre Mendès-France qui négocie à Genève, en juillet, la fin de la guerre. L'Indochine est indépendante mais le Vietnam est coupé en deux, comme la Corée, de part et d'autre du 17e parallèle. Au Nord, le Vietnam communiste d'Hô Chi Minh ; au Sud, le gouvernement nationaliste de Bao Dai, empereur d'opérette placé là par le gouvernement français.

Au moment où, partout dans le monde, les luttes pour l'indépendance et la décolonisation se multiplient, la défaite de la France semble sonner le glas des puissances coloniales. Jean Lartéguy reste à Hanoï jusqu'en juin 1954. Avant de repartir pour Paris, rappelé par son journal, il a l'occasion de rencontrer le général Salan qui a tenu à lui expliquer avec précision, croquis à l'appui[5], la chronologie exacte de la bataille de Diên Biên Phu. Si pour Salan, comme pour la plupart des officiers français, Diên Biên Phu est une défaite, elle n'aurait en aucun cas dû signifier la fin de la guerre. Ce sont les Viêts qui ont subi les pertes les plus importantes, l'armée n'a pas été comprise, elle n'a pas été soutenue, elle a été lâchée ! La responsabilité de la débâcle revient au seul pouvoir civil. Moins d'un mois après Diên Biên Phu, le préfacier du *SOS Tonkin* de Roger Delpey prévient l'opinion que, cette fois-ci, l'armée ne se laissera pas faire : « Le Corps expéditionnaire vient d'être battu par les Viêts, mais cette défaite, il ne la méritait pas, il n'en porte pas la responsabilité. J'ai vu par la presse en France qu'on serait à la recherche des responsables des désastres d'Indochine. Voilà qui est un peu fort ! Je pense que ce travail reviendra un jour aux combattants d'Indochine et notamment à ceux de Diên Biên Phu. Il faudra bien qu'on se fasse à l'idée que la Grande Muette ne veut pas du silence complice. »

Dans *Les Mercenaires*, Lartéguy reprendra cette dénonciation du pouvoir civil. Dix ans après la fin de la guerre mondiale, la défaite vient durablement ébranler le consensus républicain. Le régime des partis a laissé s'effondrer l'Indochine. L'armée française, en général, vit très mal le sentiment d'être lâchée par le gouvernement de Pierre Mendès France. En métropole, le soutien d'intellectuels comme Sartre et Henri Martin, ce second maître mécanicien accusé de sabotage d'un navire de guerre, les tracts communistes appelant les dockers à freiner l'envoi d'armes au corps expéditionnaire, tout a fortement contribué à l'amertume des soldats rentrant d'Indochine. Ils éprouvent le sentiment d'être trahis par l'arrière lorsqu'ils découvrent avec stupéfaction, et parfois au prix de leur vie, que les munitions fabriquées dans les usines d'armement métropolitaines sont sabotées par des ouvriers syndiqués[6]. À l'Assemblée nationale, par solidarité avec Hô Chi Minh, des députés communistes réclament que les blessés de l'Indochine soient exclus du bénéfice des collectes publiques de sang. À Marseille, des grèves bloquent des navires sanitaires en partance pour la péninsule[7]. Enfin, l'expérience des « camps de rééducation viêt-minh », d'où les cadres de l'armée sortent brisés par les mauvais traitements et le matraquage idéologique infligés avec la complicité de geôliers français issus des rangs de la mouvance communiste, achèvera d'ancrer durablement un esprit de revanche chez les victimes de ces internements.

En réalité, pour une grande partie de l'armée française, le cap de la défiance est largement dépassé et laisse place à celui du rejet et du mépris, à celui, plus dangereux encore, de la déception désabusée et du ressentiment. Lartéguy le constate et l'exprime avec force, qui met dans la bouche d'un soldat cette réflexion dans laquelle on entend sourdre une grande amertume : « on a commencé à nous trahir quand nos mères nous ont mis au monde[8] ».

Lartéguy évoque à plusieurs reprises dans ses romans *La Ville étranglée* ou *Les Mercenaires* ce thème de la trahison des civils et des politiques. « Je déteste la France, fait dire Lartéguy à Kieu, un jeune Viêt-minh, elle n'avait pas le droit de se faire battre [...]. Quand les paras, ces guerriers, et les légionnaires, ces mercenaires consciencieux, avaient disparu à Diên Biên Phu, continue Lartéguy dans *La Ville étranglée*, il n'était plus rien resté, qu'un ramassis de cavaliers prétentieux, de tirailleurs démoralisés et de nègres inutilisables[9]. » « Le Viêt-Minh aimait trop la logique et l'organisation. Il aurait fallu pratiquer avec lui un combat de commandos, riche en surprise, en coup de main[10]. »

Dans *Les Centurions*, le séminariste Bistenave, engagé en Algérie dans le régiment Raspéguy, évoque la propagande encore plus explicite du capitaine Marindel diffusée par haut-parleur dans les rues des villages algériens. Entre deux marches militaires, le haut-parleur diffuse des slogans martiaux et dénonce les planqués de l'arrière, hommes d'affaires, hauts fonctionnaires, généraux sans conscience. « Soldat, affirme la voix amplifiée, ici on ne te trahira pas, on ne te mentira pas ![11] ».

Difficile d'exprimer plus radicalement cette haine à l'égard des responsables désignés de la défaite, tous ces indifférents de métropole que Lartéguy embrasse alors dans une même détestation : « Pour qu'on les laisse vaquer à leurs petites occupations, pour qu'on accorde à tous ces vieillards quelques années de survie, il fallait que d'autres meurent dans les derniers combats d'arrière-garde de la France [...] et défendent, au prix de leur jeunesse, de leur sang, ces immenses asiles peuplés de petits vieux de tous les âges, maniaques, bavards et décorés ». Voilà pourquoi, selon lui, l'Indochine a été perdue.

Vu de 2013, le choc de la défaite, dont on sait les conséquences sur la guerre qui éclate quelques mois plus tard en Algérie, peut sans doute s'interpréter différemment. La guerre d'Indochine pouvait-elle être gagnée ? Il n'est évidemment pas question de remettre en cause la stratégie ou la valeur des troupes engagées. Le conflit s'inscrit, on l'observe plus facilement aujourd'hui, dans un mouvement mondial en faveur de la décolonisation et de l'indépendance nationale. Un mouvement de fond destiné à provoquer l'effondrement des anciennes puissances européennes et de la civilisation qu'elles véhiculaient. En réalité, la complexité de la guerre en Indochine tient à son intrication dans la lutte frontale entre les blocs. En 1954, la suggestion de bombardements massifs américains initialement envisagés, le fameux plan Vautour, ne tient pas. Ni Ike ni l'opinion américaine n'ont l'intention, à peine dégagés du bourbier coréen, de relancer des opérations militaires d'envergure en Asie. Mais surtout, la guerre d'Indochine est une guerre très mal connue en France. Les soldats engagés sont des professionnels et cela fera toute la différence avec les appelés d'Algérie. L'Indochine, surtout, représente un horizon trop éloigné de l'opinion française. Hanoï est à plus de 9 000 km de Paris. Les troupes du corps expéditionnaire, 250 000 hommes en 1954, appartiennent pour une large part aux troupes de l'Union Française, soldats d'Afrique du Nord, d'Afrique noire, d'Asie. Ces troupes mal connues qui combattent dans un pays qui n'évoque que quelques rares souvenirs de cartes postales exotiques, laissent au bout du compte l'opinion publique française plutôt indifférente même si, Diên Biên Phu, première défaite d'après-guerre contre un peuple autrefois soumis, fait voler en éclat la réalité d'une France puissante, dominant un empire immense. À son retour à Paris, Lartéguy se sent changé comme jamais. Au cours des trois dernières années, il s'est peu à peu métamorphosé en asiate, Français né en France mais frappé par ce Mal jaune, ce désir d'Asie qui s'est emparé des Français en Indochine depuis Mouhot, Garnier et Pavie. Fasciné par les paysages, la culture, le raffinement des Orientaux, Lartéguy ne quittera plus l'Indochine. « On ne sait jamais, écrira-t-il, quand on revient d'Extrême-Orient, ni dans quel état. Moi je n'en suis jamais revenu[12]. » Une fois l'été passé, il obtient de *Paris-Presse* de repartir à Hanoï pour assister aux derniers jours de l'Indochine française.

En compagnie de tout ce que le Nord-Vietnam compte de reporters de guerre à cette époque, Lucien Bodard, Raoul

Coutard, François Sully, Gérard Py, Yves Desjacques, Louis Guilbert, il assiste d'abord, le 9 septembre 1954, à la libération du général de Castries qui commandait le camp de Diên Biên Phu et que le Viêt-minh vient de relâcher après quatre mois de captivité. La réputation de Lartéguy est un passe-droit : il assiste à la libération de prisonniers français derrière les lignes ennemies, le long de la Rivière Claire, en qualité de journaliste et de témoin, accompagnant seul les soldats viêt-minh. Il y voit des hommes terriblement amaigris, fatigués, usés, dont les regards expriment la détresse de ceux qui ont perdu leur innocence et la foi en leur destin. Dans *Le Mal jaune*, c'est son double, le journaliste Jérôme, qui rencontre ces hommes brisés et amers au sortir de la défaite et des camps. Jérôme repère dans un café un lieutenant parachutiste qui semble abattu. Il l'aborde. Le militaire lui confie que tous ses camarades ont été tués à Diên Biên Phu. Il n'a plus désormais nulle part où aller : sa famille, dit-il, c'était son bataillon[13].

Comme Lartéguy, Jérôme a obtenu d'assister à la libération des officiers français et cherche à recueillir leurs premières impressions. Au milieu des prisonniers, il aperçoit un officier avec qui il engage la conversation. Le capitaine Morier, du deuxième bataillon parachutiste, lui aussi prisonnier à Diên Biên Phu, n'entretient plus aucune illusion. Il lui décrit la supériorité de l'armée viêt-minh, une armée totale dans laquelle le soldat est non seulement un combattant mais également un administrateur de territoire, un chargé de propagande, un maître d'école. Un soldat totalement dévoué à sa cause, conclut-il, un combattant qui partage tout avec ses camarades : voilà où réside la force de l'armée qui a vaincu les Français en Indochine[14].

Les accords de Genève ont octroyé 90 jours à la France pour évacuer le Nord-Vietnam. Le 4 octobre, le général Salan, « dans la douleur et la tristesse », ferme les deux cimetières français de Hanoï et une dernière messe est dite en l'église des Martyrs. Le 10 octobre, un silence extraordinaire règne dans les rues lorsque les premiers éléments de la 308e division de l'armée viêt-minh se présentent Pont Doumer. Au fur et à mesure de leur avancée, les fenêtres s'ouvrent, les drapeaux à étoile rouge surgissent, des arcs de triomphe en bambou et feuillages sont dressés. Très rapidement, hormis l'architecture coloniale et les grandes infrastructures à caractère commercial ou industriel, il ne restera plus rien d'une présence française vieille de plus de 70 ans. La circulation automobile est réduite à celle des voitures officielles ; bars, dancings, magasins sont fermés. Lartéguy racontera ces terribles dernières heures de la présence française au Tonkin.

Le 30 septembre a lieu à Hanoï, la passation des pouvoirs entre Français et Viêt-Minhs. Une passation à la sauvette avec une sonnerie aux morts et une pauvre *Marseillaise* : tout cela sent la débâcle, l'abandon, et laisse aux Français présents un goût amer[15].

La fascination du vainqueur

À Hanoï, après l'évacuation des forces françaises, Lartéguy a été nommé responsable du camp de presse, élu par l'ensemble des journalistes. Cette position privilégiée lui permet de tout voir, de rencontrer tous les acteurs français et vietnamiens du conflit qui se termine. Mais la discipline communiste qui s'installe sur Hanoï l'exaspère. Manière de narguer cet ordre rouge que dénonce son ami Lucien Bodard, il circule en jeep à contresens (une manie décidément…) dans les rues de la ville, quitte à se faire réprimander par une commissaire politique vietnamienne qui l'arrête avec, en guise de leçon, l'obligation d'effectuer le trajet inverse, cette fois dans le bon sens…

Au cours des semaines qui suivent l'installation du régime viêt-minh, Lartéguy découvre l'art de la mise en scène des vainqueurs communistes. Lors des échanges avec la presse, les commissaires politiques viêt-minh montrent aux caméras du monde entier des prisonniers français bien vêtus, bien nourris et en relative forme physique. Des prisonniers qui, à l'évidence, ont appris leur leçon et ont été préparés pour ces échanges, mais qui n'ont rien à voir avec ceux qu'il a pu rencontrer. Ceux qui sont passés par les camps lui font peu à peu découvrir un autre aspect de la guerre révolutionnaire, la rééducation des ennemis. Une fois prisonniers, les soldats français sont l'objet d'un autre combat, auquel ils n'ont absolument pas été préparés : une véritable guerre d'usure psychologique où chacun est individuellement visé sans toujours avoir le secours ou l'aide du groupe. L'action psychologique menée par le Viêt-minh s'inspire davantage des camps chinois que du goulag soviétique, des camps de prisonniers ou de concentration nazis. Il s'agit avant tout, dans un effroyable mouvement dialectique, de persuader l'ancien ennemi qu'il a eu tort de combattre. Pour cela, tout est bon. C'est d'abord la lancinante écoute des slogans révolutionnaires, diffusés par haut-parleurs et répétés à longueur de journée. Puis ce sont des campagnes de pétitions lancées en faveur de la paix. Ceux qui les signent se voient accorder des récompenses en nourriture, on leur promet même une libération proche. Pour s'assurer des progrès politiques des prisonniers, vient ensuite la phase de documentation, de cours sur des thèmes politiques, puis des séances de critique et d'autocritique alternant avec des contrôles de connaissances, menés le plus souvent sous forme de questionnaires. Ceux qui sèchent les cours ou manifestent une inattention évidente voient leurs rations diminuer et leurs corvées se multiplier…

Au camp n° 1, les cours d'éducation politique sont très souvent suivis d'interrogations. Ces dernières durent parfois jusqu'à deux heures du matin. Les questions sont toujours les mêmes et les équipes doivent fournir des synthèses. Particulièrement prisées, les séances d'autocritique permettent de mesurer la maturité politique des prisonniers amenés à raconter leur vie, leur cheminement intellectuel, à avouer leurs fautes, leurs crimes. Au début des *Centurions*, les officiers Marindelle et Glatigny évoquent les séances de repentir et d'auto-critique des camps viêts. Tous ont été marqués par ces moments de confession humiliante mais tous ont également noté la ténacité inflexible des soldats ennemis, leur endurance qui leur fait supporter la privation de sommeil et de nourriture. Ces combattants viêt-minh étaient prêts à tout pour défendre leur cause[16].

Dans le récit de Lartéguy, comme dans tous ceux de ses camarades officiers, la description des méthodes viêt-minh, l'efficacité victorieuse de cette guerre révolutionnaire, l'extrême mobilisation non seulement des soldats mais également de l'ensemble de la population aux côtés du Viêt-minh, provoquent un flot d'interrogations doublé d'une admiration pour ces étranges vainqueurs au visage impassible, ces soldats aux pyjamas noirs que l'on compare volontiers à des fourmis, ces hommes et ces femmes si frêles qui parviennent en pleine montagne à transporter à bicyclette des pièces détachées d'artillerie lourde, des charges de 250 kilos…

On a longtemps pensé que la détermination totale et collective de ce peuple combattant s'expliquait par le fanatisme ou l'idéologie, une soumission orientale légendaire, réutilisée par l'implacable terreur communiste. Aujourd'hui, l'expérience d'autres conflits (Afghanistan ou Irak pour ne citer qu'eux) incline plutôt à chercher la clé du succès de la guerre de libération vietnamienne dans l'analyse faite en 1812 par Clausewitz de la « petite guerre », la guerre populaire ou révolutionnaire dont les Espagnols, puis les Prussiens, avaient donné l'exemple quelques années plus tôt dans leur résistance contre les Français :

« Obéissant à une loi semblable à celle qui régit le phénomène de l'évaporation, l'insurrection agit en raison de la surface. Plus l'invasion occupe d'espace, plus les populations ont de points de contact avec elle, et plus grande devient l'action du soulèvement de ces populations. Cette action mine graduellement les bases sur lesquelles repose la puissance de l'ennemi. Comme une combustion sourde, elle poursuit lentement son œuvre, et, par ce fait même, crée un état de tension incessante qui épuise l'élément sur lequel elle s'acharne. Cette tension diminuera sur certains points, quelques opérations vigoureuses la feront même parfois complètement disparaître, mais en somme, au moment où l'embrasement général étendra partout ses flammes, elle contribuera puissamment à forcer l'envahisseur à vider le sol de la patrie, sous peine d'y trouver son tombeau[17]. »

Clausewitz distingue la petite guerre de la grande par les effectifs engagés : des combats de vingt, cinquante, cent, trois cents ou quatre cents hommes. Selon lui, la guerre populaire se livre à l'intérieur du pays, le terrain doit être difficile d'accès, par le fait de montagnes, de vallées, de marais, voire par le mode de culture du sol. Par nature, les partisans sont voués à la défensive stratégique (ils n'attaquent pas le corps de bataille ennemi mais les courriers, les convois de ravitaillement, les postes isolés, etc.) et à l'offensive tactique (ils ne défendent aucune position, ils en attaquent de nombreuses). La défensive tactique doit être évitée à tout prix, non seulement pour des questions d'effectifs, mais aussi en raison des caractères propres des combattants irréguliers. Susceptibles d'une grande audace, ils manquent des qualités propres aux militaires professionnels (sang-froid, méthode, effort prolongé) et nécessaires à une défensive heureuse. La défensive de la guerre populaire, c'est la dispersion. Exactement le schéma que le Viêt-minh, puis le

Viêt-cong, suivront contre les Français, puis contre les Américains.

Dans *La Guerre nue*, Lartéguy évoque ces qualités qui font des bôdois de Giap d'imbattables combattants, tous animés par le même nationalisme fervent, la même haine de l'adversaire étranger assimilé au mal absolu, une haine dont le racisme n'est pas exclu, et la même fraternité au combat, la même soumission au chef.

Il quittera l'Indochine sans jamais la quitter vraiment. Ne pouvant s'empêcher de dire à l'Asie qu'elle se trompe, qu'elle n'aurait pas dû profiter de la faiblesse de la France pour s'en séparer aussi cruellement. S'adressant au jeune Vietnamien, au Cochinchinois, au Laotien, au fils des Méos, à son frère jaune, son amertume sonne le glas d'une vieille amitié qui s'enfuit et qui porte en elle toutes les menaces de l'avenir ; il lui crie : « c'est seulement en luttant contre nous, en essayant d'arracher de vous-mêmes ce que nous y avons mis, que vous vous rendrez compte combien nous vous sommes nécessaires[18] ». Mais sa détresse ne se nourrit d'aucune illusion : « il n'y a que les grands peuples conquérants qui rêvent d'Asie. Nous ne le sommes plus[19]. »

Le choc de la défaite, les longs mois passés à observer les combattants viêt-minh ont conduit Lartéguy à un double mouvement intellectuel. D'abord décrire, faire savoir ce qui s'est exactement passé au printemps et à l'automne 1954. Contrairement à beaucoup de ces journalistes rivés aux grands hôtels et continuellement à la recherche d'informations plus ou moins confidentielles, il a choisi d'être sur le terrain et d'en livrer une analyse factuelle. Tout le contraire de son personnage de *La Ville étranglée*, journaliste lui aussi qui, alors qu'« il ne se passait rien [...] avec quelques ragots, quelques déclarations officielles, qui valaient encore moins que les ragots, commença à bâtir une histoire[20] ». Lartéguy se défie de ce type de journalisme et s'en moque à l'occasion, fustigeant « le besoin qu'ont tous les journalistes de se rendre importants. Alors qu'ils ne sont que les mouches du coche[21]. » En réalité, sa double posture d'homme de plume mais aussi de combattant est alors inédite chez les journalistes français.

Les reporters américains de CBS, débarqués avec les GI's à l'aube du D-day, faisaient vivre en direct et sur ondes courtes les explosions et la violence du débarquement. Mais, côté français, en ce début des années 1950, le journalisme demeure un genre très littéraire, le plus souvent cantonné aux commentaires. Ce malgré le nouveau succès du *Life* français créé cinq ans plus tôt : *Paris Match*. Avec ses reportages au front, Jean Lartéguy est sans doute le premier de ces journalistes *embedded*, pris dans le feu de l'action, qui permettent au lecteur de vivre au jour le jour, en immersion, la vie des combattants. Le succès de ses reportages indochinois pour *Paris-Presse* lui valent d'ailleurs de recevoir en 1955 le très prestigieux prix Albert-Londres, qui récompense chaque année le meilleur grand reporter de la presse écrite de moins de quarante ans.

Ce premier grand succès transforme sa vie : la reconnaissance publique et l'aisance matérielle y font soudainement irruption.

De son passé militaire, le journaliste Lartéguy a conservé l'allure martiale et le look du baroudeur.

Le regard est désormais caché le plus souvent derrière le verre fumé de ses lunettes et la rigueur de l'uniforme militaire a laissé place à des vêtements gris-beige, presque kakis, sobres et amples, fonctionnels, finalement peu éloignés des treillis de sa jeunesse. En un mot, le voilà désormais plus broussard que léopard.

On le sait doté d'un solide coup de fourchette. Possédant dorénavant les moyens de satisfaire son appétit et sa gourmandise, il s'est de nouveau un peu empâté et présente maintenant l'arrondi flatteur et bien connu de la quarantaine glorieuse…

Mais sa physionomie, elle, n'a pas vraiment changé. Ni non plus la prestance et l'impression générale qui se dégage de son physique de déménageur. Dans l'environnement général, la « gueule » de Lartéguy tranche toujours aussi nettement, aussi brutalement pourrait-on dire, et sert son indéniable aura.

On le voit ainsi promener sur le monde un regard tour à tour attentif ou désabusé, parfois moqueur ou distant mais le plus souvent intéressé. Dans les entretiens qu'il mène, il manifeste toujours la plus grande attention, sachant donner à son interlocuteur l'impression qu'il est unique et passionnant ; dans les séances de dédicaces, lorsqu'il faut vendre les livres, dans les interviews où l'on compte sur son bagout pour faire le spectacle et captiver l'attention, il fait le cabotin, les yeux parfois exorbités comme pour exagérer son personnage. Mais dans les réceptions, sa distance et son goût peu prononcé des mondanités reprennent vite le dessus : et le voilà presque timide, engoncé dans des costumes trop bien taillés dans lesquels il n'est visiblement pas à son aise.

Le visage s'est un peu durci, le poil toujours coupé court s'est un peu plus grisé encore et a continué de se dégarnir sur les côtés du front : ce qui fait qu'on le reconnaît toujours, même lorsque son visage demeure caché, comme c'est le cas sur la photo prise au moment de la libération du général de Castries.

Dans *La Ville étranglée*, ce sont les mots de Grovier, le journaliste, qui expriment sans doute le mieux ce que Lartéguy éprouve alors : « J'ai été très pauvre quand j'étais gosse, j'ai gardé la peur de la faim, du manque d'argent ; aussi j'ai besoin du luxe, de ce qui brille, non pour moi, je ne m'y sens pas à l'aise, mais pour un être qui serait beau, qui serait ma revanche[22]. » À trente-cinq ans, Lartéguy le combattant est devenu un grand journaliste, un baroudeur au cœur de l'action.

Au-delà du seul déroulé narratif des lendemains de la guerre d'Indochine, le choc de l'Asie et la découverte de ces nouvelles formes de guerre révolutionnaire l'ont conduit à une réflexion plus générale sur ce temps très particulier de basculement et d'effondrement des empires. Comme tous les Français de sa génération, il a vécu une première fois ce choc, en 1940. Il vient de le revivre une deuxième fois à Hanoï, selon lui dans l'indifférence de son pays.

Chasseur de guerre

Mais alors que ce premier échec de la France coloniale, inévitable selon les communistes, plonge la majorité des Français d'Indochine dans une amère nostalgie, Lartéguy choisit de mettre sa plume au service de la défense d'une colonisation qu'il voit non comme un rapport de force et de domination d'un peuple par un autre, mais comme le rêve d'une rencontre et d'une fusion entre deux civilisations complémentaires. Cette vision est celle d'un Lyautey, celle des officiers aux Affaires indigènes. Désormais, Jean Lartéguy veut la défendre, la faire partager, pas seulement comme journaliste, mais comme écrivain.

Or, depuis le début de l'année 1951, le directeur de *France-Soir*, Pierre Lazareff, lance aux éditions Gallimard une nouvelle collection, « L'Air du temps ». « J'ai mis sur pied, mon cher Gaston, pour cette collection, écrit alors Lazareff au fondateur de Gallimard, une véritable organisation chargée de dépister les bons ouvrages français et étrangers, d'assurer les droits des œuvres étrangères, de mettre le "grappin" sur les bons auteurs français [...] ». Ce que Lazareff appelle de bons auteurs, ce sont essentiellement des journalistes, Michel Gordey, Françoise Giroud. En 1954, le troisième titre de la collection, *L'Indochine*, a pour auteur Marguerite Bodard, femme de l'ami Lucien. À la fin de l'année, Lazareff publie le deuxième livre de Lartéguy, qui est aussi son premier roman, *Du sang sur les collines*. Une histoire, explique Lartéguy, « de jeunes de tous pays qui, épris de liberté et incapables de vivre en dehors d'un climat d'amitié virile, [qu'ils] ont recherché l'une et l'autre à travers le monde, partout où se livraient des combats, et finalement au pied [des] collines de Corée pour la possession desquelles beaucoup ont donné leur vie ». Entre journalisme et histoire, témoignage et roman, Lartéguy brosse, en une fresque populaire d'aventures militaires, les conflits récents. Un roman d'aventure et de guerre, lisible par tous, par les hommes principalement, qui renouvelle le genre du roman colonial et militaire d'avant-guerre, en chantant les exploits de héros désabusés, héritiers des valeurs chevaleresques du temps passé, combattant au bout du monde pour des causes oubliées.

Mais malgré ses premiers succès parisiens, l'Asie continue de coller véritablement à la peau du prix Albert-Londres. Le Tonkin et le Nord de l'Indochine ont été conquis par le Viêt-minh, mais le corps expéditionnaire français dispose encore de 300 jours pour quitter définitivement la zone. Pour les militaires français, la première priorité demeure le retour des prisonniers. 37 000 soldats de l'Union française sont portés disparus. Pour montrer leur bonne volonté, les Français restituent au nouveau gouvernement les 65 000 prisonniers de l'armée populaire. En retour, seuls 11 000 combattants français sont libérés des camps viêt-minh. Le sort des disparus, pour la moitié des Indochinois combattant sous uniforme français, restera inconnu. Parmi les prisonniers français portés disparus, il faut certainement compter des commandos chargés d'action de renseignement et de sabotage, que le Viêt-minh considère comme criminels de guerre et qui ne reviendront pas. Pour l'heure, le corps expéditionnaire doit également assurer l'évacuation des régions qu'il occupe, en particulier le port d'Haiphong, en emportant le matériel, en rapatriant les militaires et les civils qui le souhaitent, en particulier les catholiques vietnamiens qui, souvent par villages entiers, veulent fuir l'installation du régime communiste. Pendant dix mois, les militaires français vont vivre cet après-guerre dans une atmosphère extrêmement tendue, le Viêt-minh maintenant une pression constante, sabotant quotidiennement les lignes téléphoniques pour désorganiser leurs communications. Les Français n'ont le droit d'acheminer leurs troupes ou leurs réfugiés que par bateau ou par avion. Les routes leur sont interdites. Trompant la surveillance du Viêt-minh, de nombreux réfugiés quittent la côte en bateau pour gagner les navires français. Au total, l'exode depuis le Nord touchera entre 800 000 et un million de civils. Au sud, le nouveau gouvernement est vite submergé par l'afflux des réfugiés, qui sont entassés dans des camps.

Les accords de Genève ont maintenu au pouvoir l'ancien empereur Bao Dai et son Premier ministre Ngo Din Diem. Mais le gouvernement du Sud-Vietnam est loin de faire l'unanimité. Une partie des cadres de l'armée conteste son autorité. Par ailleurs, des zones entières sont contrôlées par des sectes : Caodaïstes, Hoa Hao, Binh Xuyen.

Les Hoa Hao, secte bouddhiste qui un temps a hésité à se ranger du côté des Viêt-minh, ont finalement rejoint le camp français. Les Caodaïstes, extraordinaire composé religieux mêlant dans un culte syncrétique improbable bouddhisme, catholicisme et vénération de grands hommes comme Victor Hugo, ont eux aussi pris le parti de la France. De leur côté, les Binh Xuyen naviguent au mieux de leurs intérêts qui sont plutôt mafieux, centrés pour l'essentiel sur les profits du trafic d'opium. Très différentes, ces sectes regroupent des centaines de milliers d'affiliés et contrôlent des régions entières du Sud-Vietnam. Le gouvernement Diem leur a proposé d'être associées au gouvernement : mais Diem est catholique et leur réponse est négative.

Au début de l'année 1955, la situation au Sud-Vietnam atteint ainsi un niveau de confusion sans précédent. L'installation en catastrophe des réfugiés du Nord, les rivalités pour le pouvoir, les luttes intestines au sein du gouvernement mais aussi l'omniprésence d'un corps expéditionnaire qui se cantonne à un rôle humanitaire mais doit malgré tout, dans l'incurie générale, prendre des décisions, tout cela fragilise à l'extrême le nouvel État. À la fin du mois de mars, l'ambiance est explosive. Dans Saigon, de violents incidents éclatent. Diem, soutenu par l'armée américaine, est persuadé que les Français jouent le jeu les sectes. Au mois d'avril 1955, son gouvernement déclenche une violente campagne anti-française. Partout, dans les rues, des tracts, des affiches qui dénoncent la présence française, des voitures munies de haut-parleurs répètent à longueur de journée des slogans hostiles aux anciens colonisateurs. La radio d'État, relayée par des émissions clandestines, appelle au retrait des troupes françaises qui, d'après les accords de Genève, doivent rester jusqu'à l'automne 1956.

En s'attaquant ainsi aux Français, Diem poursuit un triple objectif : obtenir la destitution de Bao Dai et assurer seul la direction du pays, imposer le départ du corps expéditionnaire et organiser ensuite l'élection d'une assemblée nationale.

Sur place, à des milliers de kilomètres du gouvernement, le désaccord entre les responsables du corps expéditionnaire, le général Ely et le général Salan, a provoqué, au mois d'octobre précédent, la démission et le retour en France de Salan. Il est probable que Raoul Salan aurait souhaité maintenir plus longtemps et plus fermement que ne le prévoyaient les accords de Genève la présence des Français au Sud. Peut-être a-t-il un temps pensé également s'appuyer pour cela sur les sectes. Quoi qu'il en soit, le trouble climat de Saigon au printemps 1955, favorisé en sous-main par les Américains impatients de voir partir les Français, donne libre cours à toutes les interprétations.

Pour Lartéguy qui assiste en direct à ces événements violents et mal compréhensibles, il est également évident que la presse souffle sur les braises et attise à dessein ce que les unes des journaux appellent désormais « La guerre des sectes ». Selon lui, Diem aurait finalement obtenu le ralliement des sectes non contre l'idée communiste, mais pour une obscure lutte d'influence sur les cercles de jeux afin d'assurer sa mainmise sur toutes les sources de profit clandestines. Lartéguy ajoute enfin[23] que les agents de Diem, aidés des journalistes, ont monté ces sectes les unes contre les autres de manière à s'assurer leur contrôle en les divisant pour les affaiblir et mieux régner sur le Sud de la péninsule. Après la défaite française, écrit Lartéguy, le Sud-Vietnam se décompose peu à peu comme un cadavre sur fond de rivalités entre les sectes, entre les généraux, et au milieu de spéculations et de trafics en tous genres[24].

Spectateur de la confusion de l'Indochine française finissante, Lartéguy a observé tour à tour les combattants français, les Viêt-minh et les journalistes. Mais dès son arrivée, il avait également retrouvé ces hommes de l'ombre, ses anciens camarades des commandos, qui l'avaient approché au lendemain de la guerre et qui jouent depuis des mois leur partition secrète contre le Viêt-minh.

Depuis septembre 1945, la Direction générale des études et de la recherche, à laquelle Lucien Osty avait été éphémèrement rattaché, s'est transformée en Service de documentation extérieure et de contre-espionnage (SDECE). Les menaces de la Guerre Froide l'ont amené à réactiver l'idée de groupes commandos, analogues à ceux du BCRA pendant la guerre et travaillant la main dans la main avec le SDECE. Dès 1947, un bataillon de choc aéroporté, destiné à préparer d'éventuelles opérations militaires, a été créé. Mais ce n'est qu'en 1951 que l'état-major du général de Lattre en Indochine décide de lutter contre le Viêt-minh en se lançant dans des opérations de contre-guérilla à l'aide de commandos de partisans indochinois pro-français, encadrés le plus souvent par des officiers parachutistes. Ces commandos, d'abord baptisés Groupement des commandos mixtes aéroportés (GMCA), deviendront, en 1953, le Groupement mixte d'intervention. Leur objectif est officiellement la « destruction du potentiel ennemi là où les moyens classiques ne peuvent pas l'atteindre ». De quoi s'agit-il ? De mettre sur pied une guérilla itinérante, des sabotages, des actions de guerre psychologique. L'action psychologique prévoit d'utiliser tout moyen, de préférence non coercitif, au profit de l'influence directe que l'on souhaite exercer sur les postures ou les agissements des populations visées. Il s'agit donc de jouer conjointement sur les émotions et sur la connaissance de la cible pour obtenir une modification profitable de ses comportements. À cet effet, il convient d'abord de mettre en condition les foules, de les animer, d'exacerber leurs rancœurs, voire de les provoquer et de susciter leur mise en mouvement au profit des buts que l'on poursuit. On exploite psychologiquement, par le mensonge s'il le faut, les inévitables assassinats et les différentes exactions commises ou provoquées, en prenant soin de désigner l'ennemi à la vindicte populaire, sans hésiter, surtout, à le charger de faits qu'on a commis soi-même. En complément de ce dispositif, on utilise des meneurs qui conditionnent et encadrent la foule descendue dans la rue et qui, disposant de consignes précises, lui fournissent alors les slogans nécessaires à l'aboutissement visible et à la concrétisation sensible des actions préalables de propagande. On garde à l'esprit que l'opinion publique se conquiert avant tout par l'utilisation et l'infiltration des organes de presse qui doit permettre d'agir directement sur le plus grand nombre. Il est donc impératif de s'emparer des moyens de communication et de manœuvrer les journalistes, de leur porter une attention nouvelle et de tous les instants, pour réduire leur rôle à celui de simple caisse de résonance. Cette manipulation de la presse prend d'ailleurs une dimension internationale puisqu'il s'agit de répandre l'idée que l'on dispose de l'assise d'une véritable organisation, puissante et bien entraînée. Cette organisation, dont il faut idéalement que le nom frappe les imaginations, doit paraître disposer d'un tissu de relations et de connexions influentes et jouer un rôle dissuasif vis-à-vis des éventuels candidats à l'opposition. En un mot, on met en place un véritable rideau de fumée dont l'épaisseur puisse masquer les quelques insuffisances de son propre dispositif. Dans le même temps, les forces révolutionnaires complètent l'action psychologique par la satisfaction des besoins premiers de la population : nourriture, distractions et maintien d'une relative sécurité ; elles doivent en apparaître garantes, à défaut d'en constituer la source. Enfin, la capacité à lever des fonds pour alimenter ce dispositif s'avère également déterminante. Tout a un prix et tout s'achète, un homme comme une opinion publique. Une fois disposés ces éléments, l'objectif consiste à renverser le régime en place, ou ce qui en tient lieu, pour s'emparer finalement du pouvoir. Comme on cueille un fruit mûr.

La guerre psychologique n'est pas une nouveauté, les services de la propagande de Goebbels l'avaient déjà largement utilisée. Les services secrets britanniques, le MI5, avaient à leur tour largement développé les opérations clandestines destinées notamment à désinformer les nazis. En Indochine, dans la lutte contre le Viêt-minh, les militaires français choisissent de s'appuyer sur des populations que l'argument nationaliste viêt-minh ne peut toucher, des minorités nationales, nombreuses dans les montagnes de l'Ouest du pays, des Thaïs, des Nung, des Mhuong. Là où les liaisons radios ne passent plus, là où la végétation est devenue tellement dense qu'il est impossible à une troupe de s'orienter, les éclaireurs sont devenus indispensables.

Le commandement du GMI a été confié au chef de bataillon Roger Trinquier. Jean Lartéguy a rencontré très tôt ce spécialiste de la contre-guérilla en qui certains voient un modèle possible pour Boisfeuras, un des personnages des *Centurions*. Trinquier, comme tous ces officiers qui vont alors se lancer dans la guerre psychologique, a très habilement observé les peuples du Haut-Pays. Cette région, située à la frontière du Laos, là où s'est jouée précisément la bataille de Diên Biên Phu, est une zone essentielle pour les communications de l'ennemi. Le Viêt-minh parvient à être présent au Nord comme au Sud du Vietnam sans s'aventurer dans les régions tenues par les Français, mais en circulant librement sur les routes du Laos, pays voisin dont les contours sont identiques à ceux du Vietnam. Il peut ensuite franchir sans encombre, dans les deux sens, la zone montagnarde qui sert de frontière.

Les Hmongs, que les Chinois appellent aussi les Miao, et dont le nom signifie « peuple libre », vont jouer un rôle essentiel dans les deux guerres d'Indochine. Au Laos et dans le Haut-Tonkin, les Hmongs vivent du commerce de l'opium. Les militaires Français vont faciliter, et sans doute protéger, leur trafic. En échange, ceux-ci seront leurs yeux et leurs oreilles dans le Haut-Pays et constitueront des groupes de partisans attaquant le Viêt-minh sur ses arrières. Voici comment les premiers contacts s'établissent : d'abord, un avion français survole à basse altitude la zone choisie pour établir un maquis. Si ces éclaireurs sont pris pour cible, la zone est déclarée hostile. Si les montagnards saluent le vol, quatre à cinq sous-officiers sont parachutés pour recruter une cinquantaine d'hommes, ayant si possible de l'autorité dans la région et qui seront ensuite envoyés au centre de formation de Vung Tau, à trente kilomètres au Sud-Est de Saigon, en bordure de la mer de Chine. Ces maquis jouent un rôle essentiel dans le sauvetage des pilotes abattus ou pour l'évacuation de garnisons encerclées. Mais dans ces contacts avec les peuples de la montagne, les Français sont tributaires des traducteurs vietnamiens.

On a beaucoup dit que la captation de ce trafic d'opium par des intermédiaires corrompus avait un temps détourné les Hmongs de leurs alliés français, précisément au moment où les troupes viêt-minh se concentraient autour de Diên Biên Phu. Quoi qu'il en soit, l'intérêt des militaires français pour les Hmongs reprend au lendemain de la défaite. La raison est simple. Le Vietnam est perdu mais le Laos reste une base possible pour le maintien de la présence française dans l'ancienne Indochine. À ceci près que les accords de Genève ont consacré l'indépendance du Laos, signifiant par là que le royaume laotien devait pouvoir se construire sur une base nationale sans intervention étrangère. Or le pays est plus que jamais soumis aux incursions du Viêt-minh qui a suscité l'apparition d'un parti frère, communiste et laotien, le Pathet Lao. Officiellement, la France n'a aucune possibilité d'intervenir ; le Nord-Vietnam s'y opposerait, tout comme d'ailleurs les États-Unis. Un an après Diên Biên Phu, le gouvernement français est par ailleurs bien davantage préoccupé par l'Afrique du Nord et notamment par la multiplication des attentats en Algérie. Les militaires du GMI ont obtenu un accord officieux pour continuer la lutte sur les bases arrière du Viêt-minh en réactivant l'action des Hmongs, mais cette fois au Laos même.

Les amitiés commandos de Jean Lartéguy vont donc lui permettre de participer directement à l'une de ces opérations, sans se contenter d'y figurer comme simple témoin. En l'occurrence, il présente des films aux Laotiens (dont un sur la Beauce…) leur vantant les beautés et les mérites de la France. D'une certaine façon, Lartéguy participe ainsi à la première opération d'envergure qui fera l'objet, beaucoup plus tard, d'une doctrine d'emploi dans les armées françaises : celle des *psy-ops*[25].

Après des mois d'observation, d'allers-retours entre Paris, Hanoï et Saigon, le temps de l'action est ainsi revenu. Pourtant, plus encore que la vie au combat, ce qui frappera le plus Jean Lartéguy dans ce premier voyage au Laos, c'est la découverte des Hmong, ce peuple étonnant de maquisards dans l'âme, auquel il consacrera des années plus tard un livre. Les Français, confiera l'un d'eux à Lartéguy, s'étaient enfin aperçus que les Hmong pouvaient faire d'excellents soldats à condition de respecter certains traits de leur caractère. « Ils nous croyaient incapables de nous plier à la moindre discipline ; compter un deux, un deux, marcher au pas et présenter les armes, ça ne collait pas avec le tempérament des montagnards. Ils trouvent qu'un fusil, c'est pas fait pour la parade mais pour tirer et faire mouche. La discipline quand elle signifiait quelque chose comme dans une progression, une patrouille, alors tous étaient d'accord pour la respecter, pour le reste[26]… »

Ces montagnards indisciplinés, parfaitement à l'aise dans la pénombre de la forêt tropicale, doués pour la chasse et pour la guerre, fascinent Lartéguy qui prend des notes, consigne dans ses carnets, comme un anthropologue, les paroles, les récits, les pratiques étonnantes du peuple Hmong. D'eux-mêmes, ils disent : « Nous sommes chez nous, nous ne cherchons pas à vous disputer le pouvoir politique. Mais nous avons le devoir sacré de défendre notre territoire, d'assurer le bien-être de nos populations… Nous ne voulons pas qu'on nous commande et qu'on s'immisce dans nos affaires intérieures. » Les Hmongs, merveilleux soldats de l'enfance, à l'aise dans la forêt profonde, transformant la fatigue ou la douleur grâce à l'opium, restent des combattants à part, passionnément attachés à leurs territoires et à leurs traditions[27].

Il est difficile de savoir si l'idée de cause perdue signifiait quelque chose pour les Hmong, mais il est évident que Lartéguy s'est totalement reconnu au milieu d'eux. Près de quinze ans plus tard, dans *La Fabuleuse Aventure du peuple de l'opium*, Lartéguy reviendra sur leur rôle pendant les deux guerres d'Indochine et du Vietnam en interviewant longuement l'une des figures les plus étonnantes de l'époque, le général Vang Pao. Ce dernier, officier hmong aux côtés des Français, puis auprès de la CIA, mènera, des années durant, ses partisans contre les Viêt-cong et l'armée du Nord-Vietnam, ce qui lui vaudra, selon l'agent de la CIA Bill Lair, le titre de « plus grand des guérilleros du monde ».

Puis, une nouvelle fois, Lartéguy rentre à Paris. Désormais, pour ne plus jamais s'arrêter, il va parcourir le monde dans une quête singulière.

Comme d'autres chassent les criminels et y vouent l'essentiel de leur activité, il semble s'être maintenant fixé une mission à laquelle il va pleinement se consacrer : celle de chasseur de guerre. Cette guerre qu'il connaît bien pour l'avoir pratiquée, pour en connaître l'atroce visage, les bruits terribles et les odeurs nauséabondes, cette guerre qu'il déteste pour tous ses motifs et toutes ses conséquences, cette guerre qui abîme l'homme et asservit les faibles, cette guerre dont les images ne le quittent pas. Cette guerre, enfin, qu'il juge être le crime parfait, celui que tout homme commet du fait de sa propre condition. De cette approche, reprenant un mot de T. E. Lawrence[28], il fera même un titre qui clame que « tout homme est une guerre civile[29] ». Cette guerre, il va la suivre, la débusquer, la traquer, la dénoncer. Où qu'elle soit, dans quelqu'homme qu'elle se trouve.

On ne s'est jamais battu avec autant de violence et de persistance qu'au cours de ce XXe siècle traversé de conflits : le monde devient son champ d'action et les combattants, ses principaux correspondants. La guerre : un quotidien auquel il s'alimente et dont il respire, partout, les effluves. Une guerre qu'il veut livrer à sa façon, avec sa plume, en s'attachant d'abord aux hommes pris dans une tourmente qui les déchire et les façonne.

Seul, son talent de conteur et d'observateur ne serait rien : Lartéguy est d'abord une bête de travail. Un acharné de la précision et de la véracité des faits rapportés. Rien n'est laissé au hasard et tout doit être étayé, avoir fait l'objet d'études préalables minutieuses et parfaitement documentées. Aucune place n'est jamais laissée à l'approximation ou à l'improvisation : les documents que livrent ses archives en témoignent.

De l'Indochine qu'il a quittée à regret, mais dont il ne reste jamais éloigné bien longtemps, attiré comme un aimant par les événements qui s'y déroulent, Lartéguy part pour la terre d'Algérie.

En octobre 1954, la création du Front de libération nationale a marqué le début d'un processus qu'il jugeait déjà inévitable depuis plus de dix ans.

Chapitre V

L'ENGRENAGE ALGÉRIEN

Lorsque l'aspirant Osty s'entraîne à Cherchell, l'Algérie, un siècle après la conquête, connaît toujours la même opposition entre les villes côtières profondément européanisées et les campagnes misérables. Malgré l'agitation nationaliste des années 1930, le rapport Blum-Viollette qui préconisait, en 1936, de permettre progressivement aux musulmans d'accéder à la citoyenneté française a été oublié par la Troisième République finissante. Durant la guerre, l'Algérie a joué un rôle essentiel et De Gaulle lui-même évoquait alors les nécessaires transformations à venir.

Depuis, l'Algérie et ses populations se sont profondément transformées.

Retour en Algérie

La Libération et la victoire en Europe leur laissent un goût amer. Passé le temps du combat et du sacrifice, les combattants d'Afrique du Nord, ceux avec qui Lartéguy a combattu durant la campagne des Vosges, se sentent oubliés.

Dans l'Est de l'Algérie, précisément le 8 mai 1945, les émeutes nationalistes de Sétif et Guelma font une centaine de morts côté français, et déclenchent une sanglante répression qui cause plusieurs milliers de morts du côté algérien. Les réformes de 1947, qui ont pourtant accordé les premiers droits politiques à une minorité algérienne, semblent bien minces aux nationalistes qui écoutent de plus en plus attentivement les appels au soulèvement et à l'unité des Arabes lancés depuis Le Caire. Paradoxalement, l'Algérie observe très longtemps un calme étonnant, alors que les troubles se multiplient en Tunisie et au Maroc.

La vague d'attentats du 1er novembre 1954 plonge le pays dans un temps de terreur et de guerre. Aux attentats, présentés d'abord comme des actes isolés de hors-la-loi, de bandits, le gouvernement français choisit de répondre par la fermeté. En ces lendemains de guerre d'Indochine, l'opinion métropolitaine, lassée des coûteuses expéditions coloniales, a choisi, en janvier 1956, de voter pour le Front républicain, coalition de gauche dominée par la SFIO, qui a promis d'imposer une paix négociée en Algérie. Vus de France, les Pieds-Noirs sont des colons, héritiers fortunés d'un système colonial dépassé. Mais, dès sa première visite en Algérie, le nouveau chef du gouvernement, le socialiste Guy Mollet, comprend son erreur : les Pieds-Noirs, pour la plupart des Français modestes, se trouvent chez eux en Algérie depuis des générations. En quelques semaines, Mollet change radicalement d'attitude et affirme que « l'objectif de la France est, avant tout, de rétablir la paix et d'obtenir que cessent le terrorisme et la répression aveugle. » Il décide donc d'envoyer le contingent en Algérie, porte le service militaire à 27 mois, fait voter en mars la loi sur les pouvoirs spéciaux, autorisant la police et l'armée à prendre en Algérie « toute mesure exceptionnelle commandée par les circonstances ».

Doc Lap proclamé en Indochine, *Istiqlal* réclamé en langue arabe : le même mot pour les mêmes conséquences, des causes semblables pour des effets proches. De retour sur la terre algérienne, Lartéguy s'y retrouve donc en plein conflit. « La vocation du Maghreb, écrit-il cinquante ans avant le printemps arabe, c'est la révolte[1]. » Tout en comprenant très vite l'enjeu des événements, Lartéguy a pris ses distances à l'égard des journalistes locaux et des Pieds-Noirs qu'il juge plutôt sévèrement, ce qu'il ne l'empêchera pas pour autant d'épouser l'une d'entre eux en 1970. En réalité, les paysages, la culture, la lumière de l'Afrique du Nord ne parviennent pas à le séduire, lui qui reste encore tourné vers l'Extrême-Orient. « Les Pieds-Noirs, confie-t-il dans l'un de ses jugements tranchés et volontiers provocateurs qu'il affectionne, sont gens sans esprit, plus préoccupés de la satisfaction de leurs besoins matériels et plus soucieux de l'exploitation des richesses locales que du développement harmonieux du territoire qu'ils administrent de fait. » Il leur reproche de ne vivre que pour l'argent et le profit ; d'ériger en principe le mépris des autres, surtout celui des natifs. Entre le Pied-Noir et l'Algérien de souche, il n'existe pas cette amitié, cette connivence qu'il a sentie en Orient entre Européens et Asiatiques. Lui qui a combattu fraternellement en Provence comme dans les Vosges avec des soldats d'Afrique du Nord, il ne parvient pas à comprendre la distance que nombre de Pieds-Noirs maintiennent à l'égard de ces fils de France que sont les Marocains, les Tunisiens ou les Algériens, engagés dans les combats pour la libération de la France. Il aurait fallu, dira-t-il encore peu de temps avant sa mort, « reconsidérer la participation des Algériens à la gestion et à l'administration de leurs provinces. Du coup, on n'en serait certainement pas là où l'on en est aujourd'hui[2]. »

De son point de vue, les Pieds-Noirs ne sont pas loin de constituer l'une des causes les plus naturelles de la perte de l'Algérie française. Il fait ainsi dire à Esclavier dans *Les Centurions* : « Les Pieds-Noirs n'ont jamais pu se défaire de l'idée qu'ils étaient des Français de seconde zone ; d'où ce besoin d'exagérer leurs défauts, de parler fort, d'étaler leur argent[3]. » Ces formules à l'emporte-pièce ne sont pourtant qu'un moindre reproche à côté de la critique majeure que Lartéguy oppose aux Français d'Algérie : celle d'avoir si longtemps sous-estimé l'armée française et de s'en être finalement servie pour défendre leurs propres intérêts, contraignant ainsi les soldats à se salir les mains.

Par ailleurs, contrairement à la réputation qui lui a longtemps été faite, Lartéguy ne se montre guère plus tendre à l'égard de l'armée qu'il redécouvre en Algérie. Plus qu'une armée, il décrit ainsi des bandes de combattants, des chefs ayant personnalisé à outrance leur commandement. Bigeard en est l'exemple saisissant. Érigée en mode de fonctionnement, la culture développée de « l'esprit de boutique », ou de chapelle, fragmente la cohésion du corps militaire en autant de projets particuliers. Ce qui, selon lui, conduira au bout du compte à son échec.

Plus tard, Lartéguy complétera cette analyse en revenant, sans se lasser, sur la place particulière qu'occupe son vieil ennemi dans l'échec algérien : « De Gaulle a eu tort, a-t-il affirmé, tout cela s'est fort mal passé. Et ce fut la cause d'une cassure durable entre la France et son armée et, peut-être plus grave encore, d'une perte de foi et de caractère tout aussi longue chez beaucoup de chefs militaires[4]. »

Sur place, l'enlisement de la situation, les querelles de personnes, qu'il juge toujours aussi exécrables, lui redonnent envie de courir le monde.

Au même moment, derrière le rideau de fer, le rapport secret de Khrouchtchev condamnant les crimes de Staline a provoqué l'émergence de la contestation. En Pologne d'abord : le 28 juin 1956, une grève des ouvriers de Poznan débouche sur une immense manifestation dénonçant le régime stalinien. L'armée réprime avec violence le mouvement populaire, mais ce printemps polonais ouvre la voie à un changement de gouvernement à l'automne et annonce surtout la fièvre de liberté qui va s'emparer de la Hongrie en octobre suivant. Lartéguy obtient l'autorisation de partir pour la Pologne. Il n'y reste que quelques jours et revient en Algérie où les événements s'accélèrent.

Depuis l'été 1956, les événements d'Algérie, comme on dit alors, changent de dimension. Le terrorisme, jusque-là limité aux campagnes, au bled, gagne les centres urbains ; les attentats se multiplient. Depuis le 17 mars 1956, le ministre de l'Intérieur, François Mitterrand, a durci la répression contre le FLN : « En Algérie, les autorités compétentes pourront [...] ordonner la traduction directe, sans instruction préalable, devant un tribunal permanent des forces armées, des individus pris en flagrant délit de participation à une action contre les personnes ou les biens [...] si ces infractions sont susceptibles d'entraîner la peine capitale lorsqu'elles auront été commises. » En quelques mois, le nombre de condamnations à mort va s'envoler. Le 19 juin, les deux premiers « rebelles » sont conduits à l'échafaud. « Ces premières exécutions, cela signifiait la guerre totale, sans cadeaux ni d'un côté, ni de l'autre », dira Abdelkader Guerroudj, condamné à mort comme chef du Parti communiste algérien passé au FLN. Pour les dirigeants du FLN, le mot d'ordre est désormais : « Descendez n'importe quel Européen de 18 à 54 ans ; pas de femmes, pas de vieux. » En dix jours, 43 Européens vont être ainsi tués ou blessés par les commandos du FLN. Dans la nuit du 10 août 1956, des Pieds-Noirs extrémistes organisent en pleine casbah, à Alger, un attentat meurtrier dans un bain maure, rue de Thèbes, qui fait 16 morts et 57 blessés. Yacef Saadi, le chef militaire FLN d'Alger, déclarera plus tard : « Jusqu'au massacre de la rue de Thèbes, nous ne faisions des attentats à Alger qu'en réponse à des arrestations massives ou à des exécutions. Mais là, nous n'avions plus le choix : fous de rage, les habitants de la Casbah ont commencé à marcher sur la ville européenne pour venger leurs morts. J'ai eu beaucoup de mal à les arrêter, en les haranguant depuis les terrasses, pour éviter un bain de sang. Je leur ai promis que le FLN les vengerait ».

Le 30 septembre 1956, deux bombes éclatent au Milk Bar et à la Cafétéria, faisant quatre morts et 52 blessés. En quelques mois, à la demande du pouvoir civil complètement dépassé par les événements, les militaires sont peu à peu amenés à prendre de plus en plus de responsabilité en Algérie. Le 4 janvier 1957, Guy Mollet confie au général Massu les pleins pouvoirs civils et militaires à Alger. La bataille d'Alger commence. Les officiers de l'âge de Lartéguy, les capitaines, les chefs de bataillon qui viennent d'être rapatriés d'Asie et qui sont à présent envoyés en Algérie, ont nettement l'impression d'assister à la réplique des événements d'Indochine. Cet ennemi invisible qui pose des bombes la nuit et se fond le jour dans la population civile, ces hommes, ces ombres, qui peignent sur les murs le sigle FLN, Front de libération nationale, ce sont des Viêts en fait, des combattants de la guerre révolutionnaire transposée en Afrique du Nord. De fait, nombre de cadres de la rébellion naissante sont d'anciens sous-officiers de l'armée française, « retournés » pendant leur passage dans les geôles du Viêt-minh, et ayant appris de l'ennemi les techniques de la guérilla populaire.

C'est également en Indochine que les Français ont découvert la guerre psychologique. Depuis 1953, pour y faire face, le général Salan a créé ainsi dans chaque région militaire un bureau d'action psychologique. Depuis Diên Biên Phu, la pensée des officiers français est imprégnée des réflexions du colonel Marcel Lacheroy qui, le premier, a cherché à combattre le Viêt-minh avec ses propres armes : « Toute la population jusqu'aux enfants, écrira-t-il, est engagée dans l'affaire. Les troupes de deuxième rang sont en effet formées de tous ces gens qui vous environnent, qui travaillent et qui sont mobilisés quand il le faut. Ce sont eux qui coupent les voies ferrées, les réseaux téléphoniques et montent les embuscades. Le Viêt-minh les emploie de plus en plus fréquemment afin d'économiser ses troupes régulières. Il se moque que ces éléments de deuxième rang aient des pertes de près de 50 %, ce qui serait insupportable s'il s'agissait de soldats de premier rang. C'est là que j'ai compris que toute la population était engagée dans la lutte… Le Viêt-minh impose son contrôle à tous les moments de la vie, comme il impose aussi sa mainmise sur le plan territorial : comme chez nous, toute personne vit dans un canton, une commune, un groupe de maisons. À chaque fois, l'individu est repéré car à chaque niveau il y a un responsable du Viêt-minh[5]. »

À Alger, en 1957, il suffit de remplacer Viêt-minh par FLN. « La guerre révolutionnaire qui commence, écrira Lartéguy dans *Les Chimères noires*, c'est la politique s'installant à l'échelon du chef de groupe et du caporal de corvée[6]. » « Le but de la guerre révolutionnaire, ce n'est pas de tuer mais de conquérir la population[7]. »

Les dérives de la guerre psychologique

Alger est désormais placé sous contrôle militaire. Dans la casbah, la ville arabe, le maintien de l'ordre est assuré par les quatre régiments de la 10e division parachutiste, dont le 3e RCP du colonel Bigeard, ainsi que par le 11e choc, régiment de commandos parachutistes dépendant du SDECE. Immédiatement, le FLN déclenche une série d'attentats contre les Français et impose à tous la grève générale. Pour assurer le maintien de l'ordre, outre les patrouilles et les perquisitions, un fichage systématique de la population est mis en œuvre par le colonel Trinquier. L'autorité politique, par l'intermédiaire du ministre Lacoste, a donné carte blanche aux parachutistes pour faire parler les membres du FLN, légalisant ainsi l'usage de la torture pour déjouer les attentats. En 2007, l'ancien commandant du 11e choc, le général Aussaresses, affirmera qu'en l'espace de six mois il y a eu 24 000 arrestations et 3 000 disparitions.

Les militaires qui se déploient maintenant dans Alger sont tous connus de Jean Lartéguy. Tous sont des Indochinois, experts en contre-guérilla, en manœuvres de retournement, comme l'est le capitaine Paul Alain Léger, spécialiste de l'infiltration du FLN. Ces militaires aguerris, au passé souvent glorieux dans la résistance, métamorphosés depuis l'Indochine en chasseurs de maquisards puis, en ce début 1957 à Alger, transformés, sans aucune limite morale ou légale, en adversaires implacables du terrorisme FLN, fascinent Jean Lartéguy qui va leur consacrer son récit le plus connu : *Les Centurions.*

Dans ce roman militaire, Lartéguy raconte par le détail l'itinéraire de ces officiers après les camps viêt-minh, leur conviction que la guerre à venir reflètera exactement l'image de la guerre révolutionnaire des communistes vietnamiens. Raspéguy explique au colonel Mestreille que la guerre nouvelle, la guerre révolutionnaire, qu'il faut mener en Algérie doit s'inspirer de la guerre des Viêts. Les officiers doivent être à la tête d'une véritable armée populaire très entraînée, habituée elle aussi à l'action révolutionnaire, très différente en fait d'une armée régulière qui ne pourra qu'échouer en Algérie[8].

Nommé à la tête d'un régiment dont il a choisi tous les cadres, Raspéguy est en Algérie dans la région de P., entièrement passée à la rébellion. « Les fermes des colons avaient flambé, écrit Lartéguy, allumant la nuit de grands incendies, jusqu'aux portes de la ville ; les troupeaux avaient été égorgés, les hommes, les femmes, les enfants torturés et massacrés dans des circonstances particulièrement ignobles. » Après une action de représailles au cours de laquelle les militaires ont égorgé vingt-sept musulmans favorables aux rebelles, Lartéguy met en scène les débats que l'affaire a provoqué chez deux officiers, Marindelle et Esclavier.

Nous nous comportons, explique Esclavier, comme les tueurs du FLN. « Je n'imaginais pas qu'un jour j'entrerais dans une maison rebelle le poignard à la main. J'aimerais une guerre qui ne soit pas une sale guerre mais une belle guerre à la loyale[9]. »

Le 28 janvier éclata la grève générale. Le matin, elle fut presque totale. Obéissant aux consignes de Radio-Tunis, les habitants des quartiers arabes qui avaient fait des provisions pour une semaine n'étaient pas sortis de chez eux. Les rues étaient vides, les boutiques fermées. Les zouaves firent jouer leur clique, en grand uniforme, dans la Kasbah et distribuèrent des bonbons aux enfants qui, d'abord peu nombreux, couraient bientôt derrière eux, plus serrés qu'un essaim de mouches. D'autres unités s'occupèrent d'emmener ces enfants à l'école dans des camions. Un grand nombre d'instituteurs musulmans les suivirent ; par solidarité ou par peur, quelques Français se mirent en grève. On les remplaça par des soldats, tandis qu'on les obligeait à relever les boîtes à ordures.

Le 10e RPC se chargea de faire ouvrir les boutiques des commerçants. Ses équipes accrochèrent les rideaux de fer à leurs camions et les arrachèrent. Quelques-unes de ces boutiques furent pillées, mais aucun des propriétaires ne vint protester, car les boutiques pillées appartenaient toutes à des collecteurs de fonds du FLN. Boisfeuras en avait soigneusement dressé la liste à partir des documents que lui avait remis Arcinade.

Chroniqueur autant que romancier, Jean Lartéguy ne passe sous silence aucune des dimensions de la bataille d'Alger. Yacef Saadi avait monté des commandos-bombes composés de femmes voilées portant des bombes dans leurs paniers. Lorsque le colonel Bigeard capturera Saadi, il lui fera remarquer l'utilisation scandaleuse de ces paniers de femmes. Saadi répondra : « Donnez-moi vos avions, je vous donnerai mes paniers… » Les officiers du bureau d'action psychologique ont parfaitement compris le rôle des femmes dans le soulèvement algérien et dans la transmission des valeurs traditionnelles, leur rôle central dans une société patriarcale. Comment les dévoiler, comment les européaniser ? Jean Lartéguy évoque une action moins nuancée des parachutistes de Raspéguy. Le capitaine Marindelle se demande ainsi comment faire pour réveiller les femmes musulmanes et leur faire comprendre la nécessité de secouer la tradition ? Le capitaine Marindelle décide de rafler les jeunes filles de la ville arabe, il les conduit au lavoir où elles doivent laver les sous-vêtements des parachutistes. Elles sont ensuite ramenées chez elles sous le regard impuissant et impassible de leurs maris, de leurs frères, et c'est justement ce qu'attend Marindelle : les femmes constatent l'impuissance de leurs hommes qui vont, selon lui, peu à peu perdre leur prestige. En quelques semaines, dans la ville arabe patrouillée en tous sens par les parachutistes, le calme semble revenir, la grève est brisée, le réseau terroriste démantelé[10].

Au contact de ces hommes de guerre, ceux qu'il désigne lui-même comme des « occupants d'une autre planète », il n'est pas toujours aisé de savoir si Lartéguy, qu'on a présenté trop souvent comme le chantre des paras et de la colonisation, reprenait à son compte et justifiait ce qu'il voyait, ou s'il se contentait de décrire sans camouflage l'action des paras dans la guerre. Au moment de la bataille d'Alger, cela fait plusieurs mois que des avocats, des journalistes ou des catholiques ont remis en question « certains procédés » utilisés par l'armée. Dans *Les Centurions,* Jean Lartéguy n'évacue pas le sujet, mais prend soin de le présenter dans le contexte particulier de la lutte contre l'effroyable terrorisme du FLN. Les parachutistes viennent de capturer celui qu'il appelle Si Millial, le chef militaire FLN de la casbah, version romancée de Yacef Saadi. Lartéguy imagine cet échange entre le dentiste Arouche, alias Si Millial, et les officiers parachutistes venus l'arrêter :

« Qu'allez-vous faire de moi ? », demande à Arouche le chef FLN tombé aux mains des parachutistes. Le capitaine répond : « Vous interroger pour qu'il n'y ait plus d'attentat[11]... » À l'aube, après de longues heures d'interrogatoire musclé, le dentiste FLN est emporté sur une civière, il a donné tous les noms de ses complices. Il n'y aura plus de bombe dans la ville...

Dans ce moment terrible de la bataille d'Alger, Lartéguy a choisi de mettre en scène Esclavier, celui des officiers qui avait le plus de doutes, d'incertitudes, qui a lui même été torturé par les nazis pendant la guerre. En quelques phrases, la torture est ainsi présentée comme la réponse mauvaise qui s'impose face au terrorisme aveugle.

Logé à l'hôtel *Aletti*, d'où il parcourt Alger à la recherche de renseignements sur les opérations menées en ville, Lartéguy enquête sur les méthodes de renseignement en cours. Dans l'absolu, aucun doute n'est permis sur ce point : il a toujours réprouvé l'emploi de la torture. Cette réprobation lui est inspirée par de simples considérations d'humanité et par son éducation à la fois religieuse et humaniste. Cela ne surprend pas au regard de son histoire personnelle, faite de refus successifs de toute forme de contrainte. Cela ne peut étonner, lorsque l'on sait à quel point Lartéguy demeure, avant toute chose, un amoureux de la liberté et du respect dû à la personne : tout son raisonnement, tout son être, le poussent ainsi à la condamnation de la torture, condamnation de l'idée et de la méthode. Toutefois, face aux exigences de sécurisation de la population algéroise et confronté à la réalité des faits, en particulier à celui de l'aveuglement du terrorisme conduit par le FLN, il doute. Remué par ces interrogations qui le touchent au plus profond de lui-même, refusant d'adopter une posture dogmatique trop rapide et trop irraisonnée, hésitant sur une condamnation formelle et intellectuelle de l'usage et subissant l'incarnation, si l'on peut dire, des situations qui s'imposent à lui, il opte pour une position nuancée, prenant en compte les exigences de l'heure. Lartéguy concède donc une exception momentanée à sa propre position : pour ramener la paix et la sécurité des personnes, la torture, écrit-il, « était le seul moyen, le moyen qui convenait[12] ». L'épisode qu'évoque à ce propos Lartéguy dans *Les Centurions* se situe au moment de l'arrestation de Yacef Saadi. Intercepté, torturé, emprisonné et condamné à mort, il verra sa peine commuée en réclusion criminelle et sera libéré après les accords d'Évian. Mais l'arrestation de Saadi s'effectue en septembre 1957, la bataille d'Alger est alors terminée.

Une autre arrestation a eu lieu, alors que les parachutistes étaient en pleine action, celle de Larbi ben M'hidi, un des fondateurs du FLN, en mars 1957. Le colonel Jacques Allaire, alors lieutenant, qui a arrêté Ben M'hidi, évoquera bien des années plus tard l'échange qu'il a eu avec le rebelle. Le dialogue réel[13] trouverait sans peine sa place sous la plume de Jean Lartéguy : « Si je reviens à l'impression qu'il m'a faite, à l'époque où je l'ai capturé, et toutes les nuits où nous avons parlé ensemble, j'aurais aimé avoir un patron comme ça de mon côté, j'aurais aimé avoir beaucoup d'hommes de cette valeur, de cette dimension, de notre côté. Parce que c'était un seigneur, Ben M'Hidi. Ben M'Hidi était impressionnant de calme, de sérénité, et de conviction. Lorsque je discutais avec lui et que je lui disais : "Vous êtes le chef de la rébellion, vous voilà maintenant entre nos mains, la bataille d'Alger est perdue", et j'extrapolais un peu : "La guerre d'Algérie, vous l'avez perdue maintenant !" Il dit : "Ne croyez pas ça !" Et il me rappelait les chants de la résistance, le chant des Partisans : un autre prendra ma place. Voilà ce qu'il m'a dit. Ben M'Hidi. Ça m'a fait de la peine de le perdre, parce que je savais qu'on ne le reverrait plus. Je le subodorais [...]. Je l'ai remis à l'état-major, et à une équipe qui est venue le chercher, et c'était la nuit, et bien que le règlement s'y oppose, je lui ai fait présenter les armes, parce qu'il faut reconnaître chez son adversaire la valeur et le courage. Et Ben M'Hidi était pour moi un grand monsieur et d'ailleurs son prénom, dans la résistance, c'était Akim, qui veut dire :

le preux. [...]. Après, il a été remis à la justice, dans un camp d'internement, et j'ai appris à travers la presse, les journaux, et tous les livres d'histoire que j'ai parcourus qu'il s'était suicidé dans sa cellule le 4 mars. » Lartéguy ne mentionne pas cet épisode. Entre les lignes de son roman, à peine présent au second plan, figure pourtant Boisfeuras, alias Aussaresses, à qui Allaire a remis le prisonnier Ben M'hidi. En 2001, Aussaresses racontera qu'à l'époque, et sans état d'âme, il a décidé seul d'exécuter Ben M'hidi dont la pendaison a été officiellement camouflée en suicide... Cela, au moment où Lartéguy écrit *Les Centurions*, deux ans après la bataille d'Alger, personne ne le sait encore. Pas plus qu'on ne sait que les aveux arrachés sous la torture n'ont que très indirectement permis d'éradiquer le terrorisme du FLN.

L'action du groupe de renseignements et d'exploitations (GRE) du capitaine Léger se révèle en revanche beaucoup plus efficace. Depuis des mois, il s'emploie à faire changer de camp les membres du FLN qu'il a arrêtés. Ces prisonniers brisés et retournés seront les plus efficaces relais des parachutistes et permettront notamment l'arrestation de Yacef Saadi. Quelques mois plus tard, le capitaine Léger montera également une vaste opération de désinformation au sein de l'état-major de la wilaya III, les régions administratives du FLN, en Kabylie, en parvenant à faire s'entre-accuser de trahison les dirigeants FLN et à provoquer chez eux des purges particulièrement dévastatrices.

Cette question de la torture occupe la fin des *Centurions*. Jean Lartéguy y évoque la colère des officiers qui ont pacifié Alger et se voient soudain convoqués par le juge pour rendre compte de leur action sur place. Le colonel Raspéguy se mêle à la conversation de ses hommes. Les officiers furieux discutent des convocations devant le juge : ils viennent juste de les recevoir. Raspéguy hausse les épaules, désabusé : les juges, les députés et les ministres, dit-il, ont fait semblant de ne pas comprendre. Pourtant, ce sont eux qui nous ont donné les ordres et nous qui avons agi comme ils nous le demandaient, pour la France[14]...

Ni en 1957 au moment de la bataille d'Alger, ni en 1959 au moment où Lartéguy écrit *Les Centurions*, quelques mois à peine après le retour de De Gaulle au pouvoir, la question ne s'est alors posée de convoquer les parachutistes chez le juge. En 1966, De Gaulle fera d'ailleurs voter au parlement une amnistie générale couvrant l'ensemble des exactions commises de part et d'autre pendant la guerre d'Algérie. Bien plus que des convocations judiciaires, il est surtout question de la traduction de la torture au tribunal de l'opinion publique. En mars 1957, dans *L'Express*, Jean-Jacques Servan-Schreiber publie un reportage explosif sur son séjour sous les drapeaux en Algérie. Mais la véritable bombe, dans le même numéro, explose dans un papier de Jacques Pâris de Bollardière, l'officier le plus décoré de la France libre. L'année précédente, à l'âge de 49 ans, il a été fait général de brigade. Grand officier de la Légion d'honneur, compagnon de la Libération, le général est parachutiste lui aussi. Il prend position contre la torture et « l'effroyable danger qu'il y aurait, pour nous, à perdre de vue, sous le prétexte fallacieux de l'efficacité immédiate, les valeurs morales qui seules ont fait jusqu'à maintenant la grandeur de notre civilisation et de notre armée ». Dans son livre sur la bataille d'Alger, Pâris de Bollardière racontera en 1972 comment s'est peu à peu mis en place l'engrenage conduisant à la torture : « Vers le début de janvier 1957, tout s'accéléra soudain et devint menaçant. [...] Des directives me parviennent, disant clairement de prendre comme premier critère l'efficacité et de faire passer en priorité les opérations policières avant toute pacification. Des femmes musulmanes atterrées, viennent m'informer en pleurant que leurs fils, leur mari, ont disparu dans la nuit, arrêtés sans explication par des soldats brutaux en tenue camouflée et béret de parachutistes. [...] Je demande à être reçu par le général Massu. Je ne peux accepter son système qui conduira pratiquement à conférer aux parachutistes, jusqu'au dernier échelon, le droit de vie et de mort sur chaque homme et chaque femme, français ou musulman, dans la région d'Alger... Je lui demande ce que signifierait pour lui une victoire pour laquelle nous aurions touché le fond de la pire détresse, de la plus désespérante défaite, celle de l'homme qui renonce à être humain. [...] Je lui dis qu'il va compromettre pour toujours, au bénéfice de la haine, l'avenir de la communauté française en Algérie et que pour moi la vie n'aurait plus de sens si je me pliais à ses vues. Je le quitte brusquement[15] ».

Dans ses confidences récentes à la journaliste du *Monde*, Florence Beaugé, le général Aussaresses évoquera ainsi ces heures de la bataille d'Alger : « Tous les matins, avec Trinquier, je faisais mon rapport à Massu et lui racontais ce qui s'était passé la nuit précédente. [...] Parfois, je disais à Massu : “On a ramassé untel” et je le regardais dans les yeux avant d'ajouter : “On le tuera demain.” Massu poussait un grognement, et je prenais cela pour un oui. Une nuit, je m'en souviens, Bigeard m'a dit : “J'ai capturé le groupe terroriste de Notre-Dame-d'Afrique, une bande de tueurs dont je ne sais pas quoi faire." Que pouvait-on faire ? Livrer ces hommes à la justice ? Trinquier et moi, on va alors chez Massu, et Trinquier lui suggère : "Tu ne crois pas qu'on devrait les envoyer dans le maquis ?" Massu a répondu : "Un maquis éloigné[16] !" »

Dans un retournement spectaculaire, le 22 juin 2000, le général Massu, plus de quarante ans plus tard, reconnaîtra dans une interview au journal *Le Monde* : « Le principe de la torture était accepté ; cette action, assurément répréhensible, était couverte, voire ordonnée, par les autorités civiles, qui étaient parfaitement au courant. » Il poursuivait en exprimant son remords : « Non, la torture n'est pas indispensable en temps de guerre, on pourrait très bien s'en passer. Quand je repense à l'Algérie cela me désole. [...] On aurait pu faire autrement[17]. »

Ces voix qui, depuis cinquante ans et au sein même de l'armée[18], se sont élevées contre la torture, ont naturellement mis sur le devant de la scène *Les Centurions*, Raspéguy et les autres. La phrase que Jean Lartéguy fait dire à son héros : « Nous le faisons parce que votre gouvernement nous en a donné l'ordre, mais ça nous dégoûte, ça nous écœure », évoque la formule fameuse du général Bigeard parlant de son « boulot de flic » à Alger. Les reproches de Raspéguy à l'encontre des politiques sont historiquement fondés, comme l'a montré Jean-Charles Jauffret[19] : « Le dérapage commence à partir du moment où les Ponce Pilate de la IVe République, toujours parfaitement informés de tout ce qui se fait en Algérie, laissent aux militaires l'initiative, en vertu de la loi d'urgence de 1955 et de celle des pouvoirs spéciaux de 1956. » La décision de donner les pleins pouvoirs à l'armée dans la lutte contre le terrorisme a été prise par les dirigeants socialistes au pouvoir. Au ministre résident Robert Lacoste venu le féliciter pour son action à Alger, Bigeard-Raspéguy répondra : « Monsieur le ministre, on n'obtient pas de tels résultats avec des procédés d'enfant de chœur. » Robert Lacoste ne répond pas. Seule compte l'éradication du terrorisme dont son gouvernement a chargé l'armée. Au début du mois de janvier 1957, le chef d'état-major du général Massu, le colonel Godard, s'était montré très réservé lorsque l'armée s'était vu confier en première ligne la mission de la bataille d'Alger. « La manière dont les interrogatoires pourraient être conduits, dira-t-il alors, risque d'avoir de graves conséquences politiques pour la 10e D.P. Je suis un soldat, et je ne parle pas avec une sensiblerie excessive. Je dis que cette affaire est politiquement dangereuse. »

Lartéguy ne dit pas autre chose lorsqu'il évoque l'amertume de ces officiers, chargés de défendre la France, fût-ce en oubliant leurs valeurs et leurs croyances, pour être livrés ensuite à la vindicte publique. À la fin des *Centurions*, Raspéguy termine ainsi sa terrible diatribe contre les politiques : « Il y eut un silence, puis Esclavier lança avec une colère qui les effraya tous :

– Que Rome prenne garde à la colère des légions.

[…] C'est alors que s'éleva la voix rouillée de Boisfeuras :

– Nous savons ce qu'il nous reste à faire maintenant : tout foutre en l'air[20]. »

La guerre en Algérie est devenue une sale guerre, attentats, représailles, terrorisme et contre-terrorisme ont, en quelques mois, radicalisé les deux parties de la population, musulmans contre Pieds-Noirs. Quelques semaines à peine avant de recevoir le prix Nobel de littérature, Albert Camus tente vainement de faire entendre une voix de réconciliation. Mais à Alger, pas une salle, pas un café n'est désormais libre pour entendre parler de paix. En moins d'un an, le FLN, ultra-minoritaire jusqu'en 1956, parvient peu à peu à s'imposer, le plus souvent par la force, comme le seul représentant du nationalisme algérien.

L'affaire Perrin

Au printemps 1957, alors que depuis six mois les dirigeants de la rébellion ont été capturés dans les airs par les Français, la France est dénoncée comme jamais dans l'ensemble du monde arabe. Dans les deux pays du Maghreb qui ont accédé depuis 1956 à l'indépendance totale, le Maroc et la Tunisie, les Français toujours présents sont pris à partie, attaqués, enlevés. En février 1957, en pleine bataille d'Alger, le patron de *Paris-Presse*, Paul Gérin, est alerté par un ancien de la France libre, le colonel Bourgoin, d'une grave affaire de disparition de Français au Maroc. Bourgoin est une figure comme il en existe peu. Instituteur résistant, grièvement blessé, amputé du bras droit, le manchot fait partie des SAS parachutés en Bretagne lors du débarquement. Compagnon de la Libération, il a quitté l'armée en 1950 avec le grade de colonel de parachutistes pour entamer une carrière politique. L'histoire que Bourgoin apprend à Gérin a commencé huit mois plus tôt, en juin 1956, dans le Sud marocain. Le capitaine Moureau, officier des Affaires indigènes, chef du poste de Bou Izarkan, a disparu en revenant de chez des amis médecins. Trois mois plus tard, malgré la promesse du prince Moulay Hassan, le futur Hassan II, de régler l'affaire, toujours aucune trace de Moureau. Puis un deuxième officier des Affaires indigènes, le lieutenant Perrin, est à son tour enlevé dans le Sud marocain. Le 7 février, Paul Gérin publie dans *Paris-Presse* un premier article intitulé « L'affaire Moureau » : « Enlevé le 22 juin à Bou Izarkan, un officier français est prisonnier depuis 7 mois des dissidents marocains. Ceux-ci l'ont mutilé et promené de souk en souk pour affirmer la démission de la France. » D'autres articles suivent, un peu partout en France ; des rassemblements s'organisent, demandant la libération de l'otage. Le colonel Bourgoin est parvenu à alerter l'opinion. Le 19 mars, au Sénat, Michel Debré prend solennellement à partie le gouvernement : « Mes chers collègues [...] l'opinion s'est émue à l'appel d'un soldat tout à fait étranger à la politique [...]. Mais, mes chers collègues, il n'y a pas que le sort du capitaine Moureau ; il y a celui du lieutenant Perrin, il y a celui de bien d'autres militaires et de bien d'autres civils, hommes et femmes. Il y a aussi – et M. le secrétaire d'État n'a pas répondu à cette question – les acquittements après les massacres de Meknès, l'absence de sanctions après de récents assassinats à Port-Lyautey et à Petitjean. Tout cela doit être évoqué maintenant. Il faut que cela soit évoqué, ne serait-ce que pour montrer que le silence des administrations et du Gouvernement réveille dans l'opinion publique le sentiment de leur insuffisance [...]. Le capitaine Moureau était un officier des Affaires indigènes, un officier très aimé, fidèle à son métier, fidèle à son pays. Tous les témoignages de ses camarades l'indiquent, ceux de ses chefs également. On ne cesse d'affirmer dans la correspondance à son sujet que le capitaine Moureau était une sorte d'apôtre. Il était demeuré à son poste lorsque, le 22 juin 1956, auprès de Boulimie, il fut enlevé par une petite bande, eut les yeux crevés, les poignets cassés. Il fut mutilé… Encore une fois, le capitaine Moureau est un exemple. Mais le lieutenant Perrin lui aussi a été enlevé. Le lieutenant Perrin lui aussi est promené de tribu en tribu, le képi sur la tête. Des hommes, des femmes ont disparu à Agadir comme à Petitjean. Les assassins de Meknès n'ont pas été châtiés. Les assassins de Petitjean n'ont pas été retrouvés. Dans ces conditions, comment voulez-vous avoir une politique, je ne dis pas au Maroc, mais en Algérie ? Je voudrais que vous lisiez cette lettre que j'ai sous les yeux, d'un officier des affaires indigènes qui sert maintenant en Algérie. Elle se termine ainsi : "Comment ne pas penser que n'importe lequel d'entre nous sera demain aussi lâchement abandonné et trahi que l'a été mon camarade Moureau." Un officier que je ne connaissais pas, le colonel Bourgoin, grand officier de la Légion d'honneur, a eu l'audace de lancer un appel en faveur du capitaine Moureau ! […] Le colonel Bourgoin a aujourd'hui montré que ce sont les paysans, les ouvriers, les intellectuels qui clament leur désespoir devant les humiliations subies. Même si la nation ne disait rien, le gouvernement, la diplomatie auraient tort ne n'avoir rien fait depuis des mois et des mois. Même si la nation était indifférente à la manière dont ont pu dormir nos amis politiques et nos fonctionnaires depuis des mois avec le réveil de la nation, vous seriez impardonnables de ne pas savoir que votre premier objectif et votre premier devoir, c'est l'honneur de la nation, lié à l'honneur de quelques officiers français martyrisés. » (Vifs applaudissements sur les bancs supérieurs de la gauche et du centre, ainsi qu'au centre et à droite et sur divers bancs à gauche[21].)

Au lendemain de cette intervention, Jean Lartéguy, de retour du Maroc, publie dans *Paris-Presse* un long article sur le lieutenant Perrin. Neuf jours plus tard, après plus de cinq mois de détention, l'officicer est remis à l'ambassade de France à Rabat par le prince Moulay Hassan. Le 30 mars, Perrin arrive à Villacoublay. Le 2 avril 1957, au cours d'une conférence de presse, le lieutenant libéré rappelle son admiration pour son ami le capitaine Moureau et ajoute : « pour moi, sa disparition restera un mystère ».

La libération du lieutenant Perrin est naturellement liée à la campagne d'opinion organisée pour sa libération. Mais, dans l'ombre, Jean Lartéguy y a joué un rôle de toute première importance, outrepassant sans doute son simple statut de grand reporter.

En effet, à la même époque, son frère, Jean Osty, effectue son service militaire en Algérie comme médecin de garnison non loin de la frontière marocaine. Il y soigne les militaires, les civils, vit au contact de la population et donne toute satisfaction à ses supérieurs. Aussi est-ce avec une grande surprise que le jeune médecin aspirant, convoqué par son commandant, s'entend dire que sa présence n'est plus souhaitable et qu'il va devoir quitter les lieux dans les plus brefs délais. Jean Osty demande des explications, la réponse le laisse interloqué : « Votre frère est dans la région, il y *provoque du grabuge…* » Le jeune médecin est éloigné comme il se doit, mais se demande comment son diable d'aîné a pu lui jouer ce tour pendable. De fait, envoyé spécial de *Paris-Presse*, Jean Lartéguy a poussé ses investigations au-delà des limites habituelles d'une simple enquête journalistique. Dans la région de Foum-el-Hassan, à moins de cent kilomètres au Sud du poste français d'Oum-el-Achar en Algérie, après quelques infiltrations nocturnes et des observations menées clandestinement à la jumelle, le plus souvent déguisé en soldat, il est entré en contact, cette fois sous son habit civil, avec les représentants du caïd d'Akka, le chaouch du khalifat, et ceux de l'AL, Allal-el-Fassi, Abbés Kebbag et Ahmed Ould Hadj. Selon la rumeur, ce sont ces trois chefs locaux qui détiendraient Perrin dans la région d'Akka. Prenant des risques immenses, Lartéguy demande provisoirement à Gérin de faire silence sur son enquête. « Cette histoire devient affolante, écrit Lartéguy, je suis prêt de réussir ou de me casser le col. De votre côté ne faites pas de conneries[22]… » L'affaire prend des proportions inquiétantes et peu habituelles. En plein désert, Lartéguy se démène pour obtenir la libération de l'officier français. Au début du mois de mars, dans un courrier qu'il fait parvenir à son journal par l'intermédiaire du consul Monod, Lartéguy écrit : « officiellement le principe de l'échange n'est point encore accepté mais on m'a demandé de poursuivre les négociations. Voici les résultats que je suis le premier à avoir obtenu, ce qui embête tout le monde : une proposition officielle d'échange, la preuve officielle de la collusion AL-Palais, la preuve que Perrin et l'adjudant Caagiagara étaient vivants, plus de renseignements sur l'AL que toutes les fausses barbes réunies[23]. »

Le message est à peine crypté : AL signifie Armée de libération, il s'agit de l'ALN algérienne. Palais, c'est bien sûr le sultan Mohammed V, son entourage, son héritier, Moulay Hassan. Les fausses barbes dont Lartéguy se moque, ce sont les hommes des services de renseignement français, les barbouzes à l'affût de la moindre piste sur les otages. Mais c'est plutôt le début de son billet qui reste énigmatique : « officiellement le principe de l'échange n'est point encore accepté mais “on” m'a demandé de poursuivre les négociations. » Qui a demandé à Lartéguy d'intervenir, non en tant que journaliste, mais comme représentant officieux de la France ? Le 29 mars 1957, la libération du lieutenant Perrin se déroule en territoire mauritanien : elle est le fruit de longues et âpres négociations avec l'AL et un échange de prisonniers a bien lieu. Il concerne très exactement douze prisonniers de l'AL, faits à Atar. Lartéguy ne s'est évidemment pas lancé seul dans cette aventure. Ce n'est pas, surtout à l'époque, le rôle d'un journaliste et, par ailleurs, les moyens nécessaires à une telle opération sont beaucoup trop importants pour un homme seul, même soutenu par un journal. Comment, sans appui militaire ou gouvernemental, Lartéguy aurait-il pu intervenir ?

Au Maroc, Lartéguy est arrivé à Agadir. Il y a rencontré une vieille connaissance, son ami le général Cogny qu'il a connu en Indochine. Il lui a expliqué le but de son voyage et Cogny lui a promis de l'aider, dans la mesure de ses moyens. Malgré l'accueil chaleureux de Cogny, Lartéguy a noté dans ses carnets « il ne peut rien en dehors d'Agadir[24] ». Le lieu où Perrin a été enlevé est à plus de trois cents kilomètres de là. Beaucoup trop loin pour une intervention des hommes de Cogny. Dans cette région du désert, à quelques dizaines de kilomètres de l'Algérie, la frontière n'existe alors encore que sur le papier. Les combattants de l'ALN s'y préparent aux actions contre l'armée française. De leur côté, les officiers aux Affaires indigènes encore présents indiquent aux renseignements militaires les mouvements ennemis. À n'en pas douter, Lartéguy n'a pas été choisi au hasard. Sans forcément évoquer une réelle collusion avec les « barbouzes » dont il se moque gentiment, son passé de commando, ses amitiés chez les honorables agents du SDECE, ses écrits, son engagement en faveur des soldats perdus, oubliés, tout explique les facilités alors mises à sa disposition pour sa mission.

Le capitaine Moureau ne sera jamais retrouvé. Après quelques semaines à Paris, Lartéguy est à nouveau en Algérie en mai 1957, lorsque survient le massacre de Melouza.

Malgré l'influence croissante du FLN dans la population algérienne, une partie des nationalistes algériens refuse le recours aux attentats massivement utilisés par l'organisation révolutionnaire. Fondateur, au lendemain de la deuxième guerre mondiale, du Mouvement pour le triomphe des libertés démocratiques, authentique démocrate, Messali Hadj a fondé en 1954 le Mouvement national algérien dont l'influence demeure importante, aussi bien en Algérie que chez les Algériens de France. Pour le FLN, aucun compromis ne peut être accepté avec le MNA qui refuse l'arme du terrorisme : entre les deux factions, la fracture est nette et tourne souvent au conflit armé. À la charnière de la Kabylie et du Constantinois, le petit bourg de Melouza fait précisément partie de ces villages où l'influence du FLN ne parvient pas à s'imposer. Une part de sa population, organisée en milices faiblement équipées et très peu organisées, assure elle-même sa propre sécurité. Melouza est toute acquise au MNA, ce qui justifie la décision du FLN d'en faire un exemple. Le 28 mai au matin, six katibas[25] de la wilaya III, commandées par le capitaine Arab, assisté du lieutenant Abdelkader El Barik, investissent le village. À l'issue d'un rapide combat, au cours duquel ils ne rencontrent qu'une très faible résistance, les hommes du FLN regroupent la population masculine du village dans le petit hameau de Mechta Kasba, et massacrent à coups de pioche, de couteau et de hache 315 hommes, certains atrocement mutilés. Un tract du FLN dénonce aussitôt le massacre : « un drame affreux vient d'ensanglanter la terre algérienne déjà si éprouvée par les crimes sans nom d'un colonialisme aux abois. Toute la population mâle du douar de Melouza a été sauvagement assassinée. [...] ce carnage s'inscrit [...] dans la longue liste des crimes collectifs organisés avec préméditation et exécutés froidement par l'armée française [...]. Aux crimes délibérés s'ajoute cette fois une exploitation politique savamment orchestrée. [...] C'est pourquoi, le FLN peut s'adresser solennellement à la conscience universelle pour proclamer à la face du monde civilisé son indignation devant la sauvagerie de cette tuerie dont seule l'armée française assume l'entière responsabilité[26]. » Depuis des semaines, les journaux du monde arabe, les radios comme la Voix du Caire, et les émissaires du FLN envoyés dans chaque pays membre des Nations unies dénoncent les prétendus crimes de l'armée française. Melouza est une nouvelle occasion de déployer des trésors d'habileté dans l'art de la désinformation. Pendant des décennies, le FLN au pouvoir niera la responsabilité de ce crime de guerre. Il faudra attendre les années 1990 pour que le responsable du massacre, le chef de la wilaya III, le colonel Mohammedi Said, alias Si Nacer, engagé par haine de la France dans la Waffen SS, responsable FLN en 1957, candidat du Front islamique de Salut aux élections législatives algériennes de 1991, reconnaisse enfin avoir sciemment ordonné le massacre des villageois de Melouza[27].

Deux jours après cette sauvagerie, opportunément prévenu avant ses autres collègues journalistes, Lartéguy arrive le premier sur place en hélicoptère. Les corps déchiquetés se décomposent déjà au soleil. Manière de bravade, ou contrôle complet de soi, Lartéguy s'impose de regarder ce spectacle d'horreur. Mieux, quand les reporters effarés découvrent à leur tour la scène, ils observent, interloqués, un Lartéguy impassible, tranquillement assis à quelques mètres du charnier, occupé à casser la croûte : bière tiède et pâté. Certains ne se privent pas de lui faire savoir combien cette indifférence les heurte. Mais en l'occurrence, il ne s'agit que d'un mode personnel de gestion du stress, destiné à surmonter l'extrême pénibilité de l'instant. Par ailleurs, Lartéguy a déjà analysé les faits et parfaitement compris ce dont il s'agit : il est clair pour lui que le massacre est l'œuvre des hommes du FLN. Quant au tract incriminant l'armée française, ce n'est qu'un nouveau tour des rebelles, passés eux aussi maîtres dans l'art de la tromperie et de la guerre psychologique.

En effet, au-delà de la seule opposition entre Français et Algériens, et contrairement aux lénifiantes proclamations d'unité du FLN, se joue en fait une terrible guerre, complexe et inédite, dans laquelle le FLN éliminera impitoyablement tous ses adversaires : sur place en Algérie, comme en métropole. Le caractère multiple de cette guerre peut ainsi se résumer : « derrière le schéma simpliste d'une guerre entre Français et Algériens se cachait en réalité une triple guerre civile : une guerre algéro-algérienne, une guerre franco-algérienne et une guerre franco-française [...] dont on peut tirer la conclusion qu'il n'y a pas eu "une" mais "des" guerres d'Algérie[28] ».

Djamila

Au printemps 1957, la guerre en Algérie a pris une dimension jamais atteinte. Aux opérations militaires dans le bled s'ajoute la lutte contre les poseurs de bombes dans les villes. À Alger, les parachutistes parviennent peu à peu à démanteler le réseau terroriste mis en place par Yacef Saadi. En avril, l'arrestation de l'une des leurs, une jeune fille de vingt-deux ans, Djamila Bouhired, puis son procès, lancent une campagne médiatique sans précédent, non seulement en France mais dans le monde entier, qui remet la question de la torture sur le devant de la scène et ternit toujours plus l'image de la France coloniale.

Djamila Bouhired[29] est couturière, activiste du FLN, affiliée au parti communiste. Elle fait partie de ces jeunes Algériennes qui se sont engagées dans le combat pour l'indépendance. Djamila Bouhired, Zohra Drif, Samia Lakhdari sont dans la fleur de l'âge, minces, habillées à l'européenne, au goût du jour : elles passent sans difficulté les barrages, après de simples contrôles d'identité effectués par des militaires qui ne voient aucune raison de se méfier d'elles. Ce sont elles qui ont posé les premières bombes du FLN à Alger, le 30 septembre 1956. Zohra Drif, à la terrasse du Milk Bar, Samia Lakhdari, à la Cafétéria de la rue Michelet. Djamila Bouhired a été chargée de poser une bombe à l'agence d'Air France, située dans le hall de l'immeuble Mauretania. En raison d'un problème de détonateur, sa bombe n'explosera pas. Le samedi 26 janvier 1957, alors que la bataille d'Alger vient de commencer, Yacef Saadi programme de nouveaux attentats. Les objectifs : des brasseries au cœur de la ville européenne, comme celle de l'Otomatic, rendez-vous des étudiants, la Cafétéria qui a déjà été prise pour cible, le Coq-Hardi, où se réunit la bourgeoisie algéroise. Une fois de plus Saadi a désigné quatre jeunes filles, Danièle Minne qui n'a que dix-sept ans, Zahia Kerfallah, Zoubida Fadila, Djamila Bouazza, surnommée Miss cha cha cha par les étudiants Pieds-Noirs… Ces nouveaux attentats font quatre morts et plusieurs dizaines de blessés. Le 9 avril, au cours d'une opération de police dans la casbah, Djamila Bouhired est arrêtée. Une fusillade éclate, Djamila Bouhired reçoit une balle dans l'omoplate : l'effet des rafales lâchées pour couvrir leur retraite par Yacef Saadi et Ali-la-Pointe qui, eux, parviennent à s'échapper. Djamila Bouhired est conduite à l'hôpital Maillot pour y être soignée et, vers 18 heures 30, elle est remise aux autorités françaises à la prison Barberousse. À temps pour elle puisque, selon le capitaine Jean Graziani, officier chargé de l'interrogatoire, ses complices ont déjà monté une opération visant à la délivrer, ou à l'exécuter dans l'enceinte de l'hôpital pour l'empêcher de parler. Car il ne faut pas qu'elle parle : elle connaît tout

Aumont-Aubrac, 1922. Dans les bras de Marie-Marthe Bouchard, sa nourrice, le petit Lucien Osty pose devant la maison qui accueille son enfance : il a deux ans.

(© collection M. et Mme Girard.)

1933 : après le conflit qui l'opposa à son père, Osty intègre le pensionnat des jésuites d'Évreux et en porte l'uniforme. Un caractère qu'on devine déjà ombrageux.

(© collection Jean Osty.)

Printemps 1944, promotion « Libération ». Le sous-lieutenant Osty à sa sortie de l'école de Cherchell.

(© collection Jean Osty.)

Le camp de Miranda de Ebro où Osty est interné entre 1942 et 1943 : 6 000 prisonniers, des conditions de vie et d'hygiène épouvantables. Il en sortira durablement marqué et, pour longtemps, affecté de graves soucis de santé.

(DR.)

1948 : dolce vita d'après-guerre et passage aux studios Harcourt. Le séducteur s'affirme. L'avenir est encore incertain. Le temps est à l'aventure.

(© collection Jean Osty.)

Octobre 1951, bataillon de Corée. Baïonnette plantée dans la table, des grenades quadrillées à portée de main, cigarette aux lèvres et treillis froissé : devant son PC, le lieutenant Osty prépare l'assaut de Crèvecœur. Dans quelques heures, sur les collines glacées, il sera laissé pour mort.

(© collection Lartéguy.)

Sur le tournage du Ramuntcho de Pierre Schoendoerffer en 1959. Entre deux prises de vue, un Lartéguy insolite, en soutane, se prête aux soins de la manucure, Phuong, amie de Graham Greene.

(© photo du tournage Schoendoerffer.)

Début des années 1960 : l'Algérie, le Djebel et Bigeard. Rencontre de deux grandes figures et naissance d'une amitié jamais démentie, nourrie d'admiration et d'encensement réciproques.

Seul le carnet de notes dans la poche de sa chemise trahit sa qualité de journaliste. En Asie, Lartéguy est chez lui. C'est là, au contact de la population, qu'il a contracté pour toujours le fameux « mal jaune ».

Rencontre insolite au milieu des populations asiatiques. Le reporter de guerre s'enquiert des missions de paix.

Septembre 1965 : la fameuse couverture du numéro 850 de *Paris Match* qui rend Lartéguy définitivement célèbre et le consacre comme l'un des plus grands reporters de guerre de son époque.

(© collection de l'auteur.)

En 1970, au micro de RTL, Lartéguy raconte « son » Asie. Comme d'habitude, ses mots simples et percutants font mouche. Une fois encore, il vient rapporter ce qu'il a vu et témoigne sans se lasser de l'atrocité des guerres.

(© collection Lartéguy.)

À Nice, en 1969, à la foire du Livre, l'auteur déjà célèbre fait la connaissance d'une jeune attachée de presse. Thérèse deviendra son épouse six mois plus tard, en février 1970.

(© collection Lartéguy.)

À bord du Baladin, au large de Cannes en compagnie de Lucien Bodard « Lulu le Chinois ». Le temps des copains et des longues traversées, autant de pauses loin des fureurs du monde.

(© collection Lartéguy.)

Saigon, l'hôtel *Continental*: tout ce que le monde a connu de grands reporters a séjourné ici, du temps de l'Indochine et du Vietnam. Refuge des journalistes et centre de presse, les informations et les rumeurs s'y échangent dans un mélange étonnant de calme et de frénésie.

(© archives Lartéguy.)

La photo préférée de Lartéguy « confessant » un partisan Viê t-cong. Prise par sa femme Thérèse, la photo ornait sa chambre aux Invalides. Aucune ne symbolise mieux son aptitude spéciale à susciter la confiance et recueillir les témoignages dont il nourrit ses articles.

(© photo T. Lartéguy.)

Saint-Cézaire 1992 : pendant que les tireurs d'élite guettent depuis les toits alentours pour veiller à la sécurité de l'ancien patron de la DGSE, champagne et confidences avec Alexandre de Marenches.

(© collection Le Roux.)

La traversée de la cour d'honneur des Invalides, le 2 mars 2011. Les honneurs militaires pour un homme d'honneur.

(© photo Jacques Bravo.)

des caches d'armes, de l'organigramme, des réseaux et des actions en cours. Elle risque de tout compromettre.

La capture de Djamila Bouhired est une excellente nouvelle pour les enquêteurs, avides des renseignements. De son côté, sans attendre, le FLN profite de cette arrestation pour dénoncer immédiatement les parachutistes et la torture. Le 11 juillet, le journal *Le Monde* publie le rapport d'une commission d'enquête sur l'usage de la torture en Algérie. Le même jour, Djamila Bouhired comparait devant le tribunal militaire. Au cours des quatre jours du procès, son avocat, Jacques Vergès, multiplie les provocations, agite le drapeau FLN, chante des chants révolutionnaires algériens. Le 15 juillet, Djamila Bouhired est condamnée à mort. Immédiatement, la mobilisation nationale et internationale se met en branle. Objectif : obtenir sa libération. En France, on assiste d'abord aux prises de position des intellectuels en sa faveur : Sartre, Simone de Beauvoir, Gisèle Halimi. Au mois de novembre, les éditions de Minuit publient un texte de Georges Arnaud et Jacques Vergès : *Pour Djamila Bouhired.* Il y est naturellement question de la torture, mais aussi de l'exécution à venir. La fragilité de la jeune femme émeut l'opinion. À la une de *L'Aurore*, pourtant peu favorable à la rébellion, l'éditorial d'André Frossard, « Non, non et non ! » indique clairement que le jugement choque, en dehors des clivages habituels de l'opinion publique. Le général De Gaulle, qui n'est encore qu'un simple citoyen, écrit à Vergès pour le féliciter de son plaidoyer en faveur de Djamila Bouhired. Ces prises de position, contrairement à ce que pourrait croire Jacques Vergès, ne constituent nullement un soutien au FLN, mais expriment plutôt une réprobation à l'égard des jugements prononcés, singulièrement depuis que François Mitterrand est Garde des Sceaux. En effet quand il quitte le ministère de la Justice, le 21 mai 1957, au moment où le gouvernement de Guy Mollet cède la place à celui de Maurice Bourgès-Maunoury, 45 condamnés à mort ont été exécutés en seize mois. Par ailleurs, la dernière fois qu'une femme, Marie Latour, a été condamnée à la guillotine, c'était sous le régime de Vichy, en 1944. Au moment où une partie de l'opinion s'émeut du sort de la jeune terroriste, le FLN transforme Djamila Bouhired en icône mondiale de la révolution arabe. Djamila est la Jeanne d'Arc algérienne, torturée et condamnée à mort par les colonialistes français. Du Maghreb au Levant, les appels se multiplient en faveur de Djamila. La radio du Caire, la Voix des Arabes, organe panarabe de la révolution, diffuse les chants patriotiques algériens, appelle chaque jour au soulèvement et célèbre les sacrifices des Moudjahidas, les djamilates, les belles combattantes. La jeune chanteuse Ouarda Ftouki, Warda Al-Djazaïra chante *Koulouna Djamila*, Nous sommes toutes Djamila. Le réalisateur Youssef Chahine réalise même un film, intitulé *Djamilah*, qui sort sur les écrans arabes en 1958. Cette vaste offensive de propagande se double d'un intense travail diplomatique, partout dans le monde, en Amérique centrale et du sud, en Asie ; les envoyés du FLN tentent d'obtenir de tous les diplomates du monde une condamnation internationale de la France à l'ONU sur le thème de la France qui occupe, la France qui torture…

Devant cette mobilisation sans précédent, on pourrait dire face à cette manipulation très bien orchestrée de l'opinion, le président Coty acceptera de signer la grâce des terroristes. Auparavant, courant du printemps 1958, Jean Lartéguy, alors à Alger, décide de juger par lui-même de la situation de Djamila Bouhired. Il obtient l'autorisation de se rendre à la prison de Maison Carrée, où ont été transférées les terroristes : Djamila Bouhired, Djemila Bouazza, Jacqueline Guerroudj et Zora Driff. Lartéguy va y interviewer les jeunes militantes du FLN mais aussi les parachutistes qui les ont arrêtées. Pendant trois jours consécutifs, les 11, 12 et 13 avril 1958, son enquête fait la une de *L'Écho d'Alger* avec ce titre sensationnel : « J'ai interrogé dans leur prison les condamnées à mort » :

« Souriante, amusée, voilà Zora Driff, la compagne de Yacef Saadi, qui fut prise avec lui dans sa cache de la casbah le 24 septembre 1957. C'est de beaucoup la plus intelligente (elle était étudiante en droit), et celle qui montre le plus de classe. Elle a le type algérien, avec les cheveux légèrement crêpelés. Elle est, selon l'expression arabe, “de grande tente”. Elle reconnaît tout de suite le colonel Godard et paraît heureuse de le revoir, très heureuse même. Le colonel Godard, sans armes, était venu sommer Yacef et Zora de sortir de leur cache. Cette forme de courage plaît aux Arabes. Et ils étaient sortis les bras en l'air. Je demande à Zora : “Avez-vous été torturée après votre arrestation ?”

– Je n'ai été ni frappée ni torturée, déclare Zora Driff, ces méthodes n'avaient plus cours quand j'ai été prise (24 septembre 1957). Peut-être à cause de la campagne déclenchée en France contre la torture. Mais je connais des femmes qui l'ont été.

Le colonel se frappe sur les cuisses : – Allons Zora !

Et je comprends que le colonel sait quelque chose, et que Zora sait aussi qu'il le sait. Je l'apprendrai un peu plus tard. C'est Zora qui déclencha la campagne contre la torture, ce fut elle qui rédigea de sa main une déclaration avec les noms en blanc, et qui fut ensuite ronéotypée. Cette déclaration fut distribuée et remplie par un grand nombre de personnes sur ordre des chefs FLN.

Je demande à Zora : – Auriez-vous posé vous-même des bombes ?

– Oui, j'en avais reçu l'ordre... comme le lieutenant aviateur qui va bombarder un douar. La bombe est un moyen de guerre, le terrorisme découle du colonialisme.

– À Barberousse étiez-vous maltraitée ?

– Dans n'importe quelle prison, quand une femme le veut, elle sait se faire respecter.

– Croyez-vous que Djamila Bouhired a posé des bombes ? Croyez-vous qu'elle a dénoncé Djemila Bouazza ?

– Je préfère ne pas répondre à cette question, cela les regarde toutes les deux.

– Qu'allez-vous faire ici ?

– Attendre tranquillement d'être libérée. Vous savez, je ne suis pas du tout antifrançaise, mais simplement anticolonialiste.

Quand elle s'en va, elle est toujours souriante et amusée.

Quant à Djemila Bouazza, elle a toute sa raison, elle raconte comment Djamila Bouhired lui a remis la bombe rue Michelet, et comment elle a voulu la faire passer pour folle pour innocenter Djamila Bouhired, comédie qu'elle a accepté de jouer le premier jour du procès, mais qu'elle a abandonnée ensuite. Elle confirme que c'est Djamila Bouhired qui l'a dénoncée au capitaine Graziani. »

Jean Lartéguy rencontre également le capitaine parachutiste Jean Graziani, qui récuse les accusations de torture. Son témoignage est saisissant :

« C'est moi qu'elle accuse de l'avoir torturée ? La pauvre fille ! Je sais bien pourquoi elle se raccroche désespérément à cette affaire de torture. La raison en est simple et pitoyable : Djamila Bouhired, après trois paires de gifles, a commencé à parler, puis elle a continué par vanité, besoin de se donner de l'importance. Elle m'a même dévoilé des choses que je ne lui demandais pas. Djamila Bouhired, dont on veut faire la "Jeanne d'Arc" de la rébellion, a livré toute son organisation au cours de son premier interrogatoire. Si nous avons pu arrêter le réseau bombes, c'est à cause d'elle. Trois paires de gifles et elle s'est mise à table, l'héroïne.

La torture, je sais ce que c'est, j'ai été quatre ans prisonnier des Viêt-minh…

Djamila est sortie le 17 avril de l'hôpital Maillot où, placée sous la sauvegarde des médecins, elle n'avait pas été interrogée. J'ai interrogé Djamila pour la première fois à dix heures du soir. Elle a commencé à me traiter de salaud et de colonialiste. Je lui ai envoyé deux paires de tartes à travers la figure… Elle m'avoua qu'elle savait une cache boulevard Saint-Saens… une autre rue Michelet… une au 13 rue Porte Neuve, où nous avons trouvé 13 bombes, 33 revolvers, des documents… Elle me dit que si elle n'avait pas posé de bombes, elle en avait du moins transporté et donné à des gens. Elle me donna le nom d'une fille qui travaillait aux chèques postaux, Djemila Bouazza, qui fut alors arrêtée par la PJ et ramenée à El Biar. Giflée par Graziani, elle avoua avoir déposé les bombes de la rue Michelet et du Coq Hardi, que Djamila Bouhired lui avait remises.

Djamila Bouhired raconta qu'un jour elle avait ramené une bombe à la casbah, et Taleb, le chimiste, l'avait désamorcée 5 minutes avant qu'elle n'explose : ça s'invente ça ?

Une fois, je lui ai dit : "Djamila, je t'aime bien, mais je ferai l'impossible pour que tu sois guillotinée, car je n'aime pas les poseuses de bombes qui massacrent des innocents." Elle s'est mise à rire : "Mon capitaine, je serai condamnée à mort, mais je ne serai pas guillotinée, parce que les Français ne guillotinent pas les femmes. Comme d'ici 5 ans nous aurons gagné la guerre, que ce soit sur le plan militaire ou politique, je serai libérée par mon peuple et je deviendrai une héroïne nationale."

Quand on l'a passée à la police, Djamila ne voulait pas me quitter. Elle en a fait toute une scène. Si je n'avais pas été un officier... j'aurais pu en faire une très bonne indicatrice. Tout ce que je viens de dire, je suis prêt à le répéter devant elle et je sais qu'elle ne pourra rien nier... Sur mon honneur, je vous affirme que tout cela est la vérité[30]. »

Lartéguy conclut son article en prouvant qu'il n'y pas eu d'actes de torture commis. En effet, au moment de la quitter et pour lui permettre de délivrer un message au public, il tend son carnet à Djamila Bouhired. Alors que le FLN prétend qu'elle a perdu l'usage de son bras au cours des tortures subies, sans aucune gêne apparente, elle se saisit du carnet de son bras soi-disant paralysé et y écrit une phrase : « Vive l'Algérie libre ». Par ce simple stratagème, Lartéguy prouve la supercherie et démonte le mécanisme le plus répandu de la guerre psychologique : la manipulation de l'opinion par le mensonge.

Le capitaine Graziani mourra en 1958 en Kabylie. Son éloge funèbre, prononcé par son chef le colonel Romain-Desfossés, évoque alors un « héros au sens propre du mot. Violent, ardent, passionné, sans détour et sans calcul, parfois excessif, toujours droit, cherchant sans cesse à reculer les limites de ce qu'on peut exiger de soi-même. Il est un symbole, le symbole de cette jeunesse qui a la foi, le symbole de ces jeunes capitaines qui sont le symbole de notre armée. » Son nom resurgira dans l'actualité près de cinquante ans plus tard, lorsque l'ancienne militante FLN, Louisette Ighilahriz, également détenue par les parachutistes en 1957, évoquera elle aussi la question de la torture dans la guerre.

Quant aux jeunes terroristes, elles seront libérées après les accords d'Évian de 1962. Épouse de Vergès, Djamila Bouhired plongera bientôt dans l'oubli. Elle ne reparaîtra dans l'actualité qu'en 2009 : dans une lettre ouverte au président Bouteflika, elle évoquera la situation misérable des anciennes héroïnes de la révolution : « mon épicier, mon boucher, ma supérette pourront témoigner des crédits qu'ils m'accordent [...]. Je sais que certains authentiques moudjahidines et moudjahidates sont dans la même situation, probablement plus critique [...]. Ainsi, je vous demanderais de ne plus nous humilier et de revaloriser notre dérisoire pension de guerre afin de vivre dans un minimum de dignité. » Zohra Drif deviendra avocate, puis sénatrice en Algérie. Tout récemment, une des victimes de l'attentat du Milk Bar, Danielle Michel-Chich a publié un livre bouleversant, *Lettre à Zohra D*, mettant en cause Zohra Drif. La sénatrice algérienne, aujourd'hui, ne renie pas son action de 1956 et compare les attentats d'Alger au bombardement de Dresde pendant la guerre : « Nous avons pris les armes pour combattre un système. Ce genre de système ne vous laisse d'autre choix que de mourir pour vivre dans votre pays. Ce n'est pas à moi qu'il faut vous adresser, continue-t-elle à l'attention de l'écrivain, c'est à l'État français qui est venu asservir mon pays. Vous et nous étions pris dans une tourmente qui vous dépassait, qui nous dépassait… »

À la fin de sa vie, Jean Lartéguy est revenu sur l'extraordinaire enquête qu'il avait menée à l'époque et sur le combat qui se menait alors en Algérie. Son sentiment, m'a-t-il confié en 2008, était que dans cette guerre l'armée s'était vu confier par les politiques un rôle qui n'était pas le sien. « L'armée a perdu, dans ces opérations, beaucoup de son âme[31] », conclura-t-il. L'état actuel des connaissances sur ces dossiers lui rend aujourd'hui témoignage d'avoir été, à l'époque, l'un des rares à ne pas tomber dans le piège de la manipulation.

Il doit en particulier cette clairvoyance à sa méthode de travail qui permet de le distinguer comme le précurseur de ce que l'on pourrait appeler *l'école systémique* du journalisme. Ce mode de raisonnement vise à répondre aux incertitudes par le dégagement de tendances globales. L'originalité de Lartéguy consiste ainsi à faire appel successivement aux déclarations des acteurs et des témoins, à s'inspirer des analyses déjà émises sur le sujet ou à sa périphérie, à examiner l'influence des événements entre eux, puis toutes les interactions qui s'opèrent entre les êtres, les climats, l'histoire, les cultures et les religions. Cela fait, il confronte l'observation au supposé, établit un modèle de référence et se forge une conviction générale sur la question soulevée. Sans oublier de confronter le résultat final à la réalité. Cette méthode et ce cheminement intellectuel nécessairement complexes se retrouvent très nettement dans les mentions qu'il couche sur ses carnets d'archive. Il y note en effet, avec une remarquable minutie, les éléments les plus divers dont il pense pouvoir se servir au moment d'écrire[32]. Véritable abeille ouvrière, à l'affût permanent du moindre détail et de la moindre information, Lartéguy nourrit sa production journalistique d'un butinage incessant.

Les dernières marches de l'Occident

Un mois à peine après les reportages de Lartéguy à la prison de la Maison Carrée, l'Algérie occupe avec insistance le devant de la scène. Depuis le début de l'année, la Quatrième République finissante se trouve plongée dans une interminable crise politique : elle va définitivement sombrer avec les émeutes du 13 mai 1958 à Alger. L'appel conjoint que les Pieds-Noirs et l'armée lancent à De Gaulle ouvre la voie à la Cinquième République. En juin, le premier acte symbolique du général De Gaulle est de venir à Alger. Ses mots, sur le Forum, son fameux « Je vous ai compris », enthousiasment sur le moment les Pieds-Noirs, persuadés que l'Algérie française va être sauvée. La suite du discours, l'annonce d'élections générales en Algérie où pour la première fois Français et Algériens vont voter ensemble indique pourtant que la politique du nouveau président du Conseil n'est pas aussi limpide qu'on veut bien le croire. Après le vote de la nouvelle constitution en septembre 1958,

De Gaulle reprend la main en Algérie. L'action psychologique et les méthodes extrajudiciaires sont officiellement mises en veilleuse au profit de l'action militaire proprement dite. L'ALN des rebelles est progressivement écrasée. Mais, paradoxalement, les négociations ont repris avec le FLN et vont déboucher sur les accords d'Évian et sur l'indépendance algérienne. Les Pieds-Noirs et une bonne partie de l'armée vont rapidement éprouver le sentiment que les durs combats des années précédentes ont été menés pour rien. Exactement comme huit ans plus tôt en Indochine.

Pour Lartéguy, l'effondrement de l'Empire est le signe le plus visible du déclin de la France. Il sent que son pays s'enfonce dans une profonde léthargie, il le devine, il l'annonce. Il estime que la faiblesse de la France, sa lâcheté et son refus des affrontements à venir constituent les causes les plus évidentes de ce déclin : « la France redoute tout ce qui pourrait la tirer de son sommeil[33] », écrira-t-il avec amertume.

Il est presque certain que son opposition totale, et semble-t-il définitive, au général De Gaulle, date de cette période. S'il admet éprouver parfois quelque fascination pour la personnalité hors du commun du général, Lartéguy n'apprécie pas l'homme public, lui reprochant sa politique et les mensonges qu'il s'autorise vis-à-vis de ceux, soldats et populations, qui lui ont fait confiance. Aussi rejette-t-il désormais d'un seul bloc « tous les péchés de la politique gaulliste que je n'approuvais ni en Asie, ni en Europe, ni en France » (*Les Tambours de bronze*). À propos de la gestion du problème algérien, il estime que « le régime du général De Gaulle n'a voulu prendre en compte que les besoins matériels des musulmans. Le plus important était de faire rêver nos musulmans plutôt que de construire des écoles et des usines[34] ». À ses yeux, le besoin réel des populations n'a pas été compris, ni considéré. Au passage, sur ce point, Lartéguy n'est pas très loin de taxer le régime gaulliste des mêmes fautes qu'il reprochera plus tard aux Américains…

À partir de cet instant, ici ou là, dans des articles de presse, ou ultérieurement dans diverses présentations de son œuvre, comme sur certaines quatrièmes pages de la couverture de ses livres, on a souvent voulu faire de Lartéguy le procureur, l'avocat ou parfois le juge de la décolonisation. Mais Lartéguy ne pourfend pas la décolonisation, il ne la juge pas. Toutefois, les guerres d'indépendance constituent à ses yeux un véritable choc identitaire et culturel, un séisme, que résumera l'un de ses interlocuteurs cubains dans *Les Guérilleros* : « vous aussi en Europe, vous aussi en France […] vous êtes devenus trop matérialistes, trop sceptiques, trop désabusés. Vous vivez dans les décombres moisis de votre vieille révolution de 1789[35]. »

Témoin hors pair de ces effondrements, de ces « débâcles » comme il le dira lui-même, Lartéguy est avant tout un peintre de la fin. La fin des empires, celle des cités et surtout celle des civilisations occidentales, dont la décolonisation ne représente finalement qu'un des aspects les plus immédiatement perceptibles. Les soldats de Lartéguy, à l'instar de Marindelle dans *Les Prétoriens*, mèneront donc le dernier combat : « Nous ne sommes pas venus défendre ici des privilèges coloniaux, mais une des dernières marches de l'Occident sur la terre d'Afrique[36] ».

À quarante ans, le fils de l'Aubrac, passé par l'Asie et l'Afrique du Nord tient ainsi des propos que les Pieds-Noirs de cette époque ne renieront pas. « L'Arabe, écrit-il, est toujours prêt à manquer à sa parole mais il ne tolère pas qu'on lui mente, ni qu'on ne tienne pas les promesses qu'on lui a faites. De Gaulle s'est conduit avec les Arabes comme un Arabe et il nous a obligés à faire de même[37]. » Cela, Lartéguy ne le pardonne pas. Pas plus qu'il ne pardonne, comme ami des soldats, que ceux-ci soient trahis après avoir ramené De Gaulle au pouvoir. *Un million de dollars le Viêt* lui permettra de développer son argumentaire. C'est là qu'il assène : « les militaires en avaient assez des combats gagnés au Tonkin et en Kabylie et des guerres perdues à Paris ».

Lartéguy quitte donc l'Algérie désabusé, plein d'amertume pour le destin de ses compagnons d'armes : « Nous autres, capitaines de ces guerres que nous ne pouvions que perdre, défenseurs détestés d'un ordre bourgeois qui se paye le luxe d'avoir bonne conscience tout en [nous] obligeant à défendre ses privilèges, nous n'avions plus qu'à mourir ou à disparaître car nous avions cessé d'être utiles et nous devenions dangereux[38]. »

Et pourtant, Lartéguy ne va pas se taire. Ni disparaître non plus. Au contraire, une nouvelle page de sa vie se tourne qui va désormais lui ouvrir les portes d'une renommée planétaire. Il l'ignore encore, mais la gloire et le succès sont en chemin.

Les Centurions

De retour en métropole, en 1959, Lartéguy décide, parallèlement à sa carrière de journaliste, d'écrire un livre, un roman d'actualité qui racontera l'histoire de ces officiers et de ces soldats français, débarqués d'Indochine et que l'on semble alors oublier.

L'idée du roman est née des longues discussions que Lartéguy a entretenues avec son ami Jean Pouget, authentique héros de l'Indochine. Homme exceptionnel, doté d'une force de caractère et d'une prestance peu communes, chef militaire de premier plan, aide de camp et « plume » du général Navarre, Pouget a volontairement sauté sur Diên Biên Phu le 3 mai 1954, quand la bataille était déjà perdue et que l'issue du conflit ne faisait plus aucun doute. Un saut sans illusion, effectué à sa demande et seulement pour l'honneur : un acte de bravoure et de panache. Fait prisonnier, il a été détenu au camp n° 1, après quarante jours d'une marche épuisante. On lui doit le *Manifeste du camp n° 1*[39], *Bataillon RAS* et *Nous étions à Diên Biên Phu*. Pouget et Lartéguy se connaissent bien et se retrouvent souvent au domicile parisien du commandant pour travailler à l'élaboration d'un manuscrit. Celui des *Centurions*.

Un jour, à l'heure du déjeuner, alors qu'ils mettent au point tous deux les détails d'un épisode, la sonnerie de la porte d'entrée retentit. Pouget se lève pour ouvrir. Le visiteur qui entre prendra plus tard une importance singulière dans la vie de Lartéguy : il s'agit d'un jeune homme un peu aventureux, nommé Gérard Le Roux[40]. Fils d'un riche financier installé aux États-Unis, c'est un jeune universitaire, romantique et patriote, qui vient de rejoindre la France pour s'engager dans l'armée française qui se bat en Algérie. Il évoque lui-même les circonstances de ce premier contact : « comme j'avais appris à piloter dans le civil, le général Lecomte – ami d'un ami de mon père – avait suggéré que je fasse une "application" pour entrer dans une nouvelle arme, l'ALAT[41]. Le général en question m'avait obtenu un rendez-vous avec le commandant Jean Pouget qui pensait que je cherchais, comme fils à papa, à avoir une planque à Paris. Je parlais très mal le français mais mon éducation américaine me permettait de dire exactement ce que je voulais. Lorsque je lui ai précisé que je ne serais d'accord pour m'engager qu'à la seule condition qu'on me garantisse de m'envoyer en Algérie pour pouvoir m'y battre, j'ai cru qu'il allait avoir une attaque et le choc de cette réponse était tel qu'il m'avait invité à déjeuner sur-le-champ[42]. »

Gérard Le Roux poursuit son récit : « Au déjeuner, chez Pouget, il y avait un monsieur mal habillé, mégot au bec, penché sur une vieille machine à écrire. Jean Pouget me le présenta en disant qu'ils collaboraient ensemble pour écrire un livre sur la chute de Diên Biên Phu au cours de laquelle il avait été fait prisonnier. Le livre s'intitulait *Les Centurions*. Les conversations que nous avons eues ce jour-là me bouleversèrent à un point tel que j'allais le voir à chacun de mes passages à Paris. C'est ainsi que, peu à peu, j'ai fait connaissance de Jean Lartéguy, et de beaucoup de ses amis dont Max Clos, "Suty" Tillier, l'une des premières aviatrices de France, puis, plus tard, de Lucien Bodard, Robert Buchard (journaliste de TF1), le colonel Stepanovic, Tila Bréaud[43], les éditeurs Robert Esmenard (Albin Michel) et Nicolas Leser (Presses de la Cité) qui ont publié mes livres par la suite, son oncle le chanoine Osty, Pierre Schoendoerffer, le colonel Goss et bien d'autres encore. »

Lartéguy met donc son projet à exécution. Il a choisi de laisser s'exprimer la voix de ses anciens compagnons d'armes et la sienne sous une forme à peine romancée. Il évite ainsi le piège du didactisme ou de la thèse, et leur préfère un mode narratif et aventurier plus accessible. L'idée est bien présente, le roman prend forme. Chaque personnage apparaît peu à peu. Lartéguy multiplie les contacts avec les anciens d'Indochine, s'imprègne de leurs témoignages, consulte beaucoup, remue des souvenirs encore frais et se plonge dans ses propres archives. Mais écrire ne suffit pas, il faut publier. Lartéguy est une signature connue dans la presse mais son nom est encore peu remarqué du cénacle littéraire.

Après plusieurs tentatives infructueuses auprès de maisons d'édition, les Presses de la Cité s'intéressent finalement au projet et décident de le financer. Leur propriétaire, un suédois nommé Sven Nielsen, le confie alors à l'un de ses adjoints, Georges Roditi, écrivain lui-même, sous la direction duquel Lartéguy va pouvoir mener son projet à terme. Roditi propose à Lartéguy de s'installer dans une maison qu'il possède à Saint-Cézaire-sur-Siagne, petit village à l'écart du monde, paisiblement replié sous l'ombre des grands arbres plantés près de la fontaine centrale. La maison est située juste sous le Point-de-Vue, charmante petite place qui se trouve à proximité de l'église : le cadre est très propice à la concentration de l'écrivain. En bordure du village, elle dispose d'un petit jardin qui forme terrasse et d'où le regard embrasse toute la vallée de la Siagne[44]. Il s'installe donc dans ce lieu de retraite privilégié et se lance aussitôt dans un intense travail d'écriture. Autour, le silence est total, dérangé seulement par le chant des cigales et le murmure lointain qui monte parfois des gorges de la Siagne ou qui sourd du village tout proche lorsque le pastis vient, en fin de journée, troubler l'eau des villageois. Quelques mois plus tard, *Les Centurions* sont achevés et Lartéguy définitivement conquis par les lieux.

À travers l'histoire de quelques officiers rescapés des camps viêt-minh, engagés désormais sur le territoire algérien, Lartéguy décrit dans *Les Centurions* les mutations qui ont transformé d'abord la guerre elle-même, puis les hommes qui s'y sont engagés et enfin, par un retour logique, l'approche qu'elle réclame.

Lorsqu'ils débarquent d'Indochine, plus personne ne reconnaît ces officiers : ni leurs chefs, ni leurs anciens compagnons, ni leurs familles. Rescapés d'un enfer et d'une débâcle qui n'est pas la leur, ils sont les témoins d'un effondrement politique, militaire et moral qui conduit à l'effacement d'une civilisation et à l'écroulement rapide d'un empire colonial jusque-là réputé stable et influent. Refusant cette défaite, ils sont prêts à vivre le climat particulier d'une guerre civile qui ne dit pas encore son nom : la guerre d'Algérie. Ils vont s'y révéler dans toute la force de leur caractère et de leur conviction combattante. Au feu, dans l'action militaire qu'ils connaissent bien, puis en politique, dans les opérations de maintien de l'ordre auxquelles ils sont nouvellement confrontés et peu préparés, ils vont appliquer, avec parfois beaucoup de cynisme, les méthodes qu'ils ont retenues des camps viêt-minh. Ils sont animés par un esprit de revanche et d'indépendance nouveau : ils ont décidé d'avoir prise sur les événements et de ne plus en être les victimes passives et consentantes.

L'intrigue du roman est simple : à la tête de son régiment, le lieutenant-colonel Raspéguy est chargé de mener la guerre à l'un de ses anciens compagnons d'Indochine qui a pris la tête d'un mouvement de la rébellion algérienne. La lutte ne peut être menée de manière classique car l'intrusion politique et l'imbrication des combattants et des populations contraignent ces soldats à modifier leurs méthodes et leurs comportements. Certains s'y refusent ; d'autres relèvent le défi. Tandis que le reste de l'armée végète, confinée dans des garnisons, ne se souciant que du règlement et de l'opinion des hauts gradés, Raspéguy comprend qu'il doit agir autrement. Réfléchir, imaginer, surprendre. Pour cette sorte de guerre, il faut couper les rebelles de la population, qui leur fournit des informations et les nourrit. Alors seulement, pense Raspéguy, « nous pourrons combattre à armes égales ». Pour cela, il faut des hommes rusés et astucieux, capables de combattre loin du troupeau et qui font preuve d'esprit d'initiative, qui peuvent effectuer toutes les tâches, « braconniers et missionnaires ».

L'histoire de ces soldats est celle des centurions. Raspéguy, bien entendu, c'est surtout Bigeard, cela n'est un secret pour personne. Mais l'auteur l'a confié lui-même à plusieurs reprises, Raspéguy c'est aussi Laguilharre. On y retrouve également un peu de Lartéguy lui-même, qui prête à son héros quelques-uns de ses propres traits de caractère et qui, d'une certaine façon aussi, lui prête une vie qu'il aurait sans doute aimé être la sienne. Glatigny, c'est Pouget, le héros au grand cœur et le magnifique soldat. De l'autre côté, Ben Saad, c'est Yacef Saadi, le chef des insurgés algérois, qui commandite les attentats contre les Européens. Saadi est un personnage trouble, dont les mains sont couvertes de sang[45], mais qui a semblé prêt, un temps, à négocier le terme de ses actions en échange de l'arrêt des exécutions. Il sera arrêté par les parachutistes du 1er régiment étranger et libéré à l'issue des accords d'Évian. Et puis il y a le cas de Boisfeuras sur lequel ont beaucoup glosé parce que le personnage public a fait débat. Il n'y a pourtant pas matière à discussion : dans la grille d'écriture de Lartéguy, Boisfeuras c'est Aussaresses[46].

À la manière d'un journaliste, au moyen d'une écriture simple et réaliste, Lartéguy entraîne le lecteur sur les chemins de la guerre, le plongeant au cœur de l'action grâce à son expérience du terrain. Au point qu'il est parfois difficile de distinguer la part du roman de ce qui semble toujours être le récit d'un correspondant de guerre, reprenant le mot vrai et livrant des dialogues saisis sur le vif. Le ton des discussions immerge le lecteur dans la pensée des personnages : il peut sans peine en partager les préoccupations et les émotions. Le procédé est habilement mené : il contribue au succès de ce livre. Discutant ainsi de la guerre, en compagnie de Boisfeuras et Marindelle, Glatigny qui refuse d'engager le conflit à la mode viêt-minh, et de mentir, même à l'ennemi, les quitte très énervé. Marindelle et Boisfeuras prolongent le débat et tombent d'accord sur une guerre révolutionnaire qui n'a rien à voir avec la guerre traditionnelle. La guerre révolutionnaire, c'est un peu comme de jouer à la belotte avec les 52 cartes d'un jeu de bridge…

Tout, dans le récit de Lartéguy, colle à la réalité, à l'histoire des paras d'Algérie. Il y reprend, par exemple, la fameuse histoire des casquettes de Bigeard. Raspéguy tenait dans les mains une affreuse casquette camouflée, terminée par un long rabat fendu, qui tombait sur la nuque. « Elle est affreuse, dit-il, tout le monde s'en moquera mais nos soldats se reconnaîtront à ces signes, ils relèveront la tête et n'en seront que meilleurs au combat[47]. »

L'aventure des hommes de Raspéguy rapporte celle de toute une génération d'officiers et, par souci de réalisme, Lartéguy fait vivre leur quotidien de façon cinématographique. Les actions de combat, notamment, alternent gros plans, travelling, contre-plongées, zooms. Ces descriptions quasiment photographiques donnent au lecteur l'impression d'assister en direct aux manœuvres des parachutistes[48]. Jean Lartéguy les nourrit du travail et de l'amitié qu'il entretient avec Marc Flament, le photographe du colonel Bigeard. Ancien de l'Indochine, le sergent-chef Flament a réalisé en Algérie près de trente mille clichés, mettant en avant les longues casquettes et l'action de pacification des parachutistes. En février 1959, *Paris Match* a publié un grand reportage illustré de Flament, au titre évocateur : « Bigeard : aucune bête au monde ne l'aurait fait ». Marc Flament a réalisé en Algérie une photo qui dit bien la façon dont le grand public se représente alors la guerre. Dans son objectif : des combattants du FLN arrêtés et ligotés, exhibés aux populations de Saïda, un poignard entre les dents. *Match* tire à un million et demi d'exemplaires et l'association entre texte et images – « le poids des mots, le choc des photos » selon le slogan du magazine – s'avère si efficace que Lartéguy demande aussitôt à Flament un cahier photo pour illustrer un premier texte qu'il publie juste avant *Les Centurions*. Ce sera *Les Dieux meurent en Algérie* et, lorsque *Les Centurions* paraissent en 1960, les photos de Flament illustrent cette fois le roman-épopée des parachutistes. Il y a alors près de 500 000 hommes en Algérie, en grande majorité des appelés. Les longs mois de guerre, les pertes de plus en plus élevées, la découverte au petit matin des soldats égorgés, et en même temps, en ces débuts de la télévision, les reportages de plus en plus nombreux sur l'œuvre sociale de la France en Algérie, tout cela contribue à passionner les Français pour l'aventure des hommes de Raspéguy.

À dire vrai, peu de romans qui se sont intéressés à ces périodes troubles, ont survécu à l'usure du temps ; il est d'ailleurs impossible aujourd'hui d'en citer un seul qui ait tenté de lier les deux guerres d'Indochine et d'Algérie, de les comprendre non pas séparément mais en tenant compte d'une évolution logique et historique, mis à part *Les Centurions*. Paul Bonnecarrère, autre romancier de ces périodes, n'y a pas atteint, choisissant pour sa part d'écrire plusieurs ouvrages distincts, œuvres de narration plus que de réflexion.

En quelques mois, les ventes s'envolent. *Les Centurions* reçoit l'année de sa publication le prix Ève-Delacroix qui récompense un auteur « alliant à des qualités littéraires le sens de la dignité de l'homme et des responsabilités de l'écrivain ». Alors que la guerre d'Algérie n'est pas encore terminée, le livre devient un best-seller vendu à 450 000 exemplaires, bien plus que l'ensemble de tous les écrits et manifestes hostiles à la colonisation ou en faveur du FLN. Plus que tout autre livre, le roman de Lartéguy marque durablement l'opinion française, contribuant durant de longues années à entretenir la légende des guerriers du djebel. Fait méconnu, en 1961, l'un d'entre eux, le capitaine Léger, écrira à Lartéguy une petite carte d'Alger qui accompagne toute une série de dessins destinés à l'illustration d'une première réédition du livre : c'est assez dire que les ventes se portent bien. Ces dessins, malheureusement, demeurent introuvables à ce jour. Le succès des *Centurions* ne se démentira jamais : au total, il s'en est vendu près de deux millions d'exemplaires, et il a fait l'objet, fin 2011, d'une nouvelle réédition.

L'aventure de la dédicace des *Centurions* est presque aussi étonnante que le succès du livre. Lartéguy dédie son livre à son ami Jean Pouget et fait suivre en exergue la lettre du centurion Marcus Flavinius, centurion de la 2e cohorte de la légion Augusta, à son cousin Tertullus à Rome :

« On nous avait dit, lorsque nous avons quitté le sol natal, que nous partions défendre les droits sacrés que nous confèrent tant de citoyens installés là-bas, tant d'années de présence, tant de bienfaits apportés à des populations qui ont besoin de notre aide et de notre civilisation. Nous avons pu vérifier que tout cela était vrai, et, parce que c'était vrai, nous n'avons pas hésité à verser l'impôt du sang, à sacrifier notre jeunesse, nos espoirs. Nous ne regrettons rien, mais alors qu'ici cet état d'esprit nous anime, on me dit que dans Rome se succèdent cabales et complots, que fleurit la trahison et que beaucoup, hésitants, troublés, prêtent des oreilles complaisantes aux pires tentations de l'abandon et vilipendent notre action. Je ne puis croire que tout cela soit vrai et pourtant des guerres récentes ont montré à quel point pouvait être pernicieux un tel état d'âme et où il pouvait mener.

Je t'en prie, rassure-moi au plus vite et dis-moi que nos concitoyens nous comprennent, nous soutiennent, nous protègent comme nous protégeons nous-mêmes la grandeur de l'Empire. S'il devait en être autrement, si nous devions laisser en vain nos os blanchis sur les pistes du désert, alors, que l'on prenne garde à la colère des légions ! »

Cette citation prémonitoire, qui referme également le roman de Lartéguy, continuera sa carrière bien au-delà de la publication. En 1966, elle est reprise dans un dictionnaire américain de citations militaires puis, trois ans plus tard, dans le *Cleveland Plain Dealer Newspaper*, le plus grand journal de l'Ohio, dans un article intitulé « parallèle entre le Vietnam et la Rome antique ». Le *Wall Street Journal* la cite encore deux fois en 1984. En 2010, dans un article du *Washington Post*, intitulé « Une arrogance quatre étoiles » et dénonçant l'engagement militaire américain dans le monde, le journaliste cite *in extenso* la lettre de Marcus Flavinius, avertissement lancé aux Américains du fond des âges.

Or, par une ironie de l'histoire, Jean Lartéguy qui, à l'âge quinze ans, s'était amusé, on s'en souvient, à pasticher une lettre de Charlemagne, s'est trouvé, avec la citation remarquable des *Centurions,* dans la situation de l'arroseur arrosé. Il le reconnaîtra plus tard, en 1976 dans *La Guerre nue*. La lettre du centurion de la légion Augusta lui a été remise par Jean Pouget. Lartéguy croyait alors tenir un document historique : en réalité, il s'agissait d'un faux élaboré en mai 1958 par Roger Frey pour réveiller l'armée d'Algérie contre l'impuissance du gouvernement de Paris[49]. Les plus belles citations, les plus efficaces aussi, sont souvent le fruit de l'imagination.

Chez les officiers américains, le livre devient peu à peu un livre culte, mais il reste longtemps introuvable. Le grand public américain ne le découvrira que près d'un demi-siècle après sa sortie, en pleine guerre d'Irak, lorsque le général David Petraeus, devant l'échec des opérations militaires traditionnelles, propose alors une approche du conflit baptisée COIN – pour contre-insurrection. Petraeus s'est nourri des *Centurions*, il a même suggéré à Jed Clauss, l'éditeur américain d'Amareon Limited, de le rééditer. Dans ses interviews, le général américain cite les leçons de l'auteur des *Centurions* : « un petit groupe de soldats vivant au sein des populations et fonctionnant en parfaite cohérence peut être plus efficace qu'un corps d'armée coupé des réalités ». Interrogé sur cette question de la considération que le haut commandement des armées américaines porte à l'œuvre de Lartéguy, David Petraeus s'en explique[50] :

« – J'ai beaucoup étudié l'œuvre de David Galula, dont les travaux figurent parmi les classiques du genre sur les méthodes de la COIN. Mais j'ai pris, chez Lartéguy, des leçons considérables sur la conduite des opérations.

– L'aviez-vous rencontré auparavant ?

– Malheureusement non. Mais j'ai lu *Les Centurions* et *Les Prétoriens*, et je me suis particulièrement inspiré des méthodes de Raspéguy qui savait parfaitement comment motiver les soldats de l'unité qu'il commandait en Algérie.

– Les méthodes exposées par Lartéguy vous ont donc directement inspiré ?

– C'est certain, elles m'ont spécialement servi en Irak puis en Afghanistan. Cependant, je ne les ai pas toutes intégrées à ma réflexion et à mes actes : c'est notamment le cas pour celles dont se sert l'unité de Raspéguy dans la menée de certains de ses interrogatoires. »

Un autre général américain, parfaite évocation de Raspéguy, le général Stanley McChrystal, commandant des forces spéciales en Irak et en Afghanistan, évoquera lui aussi l'enseignement de Lartéguy : « Au sein du JSOC[51], nous avions ce sens [...] de la mission, de la passion [...] Appelez ça comme vous voulez. Les insurgés avaient une cause à défendre et nous l'inverse. Nous avions un haut degré de cohésion au sein des unités, comme dans *Les Centurions.* »

Dès 1960, le succès de son livre permet à Jean Lartéguy de changer de vie. Les droits d'auteur lui permettent d'acquérir la maison dont il rêve, installée quelques mètres plus haut que celle de Roditi. Les Restanques : c'est son repaire, son havre de soleil et de paix. Là, il domine la Siagne et les collines environnantes, qui lui rappellent immanquablement celles des hauts plateaux de l'Indochine. Là, naviguant dans ses souvenirs et dans le calme des douceurs du Sud, il respire mieux et plus profondément. C'est aussi un lieu de travail : plus tard, installé à Paris, il reviendra toujours passer plusieurs mois par an à Saint-Cézaire, isolé dans son refuge situé tout en haut de la maison, se pencher sur ses manuscrits et sur son bureau en bois de bambou qu'il a rapporté d'Asie.

Parallèlement à l'écriture des *Centurions*, Lartéguy s'est laissé embarqué dans une autre aventure.

Des hommes en file indienne s'avancent silencieusement dans la brume, sur un chemin de montagne, la frontière est toute proche. Au moment de traverser le torrent qui marque la ligne, des coups de feu éclatent. Contrairement aux apparences, la scène ne se passe ni en Algérie, ni en Indochine : mais au pays basque. Ces hommes armés qui viennent d'échapper à une embuscade sont des contrebandiers. Filmée par Raoul Coutard, leur progression ne constitue pas la scène d'action d'un documentaire : mais celle d'un film, *Ramuntcho*, adaptation du roman éponyme de Pierre Loti réalisée en 1959 par un jeune cinéaste, Pierre Schoendoerffer. Un remake en réalité, puisque ce roman avait déjà fait l'objet d'un premier tournage en 1938. Ramuntcho, contrebandier basque y partait faire son service militaire en Indochine tandis que Gracieuse, sa belle fiancée, décidait de rentrer au couvent… Louis Jouvet y jouait le chef des contrebandiers. Dans la version de Schoendoerffer, le jeune basque est fait prisonnier des Viets en Indochine et libéré aux lendemains des accords de Genève.

Schoendoerffer a proposé à son ami Lartéguy d'écrire le scénario. Roger Hanin fait partie du casting, mais aussi Gaby Morlay et Mijanou Bardot, la sœur cadette de Brigitte. Pierre et Jean, les deux compères, vont transposer au Pays basque des thèmes et des images qui évoquent la lutte des peuples montagnards des hauts plateaux confrontés à l'administration coloniale. Dans le film de 1938, le rôle du curé basque était joué par le sympathique René Génin : dans celui de Schoendoerffer, c'est un grand diable malhabile qui se tourne vers les fidèles rassemblés à l'église pour la messe dominicale et qui leur assène des *dominus vobiscum* et des *ite missa est* de façon bien peu inspirée, avant de leur administrer une bénédiction saccadée, un peu étrange, qui ressemble plutôt à une magistrale paire de claques. Pourtant l'acteur possède une longue expérience des offices religieux, il a même souvent rempli l'office d'enfant de chœur : mais, malgré son envie de passer de l'autre côté de la caméra, il s'agit là du seul rôle de Jean Lartéguy au cinéma ! Lucide, il ne tentera plus pareille aventure : « J'ai aussi tourné *Ramuntcho*, hélas[52] », confiera-t-il plus tard. Il conservait pourtant précieusement des photos du tournage, une en particulier sur laquelle, revêtu d'une soutane, on le voit se faire faire les ongles par une manucure qui n'est autre que Phuong, l'amie vietnamienne de Graham Greene à qui avait été dédié quatre ans plus tôt *Un américain bien tranquille*, roman où se mêlaient journalisme, espionnage et… guerre d'Indochine.

Chapitre VI

UNE TRAJECTOIRE UNIQUE

« Il faut tenter de pénétrer dans le cerveau du personnage, mais en sachant qu'une part de lui restera inaccessible. »

Jean Tulard

Lartéguy a quarante ans. Grand reporter à *Paris Match*, auteur célèbre des *Centurions*, sa signature est maintenant reconnue. En quelques années, années de souffrances et de combats, le voilà passé du quotidien impécunieux des correspondants de guerre à l'aisance des célébrités de la presse. Aussi, quitte à flamber, puisqu'il le peut, autant le faire avec panache ! Il s'est donc porté acquéreur d'un superbe voilier de quatorze mètres, Le Baladin, qui lui permet d'aller et venir en Méditerranée, poussant parfois jusqu'en Tunisie, au gré des vents et de ses envies, accostant sur des rives étrangères ou mouillant simplement un peu au large de Cannes, à l'écart des foules. Mais Lartéguy est plutôt l'homme des hauts plateaux. Si la mer l'enchante, on ne peut pas dire qu'il la connaisse bien, aussi est-ce un skipper qui mène le navire.

Ces croisières sont surtout pour lui l'occasion de recevoir ses amis à bord : Lucien Bodard, la toute jeune Carole Bouquet, Gérard Le Roux et quelques autres. On y vit tranquillement, loin du monde et des agitations, au rythme des courants et des vents marins. Le livre de bord du Baladin révèle qu'en mer, Lartéguy se réserve les quarts de nuit, peu avant l'aube, manière de ne pas perdre tout à fait les habitudes militaires…

Plongée dans l'intime

En réalité, sous ces apparences d'assurance paisible et de tranquillité, Lartéguy est demeuré profondément marqué par cinq blessures fondamentales qui lui viennent de l'enfance et de l'adolescence[1] : le rejet, l'abandon, la trahison, l'humiliation et l'injustice. En réaction, il ressent profondément la nécessité de contrôler sa vie et ses relations, mais manifeste une forme de masochisme qui lui fait parfois rechercher, comme malgré lui, la cause de ses déceptions. Au moins au premier abord, il exprime une certaine rigidité, ou méfiance envers l'autre, ne parvenant à s'en défaire qu'après un temps d'observation.

Lartéguy se distingue ainsi par une perception de lui volontairement très positive et par une représentation de l'autre plutôt négative : il s'en méfie *a priori*. Presque systématiquement. Instinctivement en tout cas. Pour se protéger, car il a souvent conscience de l'inanité de ce rejet, il cultive à l'extrême les valeurs d'indépendance et d'autonomie. Il les recherche par-dessus tout et les exalte dès qu'il en a l'occasion. Parallèlement, mais à tort, Lartéguy est alors souvent perçu par l'autre comme froid et distant. Le niveau d'intimité qu'il peut développer est le plus souvent très ténu et seul le temps peut parvenir à l'étendre davantage. La solitude prend alors valeur de refuge ou de caverne : elle exprime un besoin de sécurité et de liberté totale. On pourrait traduire cette attitude éminemment protectrice par le fameux adage : « pour vivre heureux, vivons cachés ». D'une certaine façon, sans doute aussi par manque de confiance en lui, Lartéguy a toujours eu peur de s'attacher et d'en souffrir, peur de se dévoiler de crainte que ses amis disparaissent : un peu comme, au sortir de sa prime enfance, quand tout s'est estompé autour de lui. La conjonction de ces éléments a donc engendré chez lui, tout naturellement, un grand culte du secret. Le secret : en réalité l'expression d'une pudeur extrême. En définitive, Lartéguy peut être considéré comme un introverti qui évite se livrer et qui conserve pour lui ses émotions, et particulièrement ses blessures[2]. En revanche, quand il estime « *tenir* » une amitié, il lui reste fidèle jusqu'à la mort. Mais quand ce n'est pas le cas, son comportement explosif peut le mener à des extrémités regrettables. Une anecdote illustre les emportements dont il se montre alors capable.

Fin mars 1960, sociétaire de l'Automobile Club de l'Île-de-France, il se rend au siège de l'association place Vendôme pour y faire établir un carnet de passages en douane destiné à faciliter ses voyages à l'étranger. La pauvre préposée se plie en quatre pour agir au plus vite et lui délivrer les souches qu'il attend impatiemment. Mais le produit livré ne correspond pas exactement à ce qu'il espère. Voilà Lartéguy parti brusquement dans une colère noire, excessive et, si l'on en croit le directeur du Club qui ne mâche pas ses mots, particulièrement bruyante : « Je regrette de ne pas avoir été présent lors de votre exhibition [...], lui écrit ce dernier quelques jours plus tard, je vous aurais rappelé que nous sommes habitués à recevoir des automobilistes courtois [...] vous avez trouvé bon de vous lancer dans une vigoureuse diatribe [...] sur un ton de marchand ambulant ayant des difficultés avec un agent de police ». Pour finir, le directeur local, qui s'appelle Généreau, prie sans plus de forme Lartéguy de lui renvoyer sa carte. Voilà notre homme radié des listes de l'Automobile Club ! Pour un piètre conducteur comme lui, l'affaire restera sans grand dommage...

Pour le moment, arpentant le pont du Baladin, ou juché sur les restanques de Saint-Cézaire, le bel homme hâlé et souriant, affable et charmeur, pense qu'il est peut-être parvenu à un nouveau tournant de son existence.

En effet, il a vécu jusqu'à présent en célibataire, se contentant de conquêtes sans vrais lendemains ou de la compagnie éphémère et insatisfaisante des belles des boîtes de Tokyo, de Hanoï ou de Saigon. Pour autant, « rien qui en fasse un cavaleur, frétillant à la vue du moindre jupon[3] », dira en souriant son ami Raoul Coutard. Auprès des femmes, Lartéguy rencontre un réel succès, c'est vrai, mais il n'en a jamais profité. Il a trop longtemps vécu dans la compagnie et la camaraderie des hommes pour comprendre véritablement l'autre moitié du monde. Il reste donc méfiant à son égard : « Je n'ai jamais pu me passer de la compagnie des femmes, écrira-t-il plus tard, bien que sans elles j'aurais connu la sérénité[4]. » Par bravade, par tradition aussi, il affecte de se moquer d'elles, souvent assez brutalement. Dans *Les Chimères noires,* son roman consacré à l'Afrique, le portrait de Jenny, le flirt de La Roncière, est ainsi expédié en quelques lignes vengeresses : « Elle n'était qu'une femme comme toutes les autres, avec ses petits problèmes, ses petits calculs, son refus de regarder les réalités en face[5]. » Par goût de la formule, et certainement aussi par dépit, Lartéguy dira de lui-même, « je n'ai jamais eu cette sagesse de préférer un oiseau à une fille[6] ». Cela ne l'empêche pourtant pas de se marier.

Au volant de son véhicule, un jour de voyage, le beau journaliste s'est arrêté sur une route de campagne pour prendre à son bord une charmante auto-stoppeuse, une catalane, Victoria Llanso. La belle a vingt-deux ans. Son père, républicain espagnol, surnommé là-bas le « Commandant Suicide », est une figure de la guerre civile. Victoria, elle, est membre du parti communiste… Tout pourrait les opposer, mais aucune contradiction n'arrête le flamboyant Lartéguy. Le 22 juin 1960, le maire de Saint-Cézaire-sur-Siagne enregistre leur union civile. Par la suite, Victoria et Jean auront deux filles : Ariane[7], née en 1961, et Diane, trois ans plus tard. Rien dans sa vie d'adulte, ni même dans son enfance, n'a préparé Lartéguy à l'apprentissage de la vie de famille et de la paternité : d'une certaine façon, il demeure comme handicapé face à ses nouvelles responsabilités. Sa vie, il ne la conçoit qu'au grand large du monde : le banal du quotidien, la succession des menus tracas de la petite enfance, tout cela ne le concerne pas. Il aime ses filles pourtant, mais simplement, et cruellement, il ne saisit pas réellement l'intérêt de leur présence, ni surtout celui du rôle qu'il pourrait tenir auprès d'elles. Son ami Gérard Le Roux constatait que les rapports avec ses filles avaient constitué, d'une certaine façon, « un épisode plutôt triste de sa vie. En réalité, il ne les comprenait pas[8] ». Le tempérament volcanique de Victoria et l'esprit d'indépendance de Jean s'accommodent mal : les disputes et les éclats de voix deviennent de plus en plus fréquents. Une distance s'installe. En eût-il été autrement dans un mariage mieux assorti ? C'est peu probable. De retour de ses divers reportages, habité par des images et des situations douloureuses, Lartéguy aspire au calme, au repos de l'esprit et à la sérénité. Côtoyer la guerre sous toutes ses formes lui a enseigné l'horreur des conflits. Il ne veut pas en retrouver le reflet au sein de son propre ménage.

Très rapidement, le rythme haletant de sa vie de grand journaliste lui donne tous les prétextes pour s'éloigner de son foyer. Au début des années 1960, Lartéguy arpente à nouveau le monde pour *Paris Match*. Il couvre pour le grand hebdomadaire les multiples foyers de crise qui se développent et dont le foisonnement l'attire comme un aimant. S'éloignant à chaque fois de la France gaulliste, puis pompidolienne, qui ne rêve que machine à laver, transistor et *rock and roll*, il poursuit seul sa grande traque personnelle : celle de la guerre et des conflits, celle des déchirures à travers lesquelles coule le sang des hommes, comme s'il cherchait, dans cette quête tragique, à découvrir la raison intime de toutes ces afflictions.

Comme beaucoup d'autres, à défaut de se reconnaître dans la vie de famille, Lartéguy, en quête d'équilibre, s'invente une famille d'adoption. D'abord auprès de ses anciens camarades officiers : « Dans l'armée, dit-il, vous ne choisissez pas des amis, on vous impose des frères que vous pouvez aimer ou haïr, mais qui vous sont indispensables[9]. » Jusqu'à la fin de sa vie, il conservera ainsi les amitiés nées de l'épopée des commandos d'Afrique. C'est enfin dans son cercle des correspondants de guerre, comme dans la bande de ses amis proches, qu'il noue les relations de cœur qui lui seront indispensables.

La génération à laquelle appartient Lartéguy fait indubitablement partie de celles qui influent directement sur le cours de l'histoire. Presque exclusivement dévouée au service des grandes causes, agissant au mépris des considérations matérielles que peuvent constituer la carrière, la notabilité, la réussite ou le gain, elle a produit, sans jamais effectuer le moindre calcul, un héroïsme d'un type nouveau dans lequel la bravoure s'accompagne d'un évident détachement. Ses représentants sont devenus des êtres paradoxaux et complexes, romantiques et durs, fidèles et libres. Respectueux de la loi mais rebelles.

Leur engagement se manifeste toujours par la volonté de tracer leur propre route, sans se soucier de ce que pourront penser, dire ou écrire les inévitables contempteurs qui n'ont pas fréquenté d'aussi près qu'eux les champs de bataille du XXe siècle.

Ils n'attendent rien, n'espèrent rien. Ne convoitent rien. La bonne humeur, comme un pied-de-nez lancé à l'adversité ou aux convenances, est de règle : les amis de Lartéguy ne sont pas tristes.

Parmi eux, l'image tutélaire du commandant Pouget s'élève au premier rang. Ce dernier fut aussi un écrivain reconnu et un grand reporter, qui travailla un temps pour

Le Figaro. L'un et l'autre, qui s'étaient grandement estimés, ont sans doute traîné longtemps le regret d'une séparation que le temps avait installée. Le signe aussi de caractères fiers et trempés, ombrageux et peu enclins à revenir sur eux-mêmes ou sur leurs prises de position. Le général Bizard[10] est un autre compagnon de Lartéguy. Véritable héros de l'Indochine, seul officier semble-t-il à s'être évadé du camp n° 1, il poursuivra une glorieuse carrière militaire. Lui aussi est animé d'un caractère indomptable. Admis en deuxième section des officiers généraux, il participera en 1996, en compagnie de Lartéguy, du général Massu et du colonel Allaire[11], à des croisières culturelles le long des côtes du Vietnam, animant à tour de rôle les soirées de quelques conférences. À la fin de sa vie, Bizard occupait une chambre de pensionnaire à quelques mètres à peine de celle de Lartéguy. Fidèle compagnon, il escortera ce dernier lors de sa dernière apparition publique à Vincennes, apportant par sa présence le témoignage de l'amitié que lui portait l'ensemble des officiers et des parachutistes. Enfin, dans cette famille des compagnons de guerre, comment ne pas évoquer à nouveau Jean Delvigne, l'ami de cœur, celui des premières heures et des premiers engagements, le compagnon des premiers combats qui témoigne aujourd'hui encore, avec vigueur, de l'amitié qui l'unissait à « *ce cher Osty* ». Et le médecin général Valérie-André ! Amie de Lartéguy depuis la fin de la Seconde Guerre mondiale, elle aura veillé sur cette amitié jusqu'à la mort de son vieux camarade, répondant à son tour, avec ses forces et ses moyens, à la générosité dont elle avait été, autrefois, bénéficiaire. Nouveau signal d'un engagement indéfectible.

Au sein de cette bande d'amis, l'histoire de la fin de la guerre d'Algérie provoque un séisme que Lartéguy avait d'ailleurs annoncé dans *Les Centurions* : la fin du roman annonçait le divorce entre les cadres de l'armée et la politique suivie par De Gaulle.

« Engagé mais non militant »

Depuis la semaine des Barricades en janvier 1960, le choix de l'indépendance algérienne, compris comme l'abandon de l'Algérie française, a créé un véritable fossé. Plus encore qu'entre l'armée et De Gaulle, la fracture s'établit entre Paris et les partisans de la guerre contre le FLN, ceux-là qui, au fil des mois, en sont venus à dénoncer la métropole et, sans doute aussi, les faiblesses et les errances de la démocratie dans une Cinquième République encore mal assurée. Quelques semaines à peine avant le putsch des généraux, la création de l'OAS[12] scelle la rupture définitive avec le gouvernement et signe l'engagement des défenseurs de l'Algérie française dans la spirale de la guerre civile et des attentats terroristes. Leurs actions visent non seulement le FLN, mais plus largement aussi les représentants du pouvoir gaulliste, qu'ils résident en Algérie ou en métropole.

L'homme des *Centurions,* celui qui a annoncé avant les autres la rébellion des militaires, celui qui a su comprendre leur désarroi et leur amertume, est naturellement sollicité par ses proches d'hier qui ont choisi l'OAS. Pour ces derniers, aucun doute n'est permis : Lartéguy doit s'engager à leurs côtés. Des émissaires lui sont envoyés, chargés de le convaincre. Il n'y consent pourtant pas. Non pas en raison de convictions politiques, mais parce que, pour lui, comme le soulignera Jean Lacouture, le rôle du journaliste est avant tout d'être « engagé mais non militant, intermédiaire entre ceux qui savent et le public qui ne sait rien ».

C'est pourquoi, malgré ce que pourront prétendre ses détracteurs, Lartéguy ne prend pas de position partisane, refusant viscéralement de s'enrôler sous quelque bannière que ce soit. Ainsi, au lendemain des accords d'Évian, pressé de prendre position en faveur de l'Algérie française, Lartéguy refuse les soutiens qui lui sont demandés, éconduisant fermement les émissaires de l'OAS dont il réprouve les méthodes. Un coup de force militaire n'aboutirait à ses yeux qu'à un pouvoir totalitaire, parfaitement inacceptable. L'affaire, de toute façon, écrira-t-il plus tard dans *la Guerre nue*, ne se jouait pas à Alger : « Ils défendaient Rome, loin de Rome, et à Rome on les couvrait de boue… Ils comprirent qu'après avoir gagné la guerre dans les djebels, ils l'avaient perdue à Paris. » Lartéguy ne prendra donc pas position publiquement. Selon lui, la crise algérienne a considérablement affaibli l'armée : c'est pourquoi, non content de ne pas apporter un appui direct à l'organisation secrète, il va jusqu'à déconseiller à certains de ses amis de la rejoindre. Les conséquences ne se font pas attendre : au mois de mai 1960, son appartement de la rue de la Montagne-Sainte-Geneviève à Paris est plastiqué par l'OAS. Il est heureusement absent lorsque l'explosion se produit, mais il a été averti : l'OAS le considère désormais comme un adversaire.

En l'occurrence, elle est mal renseignée. En effet, quelques mois auparavant, sans doute approché par François Mitterrand[13], Lartéguy a refusé de livrer au gouvernement les informations secrètes qu'il détenait sur l'organisation clandestine. Il a également refusé de participer à des opérations d'infiltration de l'organisation. Lartéguy n'est donc pas du côté de l'OAS, il n'en est pas pour autant l'ennemi : il a simplement choisi de conserver ses distances. « Il était là, fera-t-il dire à l'un de ses personnages de *La Ville étranglée*, comme journaliste et n'avait pas à prendre parti, c'était l'un de ses principes[14]. » La neutralité est décidément un sport difficile…

Certains, pourtant, se sont essayé à étiqueter l'inclassable Lartéguy. Ainsi Michel Tordo, jeune universitaire qui a produit sous l'égide du professeur Isoart une thèse intitulée *Idées politiques de Jean Lartéguy*[15]. Ce dernier y est présenté sous les traits rapidement esquissés d'un chantre de la colonisation et d'un homme qui cultive avant tout son indépendance propre. Sous ce dernier aspect, l'analyse n'est pas fausse. Mais les prismes retenus par l'auteur de cette thèse n'ont finalement pour effet que d'énoncer les condamnations et les réactions de Lartéguy sans parvenir à discerner réellement ce qui aurait pu constituer le corpus de ses idées politiques. Comment serait-ce possible d'ailleurs ? Lartéguy n'a jamais eu la prétention de construire un raisonnement politique, pas plus que d'avancer des thèses pouvant servir à l'élaboration d'un courant de pensée. Encore moins à celle d'un parti ou d'une famille politique. Tout juste s'arroge-t-il le droit, à la lumière de son expérience vécue, de ses informations et de ses analyses, de livrer ses observations et ses propres condamnations.

En réalité, avec la prudence de ses ancêtres lozériens, Lartéguy se méfie des systèmes d'idées et du système en général. Hostile à tout ce qui entrave son mouvement, rejetant toute forme d'autoritarisme en politique mais totalement défiant à l'égard d'un « libéralisme qui, dit-il, favorise les bateleurs, les rhéteurs, les forts en gueule[16] », il est profondément individualiste et viscéralement attaché à la liberté. C'est toujours lui et lui seul qui choisit ses engagements.

Malgré tout, les procès qui lui sont faits ne manquent pas. Certains ont même la peau dure. Ainsi, parce qu'il décrit le combat des parachutistes, on le dit militariste, parce qu'il dénonce la terreur du FLN, on le croit favorable à l'OAS, parce qu'il a combattu et qu'il a défendu ses idées en risquant sa peau, on a voulu faire de lui, tout à tour, un activiste ou un idéologue. Pareillement, parce qu'il fait entendre parfois les propos extrêmes de ses personnages, Lartéguy serait raciste, lui qui se passionne pour les peuples et les individus épris de liberté sous toutes les latitudes ! Enfin, par incompréhension ou par paresse intellectuelle, les mêmes ont souvent suspecté Lartéguy de fascisme, en suivant les mêmes approximations suspectes.

Or, face à la calomnie, les gages de son parcours et de ses positions réitérées ne suffisant pas à le blanchir de tout soupçon, Lartéguy se défend par la plume. Il proclame ainsi dans *Les Prétoriens* : « Je passe pour être fasciste ; on n'est pas fasciste quand on trouve stupide toute forme de racisme et toute forme d'autorité ».

Compagnon de route des officiers parachutistes, assurément, mais, comme le souligne son ami Georges Lautner, « peut-être pas complètement anarchiste : plutôt profondément pacifiste[17] ». D'ailleurs, d'une pirouette, Lartéguy lui-même, une fois n'est pas coutume, consent à demi-mot à cette classification : « officier honoraire de l'armée française, je suis devenu pacifiste depuis que l'on perd toutes les guerres[18] ». En vérité, Lartéguy ne cesse d'en dénoncer les horreurs. Un pacifiste d'idéal, donc, qui aurait toujours su que la guerre est inévitable, inhérente au genre humain, qu'« on y côtoie le meilleur et le pire de l'homme[19] », mais qui s'attache cependant à la décrire telle qu'elle lui apparaît : destructrice.

Lartéguy est avant tout un conservateur, assurément, attaché à la tradition, au terroir, aux rites, aux enseignements transmis de génération en génération. En cela, il ne diffère pas vraiment de la majorité de ses contemporains. « Je viens d'Auvergne, écrit-il, j'ai toujours préféré le coup-de-poing à la peau de banane. » Derrière la formule se cache un homme libre, franc, conscient des apports de la civilisation et qui aurait préféré aux guerres une coexistence fondée sur le respect mutuel. Toute sa culture, son histoire, sa propre vie le poussent dans cette direction. Humaniste civilisateur, il se distancie du colonialisme anglo-saxon pour lui préférer le mode français, qui lui semble plus respectueux d'autrui : « les colons américains ont tué les Indiens et nous, nous avons soigné les Arabes », explique-t-il.

Étrange animal politique, donc, que ce pacifiste fasciné par la guerre, ce rebelle conservateur qui, après mai 68, se moquera avec une ironie mordante des libertaires et des gauchistes, « troupeau bêlant d'enfants perdus, fumeurs de hasch et gratteurs de guitare entre deux épouillages[20] ». Contrairement aux clichés qui circulent sur son compte,

Lartéguy n'a donc jamais occupé la moindre place sur l'échiquier politique, même s'il faut bien reconnaître qu'il a surtout réservé quelques flèches ironiques aux hommes de gauche, comme ce trait moqueur qu'il adresse à un « gauchiste repenti » : « on ne passe pas impunément de la semoule au caviar sans quelques ennuis de conscience et d'estomac[21] ». S'il refuse les étiquettes politiciennes, sans doute Lartéguy est-il malgré tout un politique, au sens classique du terme, un amoureux de la société des hommes.

L'art de la presse et le goût de la formule qui fait mouche sont devenus des jeux pour lui, ce qui lui permet d'étriller sans ménagement tous ceux qu'il ne comprend pas, qu'ils soient de droite ou de gauche. Avec lucidité, Lartéguy ne s'épargne d'ailleurs pas lui-même : « Je n'avais à proposer que mon exemple, celui d'un échec, l'histoire de l'homme qui s'est obstiné dans l'erreur. Car c'est bien ce qui m'est advenu avec le journalisme et avec l'Asie[22]. » À la vérité, ce jugement désabusé et un peu déroutant s'inscrit plus largement dans une critique sans merci de son époque. Un temps de défaite glorieuse, d'où seul surnage le ciment d'une camaraderie enracinée dans l'orgueil blessé d'une génération d'officiers, entrés glorieusement dans l'armée à la fin de la Seconde Guerre mondiale et n'ayant pratiquement connu que des défaites dont ils se savaient n'être pas directement responsables.

Les romans de Lartéguy racontent finalement les mêmes histoires que les films de son ami Pierre Schoendorffer : *La 317e Section*, *L'Honneur d'un Capitaine* et peut-être plus encore, plus intimement, plus profondément mêlé, *Le Crabe-tambour.* Tous deux évoquent semblablement une guerre à la fois tragique et héroïque, la guerre vécue dans le quotidien de petits groupes d'officiers, parfois éloignés de la troupe, comme des grands chefs, pour prendre le temps de la réflexion, mais soudés par leur histoire commune et proche de leurs hommes dans l'action.

Chapitre VII

LE MONDE EST SON JARDIN

« Je suis l'écho sonore de mon siècle. »
Victor Hugo

Le succès se confirme

Au début des années 1960, Lartéguy fait partie de l'équipe des grands reporters de *Paris-Presse*. L'Algérie devenue indépendante, il se tourne désormais vers le Proche-Orient qu'il avait découvert au lendemain de la guerre. En 1958, il a fait un premier bref séjour au Liban, à l'occasion du débarquement américain, censé séparer les chrétiens et les musulmans et qui, en réalité, installait la force américaine face au camp soviétique, au moment où le Proche-Orient devenait à son tour un enjeu de rivalité entre les deux superpuissances. « Encore un affrontement par personne interposée », avait-il remarqué lucidement.

Quatre ans plus tard, Lartéguy revient à Beyrouth et ses archives lèvent un pan de voile sur sa manière de travailler et de se documenter sur les pays où son journal l'envoie. Lartéguy y rencontre furtivement un certain Pierre Péluchat[1], agent du SDECE dans la capitale libanaise. Ils ne sont pas intimes, ne se connaissent pas vraiment, mais échangent des conversations rapides dans les cafés de la Corniche ou dans les boîtes des quartiers d'Hamra ou de Gemmayzé. Ce genre de rencontres a pu accréditer la rumeur d'un Lartéguy secrètement demeuré « honorable correspondant » des services. Plus vraisemblablement, de son rapide passage au lendemain de la guerre au service de documentation, Lartéguy a retenu que les contacts dans le monde du renseignement lui permettaient d'accéder rapidement à des sources fiables, inédites, donnant à ses reportages une nette longueur d'avance sur ses concurrents. Il se contente, par conséquent, d'en profiter.

Mais bientôt *Paris-Presse* perd ses lecteurs, les difficultés financières s'accumulent et le journal est finalement racheté par *France-Soir* dont la rédaction est déjà au complet. Comme ses confrères de l'époque[2], Lartéguy se retrouve donc sur le marché de l'emploi. À vrai dire, il n'y reste que très peu de temps : sa réputation lui permet de rejoindre presque immédiatement *Paris Match*, le magazine à plus fort tirage du pays.

En cette année 1962, comme le souligne aujourd'hui avec un peu de nostalgie François Pédron[3], le statut de grand reporter à *Paris Match* offre une situation rêvée. Financièrement, le journal couvre généreusement tous les frais de ses envoyés spéciaux à l'étranger mais surtout, il leur laisse une totale liberté concernant le choix des sujets et leur traitement rédactionnel. Lartéguy est immédiatement dans son bain à *Paris Match*. Il entame alors une collaboration qui va durer plus de trente ans. Jean Prouvost, qui l'apprécie particulièrement, lui offrira même de prendre sa succession à la tête du journal, une proposition plus que prestigieuse que Lartéguy, par trop attaché à sa liberté, déclinera pourtant sans hésiter.

Malgré les années, Lartéguy est toujours atteint de ce mal jaune qu'il a si bien décrit. Ni sa vie de famille erratique ni les réunions de rédaction à Paris ne le détournent de cette Asie qui demeure au cœur de ses préoccupations. Huit ans après la fin de la guerre d'Indochine, le Sud-Vietnam n'est toujours pas stabilisé. À l'action rampante du Viêt-cong qui mine partout l'autorité du gouvernement de Saigon, s'ajoutent les affrontements entre communautés, les rivalités personnelles à la tête de l'armée et du gouvernement. En septembre 1963, Lartéguy est à Saigon, il y obtient une interview exclusive du président Diem. L'article paraît avec ce titre prémonitoire : « Tant qu'il y aura Diem l'intraitable[4] ». Mais il passe un peu inaperçu. Or, deux mois plus tard, Diem est assassiné et Lartéguy, qui devient ainsi le dernier journaliste occidental à l'avoir approché, est désormais très écouté, lui qui annonce avant tout le monde l'orage qui se lève sur l'ancienne Indochine française.

Car, sans dire tout de suite son nom, la guerre a repris au Vietnam. Depuis 1960, les troupes du Nord multiplient les opérations clandestines au Sud et favorisent partout l'éclosion de cellules révolutionnaires villageoises qui sapent l'autorité du gouvernement de Diem. Dès son arrivée au pouvoir, le président Kennedy a décidé d'envoyer des conseillers militaires pour aider l'armée sud-vietnamienne à faire face à la menace communiste. En 1963, à la mort du président américain, les *conseillers* sont près de 50 000 ! L'armée américaine est déjà impliquée de fait dans le conflit entre le Nord et le Sud. Le véritable tournant se situe deux ans plus tard. Après l'incident du golfe du Tonkin, le président Johnson obtient du Congrès l'autorisation de bombarder le Nord-Vietnam et d'engager de façon décisive les GI's aux côtés de l'armée sud-vietnamienne. En quelques mois, l'effectif du corps expéditionnaire américain va se monter à près de 500 000 hommes. La rumeur de guerre gronde : c'est l'occasion qu'attendait Lartéguy. Il s'envole pour Saigon, saisir ce moment très particulier où tout un pays bascule dans le chaos. Le 25 septembre 1965, *Paris Match* publie en couverture, en pleine page, la photo d'un *Marine* américain portant négligemment son arme sur l'épaule au bord d'une piste du Vietnam. Sur fond rouge, le titre du reportage s'affiche en grandes lettres capitales : *Notre Indochine dix ans après*. Les Français n'ont pas oublié Diên Biên Phu, cette première défaite qui en annonçait d'autres. L'écho d'une Asie lointaine, mais en même temps toujours reliée à la France par des fils invisibles, leur revient sous la plume de Lartéguy comme une bouffée d'empire au moment où, par la presse magazine, par la télévision aussi, le monde et son fracas entrent dans le quotidien des Français à peine remis de la guerre en Algérie. Un million et demi de Français lisent comme un roman ce récit captivant de Lartéguy qui les transporte en quelques lignes à des milliers de kilomètres de chez eux, dans la moiteur de Saigon :

« J'étais seul l'autre soir à la terrasse du *Continental* ou presque seul avec quelques soldats américains en civil mais au crâne rasé, qui buvaient des sodas. L'odeur légère d'anis ne flottait plus dans l'air. On ne s'interpellait plus entre les tables de marins vêtus de blanc, de parachutistes au béret rouge, de légionnaires au béret vert qui revenaient amaigris et bronzés des rizières du Tonkin ou de Cochinchine, de la jungle de la haute région des forêts des clairières du Laos. La France faisait la guerre en Indochine sur un terrain quatre fois plus grand et avec moins d'hommes que les Américains. Le corps expéditionnaire français comprenait 100 000 métropolitains. Les Américains sont aujourd'hui 125 000 hommes. Plus de ces joyeux et truculents ruffians qui faisaient de la piastre mais risquaient leur peau, de ces personnages mystérieux souvent cocasses qui travaillaient avec deux ou trois services secrets, donnaient dans la secte ou le transfert de fonds. Franchini, le patron du *Continental*, venait de mourir dans son lit et les seuls Corses que l'on rencontrait étaient honorables. On les retrouvait enseignants, directeurs de plantation ou consul général. Celles qui avaient été les reines de Saigon, jolies filles faciles et désinvoltes que leur petit nombre rendait plus belles, étaient retournées en France pour y vieillir entre leurs souvenirs et leurs colliers de jade. Souvenir des belles Eurasiennes qui se cherchaient des maris et en attendant prenaient des amants. Il n'y avait plus à cette terrasse que deux ou trois Vietnamiennes habillées de couleurs violentes, portant des pantalons corsaire et qui mâchaient du chewing-gum en se déhanchant. Elles riaient bêtement, se pendaient au cou des GI's en répétant comme des mécaniques O.K. !, O.K. ! Un Chinois montrant ses dents en or, cynique et jovial, faisait dans un coin des affaires avec un gérant de P.X. et je lui fus reconnaissant d'être ce même Chinois qui, tout aussi joyeusement, quinze ans plus tôt, trafiquait avec nos gros colonels d'intendance. Ce soir-là, il ne restait que lui de l'autre guerre avec le vieux garçon qui m'avait reconnu et parlé aussitôt en français, les grands ventilateurs qui tournaient au plafond et, dans la rue, les petits taxis bleu et blanc, des 4 CV démantibulées et raccommodées avec des bouts de ficelles. Je me sentais soudain devenu un étranger dans ce pays qui avait été un peu le mien ; dans ce nouveau conflit où la machine partout l'emportait sur l'homme. Dans la rue Catinat, maintenant la rue Tù Do, passaient des jeeps, reluisantes et neuves, qu'occupaient de petits militaires vietnamiens coquets et pimpants dont le pli du pantalon était soigneusement repassé. Ceux-là n'avaient jamais connu la boue des diguettes et les traquenards des pistes. Leurs généraux rêvaient de coups d'État, ce qui les occupait plus que la guerre. Y avait les Américains pour ça, leurs hélicoptères et leurs bombardiers. Au volant des G.M.C[5]. passaient de grands noirs américains impassibles qui mâchouillaient des cigares en faisant hurler leur changement de vitesses. [...] Ces soldats étaient tristes. Ils n'aimaient ni cette guerre ni ce pays. À Da-Nang, certains se faisaient broder dans leur dos : J'irai droit au paradis parce que j'ai fait mon enfer au Vietnam. [...] Ils recevaient l'eau des Philippines, leur nourriture des États-Unis et des soldes qui auraient fait rêver nos engagés de la coloniale et les képis blancs de la légion étrangère [...]. Je me souviens de cet officiel américain qui m'avait dit brutalement au cours d'un dîner : “Votre guerre ne sera pas la nôtre. Nous ne venons pas ici mêler notre sang avec les Vietnamiens, partager avec eux la sueur et la boue, épaule contre épaule. Nous ne voulons pas que nos garçons tombent dans cette tentation de l'Asie que vous avez si violemment ressentie. Les communistes nous obligent à faire cette guerre et nous la ferons brutalement selon nos méthodes et avec notre matériel. Il avait à peine hésité ; Même si elle doit faire beaucoup de casse. Les enjeux sont cette fois trop lourds pour nous permettre de faire du sentiment. Les Vietcongs sont plus forts que nous dans la guerre subversive et si nous voulions les suivre sur leur terrain, nous perdrions. Mais nous pouvons leur imposer une autre guerre, celle de notre technique et de nos ingénieurs. Celle-là, nous devons la gagner..."

Non, je ne reconnaissais pas cette guerre où les pilotes de la VIIe flotte volant à mach 2,5, se battaient au-dessus d'un pays où ils n'avaient jamais mis les pieds, où les bombes écrasaient indistinctement civils et militaires, où les B-52 venus de l'île de Guam aplatissaient plantations et rizières, digues et villages. Je ne reconnaissais pas non plus Saigon ville morte et sale [...]. Le 1er mars 1965, les Sud-Vietnamiens et leurs "conseillers américains" avaient perdu la guerre. Il n'y avait pas eu de grande bataille, seulement des centaines de postes de villages et de hameaux stratégiques qui étaient tombés. [...] Dix millions d'hommes sur quatorze millions vivant au Sud-Vietnam étaient directement ou indirectement tombés sous la coupe du Vietcong qui contrôlait les 4/5e du territoire. [...] Toutes les nuits on tirait au canon. Les fusées éclairantes se balançaient au-dessus des faubourgs de la ville, donnant aux baraques et aux entrepôts des teintes crues de farine... Assiégée, la capitale, comme toutes les autres villes, comme tous les autres grains de raisin, était aussi dévorée de l'intérieur. [...] Le Vietcong avait transformé la grande cité en une véritable base logistique à partir de laquelle il nourrissait sa guerre. [...] On commence ici à toucher au fond de l'absurde dans cette guerre. Le Vietcong avait coupé les routes, appliquant strictement les enseignements de Mao Tsé-toung : se rendre maîtres des campagnes pour asphyxier les villes. [...] L'avion devenait le seul moyen de transport possible pour tous ceux qui redoutaient la rencontre du Viet ou qui trouvaient leurs taxes trop lourdes, fonctionnaires du gouvernement, agents de la Sûreté égorgés chaque fois qu'ils étaient pris, riches commerçants dont la rançon risquait d'être trop lourde, porteurs de dollars. Trouver des billets d'avion au prix imposé relevait de la performance ou de hautes protections. Revendeurs et agents d'Air Vietnam les cédaient au double du prix. Alors on pouvait trouver une place au milieu des cageots de canards, des sacs de riz ou de sel, des rouleaux de tissu. La guerre allait très mal elle aussi. Les "conseillers américains" se défiaient des troupes vietnamiennes qu'ils accompagnaient et les Vietnamiens de ces "cow-boys" qui venaient de débarquer et qui ignoraient tout des pièges de la rizière et des rach. Dans les camps des forces spéciales, dans les postes perdus du Delta, les Américains s'enfermaient la nuit dans leurs blockhaus et à tour de rôle montaient la garde. Le Vietcong n'attaque un poste que quand un tiers de la garnison lui est acquis. Cela fait même partie du règlement de la guerre subversive, telle qu'elle a été codifiée par les commissaires politiques du Sud-Vietnam. Quand l'attaque se déclenchait, les Américains savaient qu'on leur tirerait dessus de l'intérieur même du camp. Aussi, ils vivaient entre eux, mangeaient leurs rations de combat et n'entretenaient que peu de relations avec les hommes [...]. Heureusement, il y avait des exceptions. Certains Américains mordaient à cette guerre dangereuse, prenaient, comme de vulgaires officiers français, le commandement de leurs Vietnamiens, se faisaient tuer ou parfois réussissaient de belles opérations. Mais jamais ils n'arrivaient à occuper le terrain. L'armée sud-vietnamienne comptait 250 000 réguliers, 250 000 forces régionales, 70 000 policiers. Mais en dehors des mercenaires Nungs d'origine chinoise, des parachutistes, des rangers, soit moins de 50 000 personnes, elle ne voulait plus se battre. Trois Viêt-congs faisaient détaler une compagnie...

Dans toutes les villes, des comités nés par un phénomène de génération spontanée menaient campagne contre “les influences étrangères”. On écrivait “US go home” sur tous les murs. Les écoliers de quatorze ans, les blousons noirs étaient maîtres de la rue. Les Américains évacuaient leurs femmes et leurs enfants. Les communistes étaient certains d'avoir gagné la partie. La Chine, qui poussait Hanoï à repousser toutes solutions de paix, comptait sur cette victoire du communisme asiatique sur les Blancs pour faire condamner par un certain nombre de partis communistes la thèse russe de la coexistence pacifique. La thèse des Chinois était alors celle-ci : les Américains avaient perdu en Indochine comme les Français, comme eux, ils partiraient. Inutile de répondre actuellement aux offres de paix du président Johnson. [...] Hanoï voulait contraindre l'Amérique à un Diên Biên Phu politique. La Chine poussait de toutes ses forces. Les raids américains sur le Nord-Vietnam venaient de commencer pour obliger les communistes à accepter cette paix qui leur aurait été tellement favorable. Le gouvernement américain cherchait même à justifier ces raids par de prétendues représailles. Comprenant soudain qu'il ne pourrait pas traiter avec Hanoï sans perdre toute influence en Asie, le président Johnson, de très mauvais cœur, se décida soudain à la guerre. Le 2 mars 1965, c'est le début de l'escalade avec le premier raid massif de 165 avions sur le Nord-Vietnam. Aucun prétexte cette fois n'est invoqué. Le 10 mars, c'est le débarquement à Danang de 8 000 Marines. La deuxième guerre d'Indochine vient de commencer[6]. »

De retour en France, Lartéguy transforme ses reportages en un nouveau livre : *Un million de dollars le Viet* dans lequel il dénonce la manière dont les Américains se lancent dans la guerre au Vietnam : « La forme que la guerre a prise, écrit-il, est le contraire de l'aventure. Aplatir un pays à coups de bombes ! Un réflexe de brute contrariée [...]. Ces soldats techniciens, qui sont venus de la mer avec leur étonnant matériel, ne sont pas venus se battre mais s'entraîner sans se soucier, sans exception, du facteur humain [...]. Je crois que ce que les Américains ont fait au Vietnam a considérablement accéléré la communisation du Sud-Est asiatique. Si l'Amérique dépensait un dixième de ce qu'elle dépense pour la guerre à aider au bien-être du peuple vietnamien, elle prouverait mieux la valeur du capitalisme face au communisme[7]. » La guerre chevaleresque rêvée par Lartéguy semble bien loin, d'autant que l'arme du billet vert massivement utilisée par les Américains ne contribue en fait qu'à pervertir la société vietnamienne. « J'estime, écrit-il, qu'il ne sert à rien de défendre par les armes un pays si, dans le même temps, on en détruit sa substance par le dollar[8]. »

Est-ce un hasard ? En 1965, au moment même où Lartéguy se tourne vers le Vietnam et la nouvelle guerre dans laquelle se lancent les États-Unis, Hollywood décide d'adapter les *Centurions* à l'écran. Approché par les producteurs, Lartéguy accepte d'en réaliser l'adaptation, mais le résultat ne le satisfait pas véritablement. La mise en scène de Mark Robson a évacué la dimension historique et politique du livre au profit d'aventures plus ou moins vraisemblables, assaisonnées d'un romantisme bon marché. Hollywood a privilégié le casting en engageant des stars mondiales : Anthony Quinn, Alain Delon, Claudia Cardinale ou encore Michèle Morgan. Félicité par Bigeard pour son interprétation, Anthony Quinn qui incarne Raspéguy lui répondra : « vous l'avez vécu, moi je l'ai simplement joué ». Quoi qu'il en soit, la distribution attire les foules, le succès est planétaire et pour Lartéguy, c'est la fortune, ce qui lui permet d'embellir Les Restanques, son petit paradis de Saint-Cézaire-sur-Siagne.

La tentation cubaine

Après l'Algérie et la guerre qui resurgit au Vietnam, l'autre pôle brûlant de l'actualité internationale au début des années 1960 se situe à Cuba : Cuba aux mains des *barbudos* de Castro, Cuba tenant tête à Kennedy et à son blocus, Cuba foyer révolutionnaire fiché en plein cœur du continent américain. Quatre ans après la crise des fusées, Lartéguy qui a bourlingué sur tous les continents sauf l'Amérique, obtient de *Paris Match* de partir sept longs mois en reportage, d'abord en Californie encore agitée par l'embrasement du ghetto de Watts puis au Mexique, à Cuba, en Amérique Centrale, en Colombie et en Bolivie.

Partout où il se rend, il entend parler de temps nouveaux, de révolution, de justice sociale. Au Mexique, attiré par la rumeur qui se répand autour du centre interculturel de documentation de Cuernavaca, présenté comme un vivier d'idées neuves et qui constitue surtout le point de rencontre de la gauche radicale où la critique sociale s'accompagne de celle de l'école et de tous les experts en général, Lartéguy rencontre son fondateur, un surprenant évêque qui lui explique que « les États-Unis sont aujourd'hui engagés dans une triple guerre contre ce qui menace cette société de l'extérieur, le Vietnam, contre ce qui la gêne, Cuba, le désordre, la guérilla, tout ce qui n'est pas productif et gêne cette production au Guatemala, au Venezuela, en Colombie, au Pérou, contre aussi ce qui la menace de l'intérieur, les taudis noirs de Harlem et de Watts ». « L'Église en Amérique latine, continue-t-il, doit devenir pauvre, très pauvre. Elle doit faire vite pour provoquer un changement social sinon elle en sera la victime. L'unique manière d'avoir une église pauvre c'est qu'elle accepte joyeusement la socialisation progressive de ce continent ». Dans le récit qu'il donne de cette longue enquête américaine, Lartéguy raconte : « J'ai demandé à ce prélat insolite : "Croyez-vous, Monseigneur – et c'est presque gênant d'appeler un tel homme Monseigneur, de l'imaginer vêtu de violet et une mitre sur la tête –, croyez-vous qu'un prêtre comme Camilo Torres ait eu le droit, pour provoquer ce changement social d'aller jusqu'à participer à la guérilla ?" Il évente le piège : "Je crois que la fonction de l'Église est de participer joyeusement, consciemment à toutes les formes de changement, de n'importe quel changement, même à la socialisation progressive d'un pays. C'est la tâche que nous a donnée le Christ. Nous voulons aujourd'hui une Eglise dont la principale fonction soit la célébration du changement." » Et Lartéguy conclut : « Son sourire est merveilleux, c'est un sourire à faire revenir dans l'église de son enfance un vieil agnostique comme moi. » Cet étonnant révolutionnaire en soutane, dont une partie du discours pourrait ne pas être désavouée par un certain Jorge Bergoglio, n'est autre qu'Ivan Illich, le penseur de la société sans école, de l'écologie politique, de la décroissance et de la société sans voiture !

Après les prêtres révolutionnaires qui le changent des jésuites de son enfance, une autre surprise attend Lartéguy à Cuba. Tout en restant profondément hostile au système communiste, la découverte de ce pays, qu'il imaginait à l'aune des sinistres démocraties populaires d'Europe orientale, lui procure un choc réel. Cuba, le pays du communisme tropical, l'île aux fusées soviétiques qui bravent l'Amérique, balbutie à peine sa révolution, encore pleine d'enthousiasme et de jeunesse. Sans succès, Lartéguy cherche à rencontrer Castro. À défaut de pouvoir le rencontrer, il découvre à Cuba la beauté des jeunes femmes en armes qui défilent au son d'hymnes endiablés. L'enthousiasme de Cuba pour lutter contre la pauvreté le fascine. Le combat se présente sur tous les fronts, combat contre l'analphabétisme ou combat pour l'intensification de l'agriculture. Partout la révolution lui semble s'effectuer dans la bonne humeur et l'insouciance mais, dans la chaleur tropicale et le désordre d'un gouvernement débordé, il observe que tout finit par se désintégrer[9].

Faute de rencontrer Castro, Lartéguy se met alors sur la piste du personnage le plus emblématique de la révolution cubaine, Ernesto « Che » Guevara. Certains le disent mort, d'autres disent qu'il est parti allumer d'autres *focos*, d'autres foyers révolutionnaires en Amérique latine. Entre Castro et Che Guevara, l'ancienne complicité a laissé la place à la rivalité. Jamais exprimée en tant que telle, mais bien latente, elle fait de ces deux révolutionnaires un couple que Lartéguy moqueur n'hésite pas à comparer à cet autre, littéraire et hispanique, formé par Don Quichotte et Sancho Pança ! Et pour lui, l'évidence est que Fidel est Sancho Pança. Et Guevara, le Don Quichotte qui part en guerre contre la domination américaine[10].

Che Guevara, un don Quichotte de la révolution ! Un fou de guérilla prêt à sacrifier sa vie pour ses idées. Peu importe au fond qu'il soit ou non communiste : pour Lartéguy, l'essentiel n'est pas là ; seule compte à ses yeux la fougue de celui qu'il compare à un vagabond anarchiste. Pendant sept mois, accompagné de Victoria qui prend des photos souvent splendides, Lartéguy va partir à la recherche de Che Guevara à travers toute l'Amérique latine : « Je voulais le connaître, savoir quels étaient les motifs qui le poussaient à se révolter, et quel était son secret. J'ai essayé de le trouver où il n'était pas : je suis passé à côté d'endroits où peut-être il se cachait et se battait, en l'ignorant. Je l'ai cru vivant, je l'ai cru mort… ». Pasionaria déclarée du mythe révolutionnaire castriste, Victoria le pousse sans cesse et le stimule dans sa quête.

Cette traversée d'un sous-continent en totale effervescence va permettre à Lartéguy de découvrir les mille facettes des mouvements révolutionnaires latino-américains : castristes, étudiants nés dans de bonnes familles citadines, campesinos illettrés, de sang-mêlé, maquisards communistes, chefs guérilleros, prêtres révolutionnaires, militaires ultranationalistes ; tout ce mélange improbable d'origines bouillonne en tous sens et ne présente jamais rien de définitif, ni de très immédiatement compréhensible à l'œil occidental.

Traversant le Panama, le Guatemala et le Nicaragua à feu et à sang, Lartéguy débarque en Colombie, déchirée elle aussi par la guérilla. « Le hasard, écrit-il encore, me mêla à cette affaire. Je ne savais à peu près rien de la situation du pays, il me fut difficile sur le moment de comprendre l'importance de cet incident qui venait de se produire sous mes yeux ». Il lui faut d'abord s'accoutumer à Bogota, cette mégapole violente et populeuse. Bogota : étrange capitale avec ses buildings démesurés, ses avenues staliniennes, sa population misérable, ses gosses qui dorment sur les trottoirs, et aussi ses enlèvements, ses attentats, ses chauffeurs fous qui n'hésitent pas à foncer sur les piétons[11]. Lartéguy a demandé à rencontrer les militaires chargés de la lutte contre la guérilla, mais les officiers colombiens se méfient des journalistes occidentaux : à leurs yeux, il se pourrait bien que Lartéguy soit un agent des révolutionnaires, aussi pas question de le recevoir ! Qu'à cela ne tienne, puisque l'armée ne veut pas de lui, Lartéguy décide d'aller voir ce qui se passe de l'autre côté, chez les guérilleros. À défaut d'être reçu par les militaires, il partagera la nuit agitée et très arrosée du chef révolutionnaire Lopez Michelsen[12]. Malgré la tension palpable, et en dépit du cognac qui les laisse à demi-saouls l'un et l'autre, Lartéguy comprend vite que les enjeux de la guérilla colombienne sont aussi affaire de postes ministériels… Ils se quittent au petit matin, parfaitement éméchés et très satisfaits. Plus tard, moyennant la promesse du poste de ministre des Affaires étrangères, et en négociant l'appui des Soviétiques au nouveau gouvernement, le camarade Lopez Michelsen renoncera à la lutte armée. Et finira par se faire élire président de la république de Colombie.

Ces conflits d'intérêts personnels, ces luttes intestines opposant dans le camp révolutionnaire les castristes aux trotskystes, et les communistes orthodoxes aux partisans de la révolution populaire, soulignent par contraste la figure intransigeante et insaisissable du Don Quichotte de la Révolution, Che Guevara, que Lartéguy ne parvient toujours pas à pister. Après la Colombie, il est retourné en Amérique centrale, puis au Mexique : sans succès. Au mois d'avril 1967, lui parvient de La Havane la revue *Tricontinental*, qui publie un long article de Che Guevara au titre explosif : « Créer deux, trois, de nombreux Vietnam ». L'article a été traduit en français et Lartéguy peut enfin suivre directement la pensée du Che : « Comme nous pourrions regarder l'avenir proche et lumineux, si deux, trois, plusieurs Vietnam fleurissaient sur la surface du globe, avec leur part de mort et d'immenses tragédies, avec leur héroïsme quotidien, avec leurs coups répétés assénés à l'impérialisme, avec pour celui-ci l'obligation de disperser ses forces, sous les assauts de la haine croissante des peuples du monde. Et si nous étions tous capables de nous unir, pour porter des coups plus solides et plus sûrs, pour que l'aide sous toutes les formes aux peuples en lutte soit encore plus effective, comme l'avenir serait grand et proche ! [...] Qu'importe où nous surprendra la mort ; qu'elle soit la bienvenue pourvu que notre cri de guerre soit entendu, qu'une autre main se tende pour empoigner nos armes, et que d'autres hommes se lèvent pour entonner les chants funèbres dans le crépitement des mitrailleuses et de nouveaux cris de guerre et de victoire. »

Che Guevara est bien vivant, il prépare un nouveau soulèvement, mais où ? Au début du mois de mai 1967, Lartéguy se trouve alors à Mexico. Il est réveillé par un coup de téléphone de *Paris Match* qui lui demande de foncer en Bolivie, Régis Debray vient d'y être arrêté et risque d'être exécuté. Lartéguy a déjà entendu parler de Régis Debray, il sait qu'il est très apprécié des révolutionnaires à Cuba, mais, de son point de vue, les écrits de Debray ne représentent rien qu'un fatras de phrases théoriques sans rapport avec la révolution[13]. La Bolivie subit alors la dictature du général René Barrientos, officier de l'armée de l'air, qui a accédé au pouvoir deux ans plus tôt, imposant la loi martiale contre la guérilla qui s'étend maintenant au Nord, à l'Ouest et gagne des régions entières. Il a demandé l'aide des forces spéciales américaines et de la CIA.

Régis Debray, Jean Lartéguy ne le sait pas encore, vient de quitter Che Guevara qui lui a demandé d'être en Europe le porte-parole de la lutte armée bolivienne. Il s'est fait arrêter sur une route, à l'aube, avec deux de ses compagnons. Le sous-officier qui contrôle leur identité remarque sur les joues du Français quelques touffes de poils, restes d'une barbe récemment rasée. On fouille son sac : dedans, un rasoir encore humide. La barbe défunte signe son appartenance à la guérilla. Debray affirme qu'il est journaliste mais pour les militaires, il est clair que c'est un *barbudo*, un guérillero. Il est immédiatement emprisonné en attendant son jugement.

Dans le contexte de lutte antiguérilla, les militaires ont la détente facile. Les condamnations à mort par les tribunaux d'exception et les exécutions extrajudiciaires ne se comptent plus. L'ambassadeur de France, Dominique Ponchardier, a été informé qu'un Français avait été arrêté, il est parvenu à obtenir l'identité du « journaliste » détenu ; il avertit Paris et presque immédiatement une incroyable campagne de presse se met en place pour obtenir la libération de Régis Debray. Janine Alexandre-Debray, la mère du révolutionnaire, s'envole pour La Paz. À gauche, s'élèvent la voix de Sartre et celle de François Mauriac qui, dans son « bloc-notes » de *L'Express*, qualifie Régis Debray « d'ascète et missionnaire », tout en précisant, « je crains que les agents des services secrets américains aient peu de goût pour un ascète comme celui-là ». En quelques jours, la captivité du jeune français de 26 ans devient une affaire d'État. Le pape Paul VI lui-même recommande au général Barrientos d'agir en chrétien respectueux de la vie humaine. Le général De Gaulle écrit au dictateur bolivien : « Je me garde bien entendu de porter un jugement sur les faits retenus à la charge de Régis Debray. Mais je souhaite attirer votre attention sur l'intérêt que j'attache à ce que sa vie, qui en dernière instance ne dépend que de vous, reste sauve... Il est possible que ce jeune et brillant universitaire se soit laissé égarer par son parti pris excessif et par le goût de l'aventure. Mais il serait regrettable de mettre un terme pour des fautes de jeunesse à une existence chargée de promesses et qui permet d'espérer un sincère amendement ».

Début mai, parvenant à La Paz, Lartéguy apprend que le général Barrientos, qui éprouve une profonde admiration pour le général De Gaulle, a finalement accepté que Debray soit jugé par un tribunal militaire ordinaire et non d'exception, ce qui exclut obligatoirement la peine de mort. Lartéguy reste quelques semaines à Camiri, la ville de la Cordillère où est détenu Debray. Il devine partout l'ombre de la guérilla et apprend la présence de Che Guevara dans le pays. « Régis Debray, note-t-il, s'en tient d'abord à ses premières déclarations, il n'a jamais participé à la guérilla, il n'est qu'un journaliste venu faire une enquête. Mais il confie à son avocat, sous le sceau du secret, qu'il a vu Che Guevara, que c'est lui qu'il est venu interviewer. L'avocat n'a rien de plus pressé que de le révéler à tout le monde, peut-être pour aider son client, pour bien prouver qu'il n'est venu en Bolivie que parce qu'il désirait faire un article sensationnel. »

Au même moment, sur les franges de la guérilla bolivienne, la fin du Che approche. D'un côté, six cents rangers, troupes de choc boliviennes, encadrés par des conseillers américains ; de l'autre, une poignée de révolutionnaires menés par celui qui rêve d'allumer la Révolution partout sur le sous-continent. Pour Lartéguy, le combat est perdu d'avance. La guérilla en Bolivie ne s'appuyait pas sur une véritable opposition politique. Elle s'avérait incapable d'unifier les masses : rien d'autre, au fond, qu'un simple élan romantique sans vrai soutien de la paysannerie[14]. Ce sont des paysans qui livrent Ernesto Guevara, blessé, pour la somme de 50 000 pesos. Le 8 octobre 1967, il est exécuté.

La mort de Che Guevara est transformée en opération de communication par l'armée bolivienne et les conseillers médicaux militaires de la CIA. Le corps du Che est présenté aux journalistes, nettoyé, embaumé, conservé dans du formol. Che Guevara est bien mort, c'est ce que veulent montrer les militaires aux paysans qui défilent silencieusement devant le corps. Mais le révolutionnaire disparu est en train de devenir l'icône de la jeunesse et de la révolution mondiale[15].

Lartéguy prolonge sa réflexion, il analyse : contrairement à ce que croyaient les Américains, l'idéal révolutionnaire reste bien vivant en Amérique latine et le mythe du Che y demeure intact en dépit de la présence nord américaine toujours plus imposante. Puis, sans aucune ambiguïté, Lartéguy exprime une pointe de regret à propos de l'impasse prévisible de la révolution castriste : « cette révolution est morte, celle de la jeunesse et du romantisme, celle de l'indignation et de la folie », écrit-il, semblant regretter qu'elle ne soit pas allée jusqu'à son terme. Plus loin, comme voulant s'en défendre, il revient sur ce constat : « La révolution n'est pas morte pour cela, car tous les abus contre lesquels luttait le "Che" demeurent : l'injustice, la misère, la mauvaise répartition des terres, la faim, la maladie, l'analphabétisme, les colonels, les oligarques, les caciques, les politiciens professionnels et j'en passe[16]... »

Qui parle ici ? Qui écrit ces lignes ? Lartéguy, celui qui accompagnait les parachutistes en Algérie sur la piste des rebelles ? Ou l'admirateur du Che mort au combat ? Lartéguy est-il devenu, pour un temps, le compagnon de route du communisme ? A-t-il même embrassé, momentanément, cette doctrine totalitaire ? Son ami Coutard le suppose : mais en précisant, là aussi, que cette passade fut sans lendemain durable. En réalité, sous la double influence de Victoria et de sa propre observation du délitement du camp occidental[17], il est probable que Lartéguy, « plus séduit par les mythes que par les idées » comme il l'affirme, a subi l'attirance du communisme, mais sans en devenir formellement un adepte. Pour preuve, bien qu'en France, dans certains milieux, et au Portugal, dans les années 1970, on fasse alors de lui un écrivain de gauche, il exprime presque toujours le dégoût le plus vif et la condamnation la plus ferme des régimes et de la doctrine communistes. Il en livre ainsi une condamnation sans appel dans *La Guerre nue* : « quand on se déclare les défenseurs d'une certaine civilisation occidentale, on ne va pas sombrer dans un système athée, concentrationnaire, triste et désastreux sur le plan économique[18] ». Et n'avait-il pas écrit, bien plus tôt, au cours de la prise d'Hanoï en 1955 : « comme elle était cruelle, froide, inexorable, la nouvelle civilisation que venaient d'accoucher les hommes laboratoires[19] ». Son *Baron céleste* finira d'en rejeter toutes les formes : « il ne pouvait pas être du côté des assassins du Cambodge, de ceux qui envoient des chars à Prague et collent tous ceux qui ne sont pas contents au Goulag[20] ». Coutard a donc raison de préciser que le communisme de Lartéguy n'est demeuré qu'au stade de la passade et de la tentation. Ce que sa fille Diane confirmera d'une boutade : « mon père n'était franchement pas un fan d'Arlette Laguiller. On l'aurait su[21]… »

Tout, dans *Les Guérilleros*, montre à quel point Lartéguy a su comprendre les enjeux et les motivations des révolutionnaires d'Amérique latine dont il partage le goût pour le combat irrégulier et la soif d'indépendance à l'égard de la discipline ou des partis. Aussi, entre le baladin de la Margeride et le Don Quichotte de la Révolution, entre le vagabond galopant et l'anarchiste libertaire, la sympathie est claire. Mais l'idéologie n'a pas pénétré plus avant l'esprit de Lartéguy : il ne va pas s'y enliser alors que les mouvements de société qui vont bouleverser le vieux continent s'annoncent.

La rupture

L'année 1968, en France et dans le monde, laisse à Lartéguy un goût amer. Il ne comprend pas les étudiants qui manifestent de plus en plus bruyamment une colère qu'il ne partage pas. Il va vers ses quarante-huit ans et ses années de pensionnat ou à l'armée lui paraissent autrement plus rudes que celles de la jeunesse actuelle. Dans les universités, les tracts, les affiches, les banderoles portent la figure de Che Guevara : mais lequel de ces jeunes gens, à l'exception notable de Régis Debray, aurait le courage de partir sur les traces du Che ? Tout cela ne lui semble pas sérieux. Et indigne d'intérêt.

Au moment des événements de mai, Lartéguy est reparti en reportage, dans un autre pays marqué par la guerre, Israël. L'État hébreu a remporté l'année précédente une victoire fulgurante contre l'Égypte, au cours de la guerre des Six Jours. Les succès de Tsahal intriguent Lartéguy. Il multiplie les interviews des stratèges israéliens, généraux et politiques, Moshe Dayan, Yitsak Rabin et Weitzman qui lui expliquent que ce sont les parachutistes, l'esprit parachutiste, l'éducation parachutiste qui ont fait l'armée telle qu'elle est. La guerre reste pour les Israéliens une action de commando élargie aux dimensions d'une guerre classique. Lartéguy accompagne les parachutistes dans le Golan, découvre la remarquable organisation des groupes de combat israélien fondé sur le petit nombre, l'attaque-surprise, la disponibilité immédiate, la discipline consentie et l'initiative totale laissée aux combattants de terrain. Il y retrouve l'esprit de ses commandos d'Afrique ! Le degré d'entraînement est tellement poussé, observe-t-il, qu'à tout moment un chef peut être remplacé. Les soldats de Tsahal, continue-t-il, ne s'arrêtent jamais, foncent vers l'objectif à atteindre. Cet objectif n'est jamais la conquête d'un terrain mais toujours la destruction d'une armée ennemie. Dans le récit qu'il rapporte, *Les Murailles d'Israël, enquête sur les secrets de la plus secrète armée du monde* et qu'il fait préfacer par Moshe Dayan, Lartéguy ne cache pas son admiration pour cette nation qui « est devenue une armée, où les enfants naissent un fusil dans le dos, et où les mères poussent les fils au combat, comme à Sparte ». Cela ne l'empêche pour autant pas de rencontrer les leaders palestiniens et de mesurer combien la situation de l'État hébreu demeure fragile au moment où la question des territoires occupés commence à se poser sans que les généraux ni les politiques israéliens n'acceptent d'envisager le moindre compromis ou accord avec les Arabes de Terre sainte.

Puis, après des mois passés dans l'intimité des guérilleros d'Amérique latine, après les longs entretiens avec les guerriers de Tsahal, le grand reporter qui a vanté l'ardeur révolutionnaire de ces combattants de la liberté choisit par un clin d'œil au destin de se métamorphoser en notable et même en châtelain !

Malgré ses attaches sur la Côte-d'Azur, Lartéguy n'a jamais renié ses racines lozériennes. Il a repéré près de Meyrueis un château à vendre, retrouve le plaisir de ses ancêtres à marchander sans fin et, au bout du compte, parvient à se porter acquéreur du château de Villaret avec ses vieilles murailles et ses quatre tourelles en poivrière[22]. Il s'imagine maintenant en gentilhomme lozérien tout occupé de la restauration de ses chères vieilles pierres. Mais derrière cette réussite apparente, des fissures de plus en plus nombreuses lézardent sa vie privée. Les voyages en Amérique latine ont achevé de mettre à nu l'incompatibilité avec Victoria. Elle, dont les photos illustreront la première édition des *Guérilleros*, est fascinée par la révolution castriste ; lui, hostile à tout système d'idées, est viscéralement anti-communiste. Diane Lartéguy racontera plus tard : « Notre famille, avec mon père qui était très anticommuniste, vivait ainsi dans une sorte de schizophrénie politique. » Jean et Victoria divorcent à la fin de l'année 1968. Victoria conserve la garde des deux filles qui ne reverront plus beaucoup leur père par la suite. Cette rupture, après à peine huit ans de vie commune, est un échec pour Lartéguy. La famille n'est visiblement pas le cocon où il rêvait d'apaiser les trépidations de sa vie professionnelle. À quarante-huit ans, sa méfiance naturelle envers autrui s'en trouve accrue à l'égard des femmes qu'il ne comprend décidément pas, qu'il juge surtout, son expérience vient de le lui prouver, prêtes à tous les traquenards contre les hommes en général et lui en particulier ! « Je suis prêt à reconnaître que les femmes ont la tête aussi bien faite que la nôtre. Mais qu'elle ne fonctionne pas de la même manière. Il est un domaine où ça va beaucoup mieux que nous : la préparation de coups tordus, ces pièges dans lesquels nous nous prenons invariablement les pattes, nous les bonshommes[23] ».

À la fin des années 1960, il effectue un bref retour dans la péninsule asiatique et y rencontre le prince khmer Norodom Sihanouk, personnage fantasque, polygame, mégalomane, proche du régime chinois de Mao Zedong et de celui de la Corée du Nord et ami de la France. Successivement monarque, Premier ministre, poète, journaliste, compositeur, romancier, cinéaste ou Dieu-Roi, c'est un personnage à la fois capricieux et facétieux, mais aussi sanguinaire. Sihanouk n'aime pas les journalistes et se méfie de la presse, surtout occidentale. Par précaution autant que par aversion, il refuse systématiquement toute demande d'interview. Pourtant, apprenant que Lartéguy tente de le rencontrer, Sihanouk n'hésite pas un instant et le fait chercher à son hôtel et escorter pendant un long périple jusqu'à la retraite d'où il tisse sa toile. Il improvise alors, pour le seul Lartéguy, une conférence de presse au cours de laquelle tous deux ingurgitent une grande quantité de champagne, et dont Sihanouk profite pour évoquer, en s'en plaignant, les innombrables frasques conjugales de son fils. Scène totalement surréaliste. Encore une fois, Lartéguy réussit là où les autres ont échoué. Au cours de cette décennie, il est sans doute le seul journaliste à avoir pu approcher Sihanouk[24].

Puis il entend le bruit des premiers engagements d'importance menés par l'armée américaine au Nord-Ouest de Saigon, dans le « Triangle de Fer[25] ». Il assiste également à l'offensive du Têt que les troupes du Viêt-cong ont lancée contre les Américains et qui s'est soldée par un relatif échec militaire. En expert de la guerre psychologique, Lartéguy comprend que cette offensive constitue en réalité une véritable victoire pour les forces communistes : elle provoque en effet un retournement irréversible dans l'opinion américaine, désormais massivement hostile à la guerre du Vietnam. Sans cet appui, il est désormais certain que les États-Unis vont perdre la guerre.

L'amertume de Lartéguy est grande : il retourne en France, un peu las. Il passe désormais des semaines entières à son bureau, enfoui dans son château du Villaret. Pour l'instant, ses filles ne l'intéressent plus vraiment, les femmes ne sont que tracas et menaces. Il l'avoue pourtant, il n'a jamais pu se passer de leur compagnie.

Thérèse

Moins d'un an après sa séparation, pour la promotion des *Murailles d'Israël*, Lartéguy est à Nice, à la foire du Livre que le maire Jacques Médecin a organisée. Les éditions Jean-Claude Lattès lui ont demandé de présenter son livre au grand public, mais il n'en a aucune envie. Il fait beau, la piscine du palace où la ville l'a installé est superbe et l'attachée de presse de Lattès a vite compris que ce dernier n'avait pas vraiment l'intention de se prêter aux séances de signature qu'elle a pourtant programmées dans les librairies de la ville. À vingt-trois ans à peine, elle débute dans le métier. Elle s'appelle Thérèse Lauriol, elle est fille de Pieds-Noirs, sœur d'un député célèbre[26] et n'a pas sa langue dans sa poche. Un peu intimidée tout de même, elle prend son courage à deux mains, vient trouver Lartéguy qui se prélasse au bord de la piscine et lui explique, un peu aux abois, que s'il ne répond pas favorablement à sa demande, elle va perdre son poste. Lartéguy lui oppose un refus bougon, le farniente lui convient mieux. Mais la jeune femme insiste tant et si bien qu'il finit par éclater de rire, vaincu par cette détermination. C'est bon, il ira… Ravie, la jeune attachée de presse exulte, avant de se rendre compte qu'elle a tout simplement oublié d'apporter depuis Paris les livres pour les dédicaces. Elle passe donc la fin de sa journée à courir toutes les librairies de Nice pour pouvoir présenter quelques ouvrages sur le stand et permettre à la vedette du jour de signer finalement une centaine de ses livres. Le lendemain, Lartéguy croise Jean-Claude Lattès et ne résiste pas au plaisir de lancer en public quelques moqueries à l'égard de la jeune attachée de presse qui, piquée au vif, réplique avec aplomb. Moitié pour se faire pardonner, moitié séduit déjà, Lartéguy l'invite à dîner. Thérèse Lauriol est charmante et le coup de foudre est immédiat. Il la prévient pourtant : « si tu te maries avec moi, sache que tu montes dans une roulotte ». La réponse de Thérèse Lauriol, à qui ce mode de vie correspond parfaitement, est sans ambiguïté : ils se marient religieusement six mois plus tard, à La-Londe-des-Maures, le 13 février 1970.

De cette époque date la réelle maturité de Lartéguy. Recueillant les fruits d'une gloire médiatique désormais bien établie, il noue une relation affective plus solide que la précédente ; il chemine maintenant sur des sentiers plus assurés. À cinquante ans, il est dans la pleine force de l'âge. Thérèse est réellement la femme de sa vie : la seule qu'il ne remplacera pas. Si l'on devait s'en tenir aux statistiques et aux habitudes de ses précédentes relations amoureuses, cette fidélité de quarante-et-un ans pourrait paraître exceptionnelle ; elle est parfaitement logique et très prévisible si l'on considère la fidélité qu'il manifeste toujours à ses engagements… pourvu qu'il ne soit pas déçu. Jean et Thérèse Lartéguy sont parfaitement heureux ensemble et, comme le souligne leur ami Gérard Le Roux, cette relation va donner lieu à « une très belle aventure intellectuelle[27] ». Aucune restriction dans ce qualificatif : il souligne simplement la communion de pensée qui règne entre les deux époux et la complémentarité qui les unit. Thérèse est une excellente traductrice, écrivain aussi à ses heures perdues : ils partagent donc une passion commune pour le récit et l'écriture. Et aussi pour les voyages. Le Proche et l'Extrême-Orient, l'Afrique : la valse des aéroports et des voyages-éclairs rythme les premières années du couple.

La promesse d'une vie de roulotte est parfaitement tenue ! Ils y trouvent leur équilibre.

En quinze années, Lartéguy s'est taillé une vraie réputation de grand reporter mais il est aussi devenu l'un des écrivains les plus populaires de son temps en offrant au grand public des romans ancrés dans l'actualité et les conflits du monde contemporain.

La riposte

C'est sans doute cette stabilité conjugale nouvelle, mais aussi ce constant va-et-vient entre la France et l'étranger, qui conduisent Lartéguy à porter un regard moqueur et décalé sur la société française dont les rumeurs et les soubresauts, en ce début des années 1970, l'étonnent mais surtout l'agacent prodigieusement.

À la suite des appels incantatoires à la révolution, à toutes les formes de révolution, l'après-mai 68 est marqué par une transformation profonde de la société française. L'émancipation de la jeunesse à l'égard des familles se traduit d'abord par la revendication tapageuse des jeunes filles qui affirment vouloir s'affranchir de toutes les contraintes. Volonté tout particulièrement perceptible dans l'éclosion du mouvement féministe dont les accents vengeurs s'inspirent directement du *women's lib* américain. En 1967, une Américaine, Valérie Solanas, avait publié un manifeste féministe : *SCUM Manifesto*. Scum désigne en anglais la pourriture, l'excrément. Par provocation, Valérie Solanas avait expliqué qu'il s'agissait d'un acronyme, SCUM pour *Society for Cutting Up Men* (littéralement : association pour émasculer les hommes). En juin 1968, Valérie Solanas décide de s'en prendre à celui qui incarne à ses yeux le mâle absolu, Andy Warhol, et tire sur lui un coup de revolver. Arrêtée, reconnue irresponsable, internée, elle déclare à la presse, « lisez mon manifeste et il vous dira qui je suis ». Lartéguy a-t-il lu *SCUM Manifesto* ? Il en a au moins entendu parler. Et l'on imagine sans peine sa réaction à la lecture de ces lignes : « Vivre dans cette société, c'est au mieux y mourir d'ennui. Rien dans cette société ne concerne les femmes. Alors, à toutes celles qui ont un brin de civisme, le sens des responsabilités et celui de la rigolade, il ne reste qu'à renverser le gouvernement, en finir avec l'argent, instaurer l'automatisaton à tous les niveaux et supprimer le sexe masculin.

Grâce au progrès technique, on peut aujourd'hui reproduire la race humaine sans l'aide des hommes (ou d'ailleurs sans l'aide des femmes) et produire uniquement des femmes ; conserver le mâle n'a même pas la douteuse utilité de permettre la reproduction de l'espèce.

Le mâle est un accident biologique ; le gène Y (mâle) n'est qu'un gène X (femelle) incomplet, une série incomplète de chromosomes. En d'autres termes, l'homme est une femme manquée, une fausse-couche ambulante, un avorton congénital. Être homme c'est avoir quelque chose en moins, c'est avoir une sensibilité limitée. La virilité est une déficience organique, et les hommes sont des êtres affectivement infirmes. L'homme est complètement égocentrique, prisonnier de lui-même, incapable de partager, ou de s'identifier à d'autres ; inapte à l'amour, à l'amitié, à l'affection, à la tendresse. Cellule complètement isolée, incapable d'établir des relations avec qui que ce soit, ses enthousiasmes ne sont pas réfléchis, ils sont toujours animaux, viscéraux, son intelligence ne lui sert qu'à satisfaire ses besoins et ses pulsions. Il ne connaît pas les passions de l'esprit ni les échanges mentaux ; il ne s'intéresse qu'à ses petites sensations physiques. Il n'est qu'un mort-vivant, un tas insensible, et pour ce qui est du plaisir et du bonheur, il ne sait ni en donner ni en recevoir. Au mieux de sa forme, il ne fait que distiller l'ennui, il n'est qu'une bavure sans conséquence, puisque seuls ont du charme ceux qui savent s'absorber dans les autres. Emprisonné dans cette zone crépusculaire qui s'étend des singes aux humains, il est encore beaucoup plus défavorisé que les singes parce que, au contraire d'eux, il présente tout un éventail de sentiments négatifs – haine, jalousie, mépris, dégoût, culpabilité, honte, blâme, doute – pis encore, il est pleinement conscient de ce qu'il est et de ce qu'il n'est pas[28]. » Etc., etc.

Sans aller jusqu'aux excès ou outrances de Solanas, en France, dans la foulée de mai 68, une multitude d'organisations féministes sont apparues, réclamant l'égalité des droits, mais aussi le droit à l'avortement. Les journaux féminins comme *Elle*, qui surfent sur ce mouvement des femmes, se heurtent pourtant à la concurrence farouche du MLF apparu au printemps 1970 : l'escalade de la revendication a pris ses marques. Au mois d'août de la même année, un groupe d'une dizaine de femmes dépose sous l'Arc de Triomphe à Paris, une gerbe à la femme du soldat inconnu. En décembre, *l'Idiot Liberté*, le journal de Jean-Édern Hallier publie le premier numéro du *Torchon brûle*, journal féministe où figure le manifeste du MLF contre les états généraux de la femme, organisés justement par le magazine *Elle*. Le communiqué de presse du MLF s'élève contre ceux qui évoquent « le MARIAGE, le COUPLE, la FÉMINITÉ, l'INSTINCT MATERNEL, le TRAVAIL MÉNAGER, etc., ils essayent d'imposer l'idée que ces concepts appartiennent à la "nature éternelle de la femme" ce que nous contestons violemment. La FEMME n'existe pas, c'est une des créations du patriarcat destinées à écraser les femmes. Nous, mouvement de libération des femmes, nous ne pouvons plus attendre passivement cette pseudo-liberté concédée d'en haut et goutte à goutte, que ce soit par Moulinex, *Elle*, Chaban-Delmas, le PC ou consort. Nous ne laisserons plus personne décider de notre sort, nous le prendrons en main ! »

Tout juste remarié et mû par un fort atavisme paysan, Lartéguy se sent prodigieusement agacé par cette déferlante féministe ; lui, le conservateur des hautes terres lozériennes qui admire les femmes soldats de Tsahal, mais aussi la séduction des belles de tous les continents, ne peut admettre de rester sans rien dire face à la logorrhée anti-homme qui semble de mode. Alors, il reprend la plume. Sa *Lettre ouverte aux bonnes femmes* paraît chez Albin Michel au début de l'année 1972 : fort tirage et succès assuré.

Comme il s'y attend, ce pamphlet va lui valoir une volée de bois vert. Dans *Elle*[29], Françoise Giroud le critique de façon cinglante. Victoria Llanso, montée tout de suite au créneau, l'épingle elle aussi et non sans talent : « comme tous les grands reporters parvenus au sommet de la gloire, écrit-elle, tu préfères désormais, aux rigueurs de la brousse, le confort des palaces et des clubs d'officiers [...]. Les gamines te rassurent, elles t'admirent, elles se taisent. Les femmes te font peur [...]. De ces rapports entre l'amour et l'argent, un autre aurait tiré une tragédie. Il ne t'en reste qu'une note d'épicier[30]. » Après avoir été l'incarnation du facho-para, voilà Lartéguy devenu le parangon des machos, sommé de se justifier sur les plateaux de télévision. Vue d'aujourd'hui, sa *Lettre aux bonnes femmes*, qui pourrait se situer à mi-chemin entre la gouaille de San Antonio et la prose de Philippe Bouvard, ne dit rien d'autre au fond qu'une incompréhension à l'égard d'une jeunesse qui n'est plus la sienne. Mais derrière les moqueries de Lartéguy, la plume acérée du journaliste laisse apparaître un étonnant tableau de l'effervescence des idées qui règne alors. Lartéguy reconnaît d'abord aux féministes une certaine lucidité : celle d'avoir observé, comme lui qui la refuse, que la révolution fondamentale de 68 touchait toutes les couches de la société et s'en prenait à ses fondations. Il rappelle que cette révolution se rencontre dans les familles, dans les lycées, les facultés, dans la vie publique, la rue et dans l'intimité des relations de couple. On éructe plus qu'on ne réfléchit, la psychologie a remplacé la philosophie, le sexe a pris la place de l'amour et les cancres sont portés au pinacle. Lartéguy en observe les fruits : à la recherche effrénée du plaisir, à la jouissance immédiate des biens et au règne sans partage de la technicité, correspond paradoxalement le malheur de l'homme.

Comme il se sait peu écouté et pas suivi, il se lance alors dans la diatribe et la condamnation : « Il existe cependant une règle, énonce-t-il, les minorités ne doivent jamais opprimer les majorités, sinon ça leur retombe sur le nez. Ce qui est nouveau, et j'en rends encore la mode responsable, c'est ce besoin qu'éprouvent soudain les lesbiennes et les pédés de s'affubler d'une étiquette révolutionnaire. Pour vendre leur salade. Et d'en arriver à proclamer que tous les hétérosexuels sont des réacs et des fascistes. D'accord, fasciste et réac', ça veut plus rien dire. On est toujours le fasciste et le réac' de quelqu'un. Mais ceux-là vont si loin qu'ils risquent de troubler le désordre établi. Un moment, mes belles, mais il faut que j'aille immédiatement lancer un appel solennel aux copains. J'en ai pas pour longtemps ; je suis toujours bref dans le pathétique. [...] Vous des sept tendances du P.S.U., des quatre mouvements trotskistes, vous de la Ligue communiste, de Lutte ouvrière, de l'Alliance des jeunes pour le socialisme, de l'Alliance marxiste révolutionnaire, vous du Secours Rouge, de Révolution, de l'Organisation révolutionnaire anarchiste, vous vieux minets du *Nouvel Obs'* et jeunes barbus de *Charlie Hebdo*, vous structuralistes et maoistes... rejoignez-moi immédiatement dans mon Mouvement de Libération des Mâles. L'Union sacrée ! Plus un instant à perdre. Sinon, ces cinglées et ces malades qui se disent vos alliées et s'affublent de l'étiquette révolutionnaire pour excuser leur exhibitionnisme vont tant faire qu'on pourra plus se dire de gauche sans qu'on se foute de votre gueule. Que la mode tournera à droite, vous serez obligés de prendre votre virage sur les chapeaux de roue. De devenir réacs. Moi, ça me gêne pas. Quand vous serez de droite, je serai de gauche. Par pur esprit de contradiction. Mais vous risquez d'être traumatisés[31]. »

Lartéguy, le mâle qui ne veut pas que « les bonshommes démissionnent, se camouflent lâchement et courbent l'échine pour quelques caresses négligentes dont ne voudrait pas un clébard », qui estime « que les femmes méritent les mêmes droits que les hommes, tout en conservant ces privilèges que les siècles leur avaient accordés », voilà qui n'a rien d'un brûlot mais pose l'écrivain en anarcho-conservateur, rebelle irréductiblement individualiste et décidément en dehors de tous les clans.

Pour preuve, après la sortie de sa *Lettre ouverte aux bonnes femmes*, Lartéguy, invité vedette de l'émission *l'Homme en question*, doit préparer un autoportrait diffusé en début d'émission. Il a demandé à son ami le sculpteur César de le présenter : « Je sais, dit alors César avec son accent chantant, qu'on m'a toujours dit mais comment, tu connais ce type ? C'est un facho, il est de droite ! Vous savez, il y a des fachos de droite, il y a des fachos de gauche, Moi je ne me pose pas cette question, je n'ai jamais eu de discussion avec lui, ça reste purement sur le plan… physiquement il a un côté jovial, il aime la cuisine, il aime la gueule, il est vivant, ça reste toujours à ce niveau-là ; j'ai jamais lu un de ses livres, je ne connais pas sa vie, et Dieu sait que je suis vraiment un ignorant, on me dit vous connaissez Lartéguy ! Je sais qui c'est Lartéguy, bien sûr ! Je sais, je sais pas et Lartéguy c'est quand même un type que j'aime bien et je me dis, pourquoi il est de droite ? J'ai l'impression que je suis quand même un homme de gauche, s'il fallait que je milite, je militerai à gauche… » Entouré de sa femme et de ses amis, Lartéguy enchaîne et répond à César : « De droite, de gauche, moi je me situe plutôt ailleurs, est-ce que mes ennemis sont à droite, à gauche, j'en sais rien, je ne fais pas très attention à mes ennemis, un peu plus à mes amis. La liberté c'est un mot qui a suffisamment de sens à lui tout seul, ce n'est pas la peine de le mettre au pluriel. Si je ne peux pas ouvrir ma grande gueule, je ne peux pas vivre… ».

Tout est là…

Les doutes

Parallèlement, cette période est aussi pour lui, celle des doutes et des interrogations fondamentales. La foi de sa jeunesse semble tout à fait abandonnée. Il l'affirme en 1973 : « me voici devenu incroyant[32] ». La honte qu'il avait éprouvée dans les Vosges, à se tourner vers Dieu alors qu'il était en danger de mort ne constitue plus désormais qu'un lointain souvenir. Même s'il ajoute aussitôt après sa déclaration d'incroyance : « un jour, je l'espère, je retrouverai ma Foi perdue, rien qu'en faisant les gestes, comme Pascal l'enseignait ». En vérité, le chasseur de guerre poursuit intimement une autre quête : celle de l'absolu.

Tenu à la fréquentation forcée et peu amène de la religion au cours de son adolescence chez les Jésuites, Lartéguy n'échappe pas à la règle qui veut que l'on ne puisse aimer qu'à condition de rester libre. De ce point de vue, la méthode des disciples d'Ignace de Loyola, trop contraignante et trop rigide, a produit sur lui des effets contre-productifs dévastateurs. En revanche, l'attachement à la personnalité de son oncle, le chanoine Osty, évitera vraisemblablement à Lartéguy la rupture totale ou l'affrontement frontal avec le fait religieux. C'est d'ailleurs en présence du chanoine et muni de sa bénédiction qu'il s'est marié religieusement avec Thérèse.

Par ailleurs, Lartéguy s'attache à relever régulièrement les bienfaits qu'il reconnaît au catholicisme. Sans doute par honnêteté et par souci de justice objective. Au catholicisme, et non simplement au christianisme, car il n'aime pas les protestants. Au sujet de certains d'entre eux, il écrit ainsi : « on n'est pas éduqué dans une religion aussi puritaine que le calvinisme sans en garder des traces profondes. Le péché c'est la chair. Bêtise ! Il n'existe de péché que contre l'esprit[33] ! »

Toujours hanté par la guerre, il ne peut s'empêcher de relever que cette même Église catholique était parvenue à établir la trêve de Dieu dans le monde médiéval. Il appelle donc au rétablissement de cette règle qui, à défaut de mettre un terme aux conflits, offrait du moins le mérite de les limiter et de les réguler, déplorant que plus aucune Église n'ait aujourd'hui la force de l'imposer. Regrettant, en un mot, que la civilisation se soit trop éteinte pour cela. Cette civilisation dont il aime à relever les traces lorsqu'il annonce : « pour l'art et la musique, je ne supporte que les églises romanes et le chant grégorien[34] ». En Indochine, mieux que les armées, il a noté aussi que « la seule force véritable qui se soit opposée au Vietminh ce sont les catholiques, bien encadrés par leurs prêtres[35] ». Il a perdu la foi et ne s'en cache pas, mais son honnêteté et son histoire personnelle le poussent à défendre la pertinence du catholicisme, qui constitue davantage une civilisation qu'une religion à ses yeux.

À nouveau, ce début des années 1970 marque un tournant dans sa réflexion sur la décadence. Le dénouement approche dans les conflits du Sud-Est asiatique, les souffrances des populations s'intensifient à mesure que les totalitarismes s'y installent et que les sociétés occidentales indifférentes s'en détachent : cette période représente à ses yeux « des temps de merde et d'amertume[36] ». Il souffre visiblement du constat sans ambiguïté qu'il pose sur son temps et cette souffrance se traduit soudainement par une tentative poétique.

Lartéguy poète ? Pas en tant que tel, bien entendu, mais son écriture peut receler une part de poésie ; quelques pages relevées dans ses *Centurions* en livrent, çà et là, quelques exemples. Il est aussi un véritable évocateur de la beauté naturelle. Il sait la découvrir derrière la simple contemplation des choses et la livrer parfois dans des phrases douces et chantantes, comme celle dont il use pour rendre l'émotion qui le saisit à la vue d'un coucher de soleil en Asie : « une traînée de sang rongea les bords sombres du ciel[37] ». D'un point de vue formel, sa poésie reste détachée des règles habituelles de versification. Son premier (son seul ?) véritable poème, qu'il adresse à son frère, illustre parfaitement cette liberté de style. Les premiers vers, teintés d'une certaine mélancolie, méritent d'être cités pour la musique et la peinture qui s'en dégagent :

« *Ce soir, en égrenant le chapelet de mes souvenirs,*
Je retrouve les visages et j'entends les voix
De mes amis disparus ».

Mais l'actualité brûlante ne permet pas à Lartéguy de rêver plus longtemps et le rattrape dans ses envolées lyriques : le baroudeur va bien vite reprendre le dessus sur le rêveur.

Chapitre VIII

LA MATURITÉ

« Chaque tourment possède son cri, la santé seule se tait. »
Erik Gustaf Geijer

La micro tempête provoquée par le pamphlet de Lartéguy s'est vite apaisée. Au fil des mois, pour le grand reporter, l'actualité a replacé le Vietnam au centre de toutes les préoccupations.

L'Asiate touché au cœur

À la fin du mois de janvier 1973, les négociations entre Américains et Vietnamiens, entamées près de cinq ans plus tôt, ont enfin abouti : les Américains se sont engagés à retirer leurs troupes du Sud-Vietnam et les Nord-Vietnamiens à restituer tous les prisonniers détenus. Mais moins de deux ans à peine après la signature des accords de Paris, la guerre reprend en décembre 1974. En avril 1975, le général Giap lance une offensive fulgurante sur le Sud-Vietnam. Pour Lartéguy, il est impératif d'assister à ce qui ressemble de plus en plus nettement aux derniers jours de la deuxième guerre d'Indochine. Pour n'importe quel journaliste, le départ pour le Sud-Vietnam ne pose alors pas de vraies difficultés. Pour Jean Lartéguy, il en va tout différemment. Dix ans plus tôt, dans ses articles de *Paris Match*, il n'a pas ménagé les dirigeants sud-vietnamiens. Or, si Lartéguy a un peu oublié ses articles, le gouvernement de Saigon lui refuse le visa demandé. Cela ne l'effraie pas pour autant. Lartéguy s'embarque donc à destination de Singapour avec escale à Saigon… Ainsi qu'il l'avait prévu, la confusion est totale dans l'aéroport de la capitale sud-vietnamienne. Il se faufile donc et parvient finalement à rejoindre en ville la foule des journalistes venus couvrir le conflit. Parmi eux se trouve Bernard Edinger, alors jeune reporter, qui consacrera plus tard à Jean Lartéguy plusieurs de ses articles.

Son ami, le chef opérateur et photographe Raoul Coutard le rejoint bientôt. Lartéguy retrouve la ville qu'il a tant aimée mais dont l'atmosphère est devenue crépusculaire. Il n'a plus l'âge de courir les rues, de faire le coup de poing ou d'aller au-devant des adversaires, chercher le renseignement à la source. Il écoute et observe, recueillant les confidences des autres journalistes et élaborant ses propres analyses. Il s'est installé à l'hôtel *Continental,* un bon observatoire pour radiographier l'agonie de la ville. Saigon, écrit-il, « est devenue une ville sale, qui sent mauvais et se laisse aller[1] », « elle va devenir un vaste tripot. En apparence, toutes les structures familiales s'écroulent, et morales, et religieuses, et politiques[2]. »

Depuis le départ des troupes américaines, il reste à peine 5 000 Américains à Saigon. Mais pour le Pentagone il est clair que la chute de la ville est imminente. Au début du mois d'avril, toute la ville semble gagnée par la panique, l'exode des civils fuyant en foule devant l'avancée des troupes du Nord ajoute à la confusion, les Américains déclenchent alors l'opération *Frequent Wind,* l'évacuation de leurs ressortissants et de personnalités sensibles. Dans des norias sans cesse renouvelées, des avions de ligne, des gros-porteurs de l'armée, des hélicoptères emmènent sous les tirs incessants d'obus et de roquettes des conseillers américains, des enfants et des personnalités sud-vietnamiennes. Le 21 avril, le président Thieu démissionne et Washington comprend que le Nord-Vietnam n'acceptera pas une reddition négociée. Les routes, les aéroports civils et militaires sont bombardés. Le vrombissement sourd des hélicoptères de l'armée américaine envahit en permanence Saigon : leurs rotations se multiplient entre la ville attaquée et les navires de la *task force* qui mouillent au large de Saigon. En moins d'un mois, 50 000 personnes sont ainsi évacuées. Ceux qui ont choisi de fuir par la mer ne connaissent pas un autre sort : la légende des *boat-people* est en marche. Des images de chaos, de débandades et de cruauté passent en boucle sur les télévisions occidentales : un empire s'effondre à nouveau, en direct cette fois.

Pour Lartéguy qui assiste à ces derniers jours, la fin de la guerre est d'abord imputable à l'erreur d'analyse commise par les États-Unis dans un pays qu'ils n'ont pas cherché à comprendre : l'échec final de leur politique ne fait aucun doute à ses yeux. Il porte également un jugement sévère sur ce qu'il considère comme de multiples et graves erreurs commises par les troupes américaines et par leur commandement.

Lartéguy dénonce d'abord l'envoi du contingent en lieu et place de troupes aguerries et parfaitement disciplinées. Comme hébété, le jeune GI débarque en effet au sein d'un conflit dont il ignore généralement tout, ne disposant d'aucune réelle préparation politique, historique, psychologique ou morale. Il ne connaît pas la population, son mode de vie, ses mœurs et sa civilisation. Il manque lui-même d'éducation et d'assise psychologique. Le GI méconnaît surtout les motifs réels de son engagement sur ce territoire et sait, en revanche, à quel point le peuple américain n'adhère pas, dans son ensemble, à sa présence au Vietnam : il n'y a sans doute pas pire obstacle à l'efficacité d'une troupe. L'absence totale de relations entre ce contingent et la population locale consacre aux yeux de Lartéguy la forme la plus coupable de la présence américaine au Vietnam : elle lui rappelle celle qui prévalait au Japon et qu'il avait déjà constatée au moment de la guerre de Corée. Une fois de plus, l'Américain juge le Jaune comme un être de race inférieure. Il leur reproche ainsi leurs fameux P.X. : entourés de murs hérissés de barbelés, ils vivent à l'abri d'une barrière illusoire, dans des baraquements qui les rassurent mais dont l'isolement, au fond, les fragilise. L'armée américaine, écrit-il enfin, s'est comportée au Vietnam comme une « espèce d'éléphant malhabile, exposé, voué à la mort depuis le début, et qui s'ébroue dans un jardin à la française[3] ». Les Américains ont écrasé le pays sous leur technologie, leur argent, Saigon « a été passée au laminoir par des centaines de milliers de GI, des dollars plein les poches et qui voulaient tout ce qui était en vente libre : alcool, filles, drogues. Toutes les barrières ont été emportées par les dollars, toutes les frontières morales et toutes les structures sociales[4] ». On ne peut être plus clair, à la fois pour condamner une guerre et pour stigmatiser le contresens absolu de la politique américaine adoptée au Vietnam.

La fin s'accélère brutalement. « Le 28 avril, raconte Lartéguy, les Américains ont brusquement donné le signal et à partir de ce moment-là, brusquement tout s'est animé. Nous avons assisté à l'ambassade américaine à cette espèce de folie de gens qui se précipitaient pour être enlevés, dans une confusion extrême. On a vu par exemple l'ambassadeur d'Italie grimper à un grillage pour passer de l'autre côté, c'était insensé, il y avait entre-temps des scènes de pillage étonnantes, par exemple le matin, on a vu des gens sur des pousse-pousse entasser n'importe quoi, des matelas, des armoires ; les policiers s'y sont mis eux-mêmes, l'armée s'y est mise. Mais il y a eu encore des combats, les combats les plus pathétiques, au petit matin, les miliciens chrétiens sur le point du Donai qui sont partis avec leur vélo, leur carabine attachée sur le vélo pour se battre une dernière fois, ils ont d'ailleurs tous été fusillés. Tandis que de tous côtés entraient les chars, les chars nord-vietnamiens qui étaient des chars soviétiques. Ces troupes nord-vietnamiennes qui arrivaient, des jeunes types, qui avaient ce sourire un peu gentil, un peu figé de bonne sœur, encadré par les vieux cadres qui avaient des gueules terribles de templiers… Il y avait des scènes de rue incroyables, on regardait ces martiens qui arrivaient de quelle planète, ils ne comprenaient rien du tout et petit à petit on a senti ce système qui se fermait doucement, insensiblement, à voir des gens qui étaient recensés, envoyés dans des camps de rééducation pour deux jours, trois jours, cinq jours, en fait ils ne réapparaissaient plus[5]… ». Réduite à l'état de cadavre, la ville tombe naturellement aux mains des forces du Nord-Vietnam, sans combattre. Elle n'en a plus la force, ni les moyens, vaincue avant tout par elle-même, par sa faiblesse et par ses abandons : « elle n'agonise pas, dit-il, Saigon après s'être vidée de sa substance, crève dans la pourriture, les incendies et le pillage[6] ».

Dans la manière qu'elle adopte pour rendre compte de ces événements tragiques, la peinture de Lartéguy offre ici des similitudes frappantes avec les détails qu'utilisera Jean Raspail pour évoquer ses propres envahisseurs dans son roman *Septentrion* : un même et inexorable étouffement saisit le lecteur.

Comme tous les autres journalistes, Lartéguy est finalement expulsé de la ville que le Nord victorieux vient de rebaptiser Ho-Chi-Minh-Ville : « Je n'en avais que faire, écrira-t-il, l'autre, Saigon, me restait[7]. »

Au-delà de ce qui constitue pour lui un véritable déchirement, Lartéguy dénonce la nature même de cette guerre nouvelle, dans laquelle n'intervient plus aucune espèce d'humanité. Cette guerre lui semble laborantine, mécanisée et robotisée à l'excès, fonctionnarisée pourrait-on dire, et très corrompue. Les épandages de napalm sous lesquels des femmes et des enfants sont aveuglément carbonisés, expirant dans des souffrances atroces l'ont particulièrement révulsé. Plus que tout, c'est la disparition d'un pays qu'il a tant aimé qui le blesse jusqu'à l'intime. Il n'aime pas la guerre. Il n'aime que les soldats qui la font. Parce qu'on le leur demande et qu'ils ne se dérobent pas à leur devoir. Il sort donc de cette guerre du Vietnam encore plus meurtri qu'à la fin de l'Indochine : ses derniers espoirs de voir la péninsule asiatique échapper à l'enfer communiste se sont définitivement évanouis. Il en sort, ou plus exactement il s'en extrait, en poussant un long cri d'amour et de désespoir, un cri halluciné.

De retour à Paris, accompagné des photos de Raoul Coutard, ce cri est un nouveau livre, sans doute le plus politique, le plus analytique, le plus journalistique et le plus amer de tous. Il porte un nom déchirant et définitif : c'est *L'Adieu à Saigon*, chronique au jour le jour de la fin du Sud-Vietnam. Au moment où il paraît, comme une ritournelle, au milieu des images de guerre et de foules en panique, une vieille chanson d'Indochine revient en mémoire à Lartéguy :

Dans la ville d'Hanoï, on compte trente-six rues,
On m'a dit ma belle amie
Que votre demeure était rue de la Voile
J'y cours et ne vous y vois point.

Définitivement atteint par ce « mal jaune » qu'il a si bien décrit, Lartéguy l'Asiate pense qu'il ne reviendra plus dans la péninsule du Sud-est asiatique. La page est tournée, les nouveaux horizons seront français, polynésien aussi, le temps d'une enquête sur les essais nucléaires à Moruroa[8].

Mais Jean Lartéguy bourlingue depuis maintenant trente-cinq ans. Le moment lui semble venu de raconter son parcours, c'est *La Guerre nue,* une longue série d'entretiens avec

Joseph Poli dans lesquels il se livre avec pudeur et évoque le sentiment d'effroi que lui ont inspiré tous les conflits qu'il a traversés, « l'homme, écrit-il, citant Joseph de Maistre, est chargé d'égorger l'homme. La terre continuellement imbibée de sang, n'est qu'un autel immense où tout ce qui vit doit être immolé sans fin, sans mesure, sans relâche… » La forme de ce recueil est libre, autobiographique : l'âme tourmentée de Lartéguy y révèle beaucoup d'elle-même, distribuant aussi, à l'occasion, quelques fausses pistes sur lesquelles il égare ses lecteurs.

Derniers barouds

Pendant de longs mois, un rideau de silence est tombé sur la péninsule indochinoise. Alors que Jean Lartéguy assistait à l'arrivée des Nord-Vietnamiens à Saigon, les Khmers rouges au même moment s'emparaient du Cambodge. Le 17 avril, jour de leur entrée dans Pnom Penh, le journal *Libération* titre à la une : « Le drapeau de la résistance flotte sur Pnom Penh ». Toujours à propos de Pnom Penh, vingt-quatre heures après la prise de la capitale, la une du même journal annonce « Sept jours de fête pour une libération ». Trois mois après la victoire des Khmers rouges, et malgré les premiers témoignages inquiets sur la chape de terreur qui s'est abattue sur le pays, Jacques Decornoy dans *Le Monde* du 18 juillet explique benoîtement qu'au Kampuchea : « Tout le monde vit de la même façon, transporte, pioche, repique, ensemence, récolte, irrigue, depuis les enfants jusqu'aux vieillards. L'allégresse révolutionnaire a, paraît-il, transformé le paysage humain. » Aveuglés par leur antiaméricanisme et leur sympathie a priori pour les mouvements de libération du tiers-monde, un grand nombre de journalistes traitent avec désinvolture de « propagande américaine » les premiers témoignages qui parviennent sur les crimes commis par les Khmers rouges. Parmi les rares journalistes qui accepteront, dès 1978, de faire leur autocritique, Jean Lacouture le reconnaît dans un entretien accordé à *Valeurs Actuelles* : « Pour le Vietnam, je plaide coupable. Je m'accuse d'avoir pratiqué une information sélective en dissimulant le caractère stalinien du régime nord-vietnamien [...]. Je pensais que le conflit contre l'impérialisme américain était profondément juste et qu'il serait toujours temps, après la guerre, de s'interroger sur la nature véritable du régime. Au Cambodge, j'ai péché par ignorance et par naïveté. Je n'avais aucun moyen de contrôler mes informations. J'avais un peu connu certains dirigeants actuels des Khmers rouges, mais rien ne permettait de jeter une ombre sur leur avenir et leur programme. Ils se réclamaient du marxisme, sans que j'aie pu déceler en eux les racines du totalitarisme. J'avoue que j'ai manqué de pénétration politique ».

Même si *Paris Match*, pour l'instant, ne lui commande pas de reportage, sa passion pour l'Asie pousse à nouveau Lartéguy hors d'Europe. Quelques mois à peine après la chute de Pnom Penh, il repart pour la Thaïlande. Son intention première est d'enquêter dans les camps de réfugiés ayant fui le Cambodge.

Ce qu'il entend alors confirme ce que certains, comme François Ponchaud, commencent à avancer, preuves à l'appui, sur le régime des Khmers rouges. Missionnaire au

Cambodge, le père François Ponchaud a assisté à la chute de Pnom Penh en 1977. Dans *Cambodge année zéro*, paru chez Julliard, il découvre au monde le génocide que l'Angkhar est en train de faire subir au peuple cambodgien. De son côté, Jean Lartéguy ne revient pas en Europe avec un reportage mais avec un roman sur les survivants, *Le Gaur de la rivière noire*. Un roman d'aventures et pour cela sans doute moins percutant qu'une enquête argumentée. Mais lorsque le livre paraît, Lartéguy, invité par Bernard Pivot, explique à son tour ce qui est en train de se passer au Cambodge. « Je n'étais pas à Pnom Penh, explique-t-il, parce que j'assistais à la chute de Saigon. Par contre, je l'ai reconstituée l'année suivante en visitant tous les camps de réfugiés de la frontière sud de la Thaïlande et en interrogeant tous les réfugiés ; j'ai eu la chance de voir arriver traversant la rivière un khmer rouge, en fait c'était un sihanoukhiste qui était poursuivi. Cela m'a paru tellement horrible, une folie… J'ai raconté à partir de son témoignage, et en reconstituant approximativement, la vie des dirigeants khmers rouges qui ont fait toutes leurs études à Paris, rue du commerce… J'ai connu Kieu Sampan, à Pnom Penh, quand il était ministre de Sihanouk… Ces gens-là ce sont de purs intellectuels, tous ont fait leurs études en Sorbonne, qui vont essayer leur mythe de façon absolue, un dictateur sorti du peuple n'aurait pas osé aller aussi loin. Ces intellectuels devenus fous cela m'a effrayé… Quand ils étaient jeunes, les Khmers rouges, dans les universités parisiennes, se sont grisés de mots. Pour nous, vieux sceptiques, les mots, on en joue comme on joue aux cartes, les mots passent, les idées passent, eux non.

– Qu'est-ce qui les as rendus si déments ? demande Bernard Pivot.

– C'est un parallèle avec Jean-Jacques Rousseau, ils auraient mieux fait de lire Voltaire. Ils ont cru, ils étaient marxistes mais tout le monde était marxiste mais cela ne les a pas marqué, ils ont cru au bon sauvage. L'homme ne pouvait être bon que s'il retournait à ses sources, à son passé. Ils ont voulu revenir au temps où le peuple était un grand peuple, au temps des rois d'Angkor, pas de télé, pas de radio, une époque où la terre se travaillait à la charrue… ils ont inventé une race khmère alors qu'il n'y en avait pas, la civilisation est venue par l'Inde, Angkor a été construit par des architectes indiens, le premier roi est venu d'Inde… Eux ont dit « tout le monde vient des villes, détruisons les villes, ces symboles d'une fausse culture ». En purs racistes, ils sont partis à la recherche d'une race qui n'a jamais existé, ils ont exécuté les Malais, les Tiam, ils ont été cherchés des soldats enfants, les Pnom, les Moïs d'Indochine, les Ka, ces soldats en pyjama noir, proto indochinois qui n'ont jamais participé à la civilisation cambodgienne, réalisant un amalgame de confusion autour de mythe faux[9]… » Avec ses histoires, sa faconde, ses mots imagés, Jean Lartéguy établit ainsi le constat désabusé de cette étonnante relation qu'il a vu partout se nouer entre Asiatiques et Européens, Indochinois et Français, des Européens qui cherchent par-dessus tout à comprendre l'Asie, à l'épouser, et des Asiatiques qui s'inspirent des idéologies rousseauiste, nationaliste et marxisme pour les retourner contre l'Europe qui les a vues naître…

Au moment de cette interview, le 1er septembre 1978, le Kampuchea démocratique existe toujours, mais trois mois plus tard, l'offensive fulgurante de l'armée vietnamienne écrase le régime de Pol Pot et révèle cette fois au monde entier les atrocités des Khmers rouges.

Au regard des années écoulées depuis cette époque, les intuitions de Lartéguy paraissent lumineuses, mais il ne se veut nullement un intellectuel, il parle la langue un peu brusque des grands journalistes baroudeurs. Il dit : « j'ai été le cocu de l'Asie… Tout le monde y a été cocu mais certains ne le savaient pas ». Présentant les personnages de son roman, il lance : « j'ai pris une pute et un mercenaire, des primitifs qui n'ont qu'une idée, survivre, et portent un regard méchant, aigu, cruel, lucide sur ce qui se passe autour d'eux ». Lartéguy en est alors à son trente-cinquième livre, c'est un grand romancier populaire et quand on lui reproche, comme le dit Bernard Pivot, le recours au pittoresque, il s'insurge : « Ce qui est malsain, c'est de se repaître de fange, de ce qui est bas, ce qui est misérable dans l'homme, je ne crois pas être malsain en décrivant un peuple soumis à la dinguerie de ses dirigeants, ou quand je parle d'une tribu aux rites un peu mystérieux, au nom de l'uniformité massacrée dans les montagnes du Laos, on dit c'est du pittoresque, bien sûr parce qu'il faut y aller pour le voir, le pittoresque, c'est ce qui ne se passe pas à Paris… » À la fin de l'interview, Bernard Pivot demande à Lartéguy :

« – Vous n'en avez pas rajouté dans l'horreur ?

– Non », lui répond sobrement le grand reporter.

En spectateur engagé, il repart dès l'année suivante en Thaïlande mais, cette fois, met le cap au Nord. Son objectif, pénétrer le Laos, dirigé depuis 1975 par les communistes du Pathet Lao. La victoire communiste s'est accompagnée de l'arrêt brutal de l'aide américaine aux incroyables maquisards Hmong que Francis Ford Coppola mettra en scène dans *Apocalypse Now*. Lartéguy les a déjà rencontrés à la fin de la guerre d'Indochine. Il sait que son ami Vang Pao a dû s'enfuir aux États-Unis, que le Pathet Lao a programmé le massacre des maquisards pro-américains. En compagnie d'un photographe, il arrive au Nord-Est du pays thaï, à Ubon Ratchathani, une petite ville où, des années plus tôt, est né Jacques Vergès, fort proche lui aussi des Khmers rouges.

Il est impossible de gagner le pays hmong par le Nord, la frontière est surveillée. En revanche au Sud du Laos, à la frontière avec la Thaïlande et le Cambodge, la situation politique très instable rend les contrôles moins fréquents. Ce sera donc l'itinéraire choisi. Mais les routes sont coupées, les cartes inexistantes et, au bout de quelques jours de marche, lorsqu'il voit au milieu de la jungle surgir devant lui des temples magnifiques, Lartéguy comprend qu'il ne se trouve pas en territoire laotien mais au Cambodge, et vraisemblablement dans la partie la plus dangereuse du pays, celle où les Khmers rouges se sont réfugiés après l'invasion vietnamienne. Il faut donc tenter de rejoindre Pnom Penh, à 300 kilomètres de là, et slalomer entre les maquis khmers rouges et les militaires vietnamiens. Lartéguy et son compagnon parviennent à s'embarquer à bord d'un vieil autocar de brousse à bout de souffle. Après quelques crevaisons et un bon paquet de dollars laissé aux inévitables coupeurs de routes, ils parviennent à bon port. Lartéguy a eu chaud. Il a maintenant près de soixante ans et jamais, au cours de ces dix dernières années, il n'a senti le danger d'aussi près. Pour la première fois, l'idée qu'il puisse disparaître là, au milieu de la jungle, l'effleure. Il rédige alors une lettre à l'attention de son frère, lettre qu'il garde dans son portefeuille, au cas où… « Je me trouve encore plongé dans une aventure merdique [...]. Je te demande, s'il m'arrive une tuile, de veiller autant que tu le pourras sur ma deuxième fille Diane, la première semblant devoir se débrouiller seule[10] ». Tout sentiment paternel n'est pas éteint.

L'aventure laotienne clôt le temps du baroud. Dans les années qui suivent, Lartéguy va reprendre sa collaboration avec *Paris Match*, multiplier les enquêtes à travers le monde mais plus jamais il ne prendra autant de risques. Au début des années 1980, c'est la montée de l'Islam au Moyen-Orient et au Maghreb, le terrorisme, le nationalisme arabe et l'Afrique qui l'occupent. Il se livre à des analyses poussées sur les systèmes érigés par Kadhafi, Yasser Arafat, Khomeiny, Saddam Hussein, les fous de Dieu en Égypte, partout où menace ce qu'il appelle lui-même « la bombe islamique[11] ».

En Syrie, il dénonce l'influence grandissante de l'Iran et les menaces qui pèsent sur le Liban, pays ami de la France oublié des Français. L'approche particulière qu'il fait des soubresauts du monde, n'est pas celle d'un politologue ni d'un chasseur de scoop. Autant qu'aux grands mouvements d'idées et aux basculements d'époques, Lartéguy s'intéresse à ceux que l'on ne voit pas, à ceux qui agissent en coulisse, minuscules grains de sable décisifs qui brusquement peuvent transformer le monde. Depuis sa jeunesse, il a côtoyé les hommes de l'ombre et, aujourd'hui qu'il n'est plus que de loin en loin sur le terrain, il aime recueillir leurs confidences. Ainsi en va-t-il de celles d'Alexandre de Marenches, ancien patron de la DGSE, qu'il reçoit chez lui en 1986 à Saint-

Cézaire dans une atmosphère surréaliste, buvant le champagne sous le regard attentif des tireurs embusqués sur les toits de la vieille cité provençale. Ainsi, celles de Bob Denard, celui qui se fait appeler le corsaire de la république et que Lartéguy présentera dans *Paris Match* comme « l'homme qui voulait être roi[12] », mercenaire et maître espion à l'origine de la majorité des coups d'État en Afrique au long des années 1980. La fascination est réciproque : c'est un personnage hors du commun, comme les aime Lartéguy. Après leur première rencontre, Lartéguy interroge Thérèse qui est du voyage :

« – Tu n'as rien remarqué de particulier ?

– Remarqué quoi ?

– Ses yeux…

– Et bien quoi, ses yeux, qu'ont-ils de particulier, ses yeux ?

– Il a des yeux de fauve, ils ne cillent pas. »

Fin décembre 1988, de nouveau sur les routes, il fait escale aux Comores, toujours en compagnie de Thérèse. Invité par la Légion étrangère, il fête Noël et la Saint-Sylvestre en compagnie des légionnaires : leur accueil chaleureux lui permet de constater que son aura dans les troupes professionnelles est demeurée intacte.

En décembre 1989, après le séisme provoqué par la chute du mur de Berlin, Lartéguy, toujours pour *Paris Match*, part pour Moscou. Mikhaïl Gorbatchev est à la tête de l'URSS depuis quatre ans, il a lancé la perestroïka, retiré les troupes soviétiques d'Afghanistan mais le parti communiste dont il est toujours secrétaire général reste au pouvoir et la plupart des journalistes en poste à Moscou pensent que, comme sous

Khrouchtchev, le dégel sera de courte durée. Avec son impétuosité et son intuition coutumière, Lartéguy revient de la capitale soviétique avec un reportage au titre provocateur, « Ma semaine folle dans Moscou libéré ». Ce sera son dernier grand reportage.

Le temps de la presse s'est peu à peu éloigné, même s'il continue à écrire pour *Match*, dénonçant notamment le rôle de l'universitaire Georges Boudarel comme commissaire politique dans un camp viêt-minh pendant la guerre d'Indochine. Jean Lartéguy consacre désormais plus de temps à ses romans, à ses amis, cercle étroit d'anciens journalistes, de militaires à l'héroïque passé de commandos, de ses proches à Saint-Cézaire, loin du bruit et de la fureur d'un monde passé à l'âge du tout-télévision et de l'information en continu.

Le temps des copains

Au début des années 1990, poursuivant pourtant sa quête créative et un peu touche-à-tout, il se rapproche du monde du cinéma avec lequel, depuis la période Schoendoerffer et depuis le tournage américain de *Lost Command*, il n'a pas conservé de contacts suivis, si ce n'est par la fréquentation amicale de Coutard. Cette fois, il s'implique plus personnellement, en collaborant très étroitement comme conseiller technique et scénariste à l'élaboration d'un film que tourne le célèbre Georges Lautner[13] et qui va connaître un réel succès d'estime dans le public français. Jean-Paul Belmondo y tient le rôle principal : c'est, en 1992, le triomphe de *L'Inconnu dans la Maison*.

La villa des Restanques résonne souvent, désormais, des fêtes de la bande de Lartéguy.

Et le truculent Lautner n'est pas le dernier à participer. Comme il a lui aussi posé ses bagages sur les hauteurs cannoises, Lartéguy le convie souvent chez lui, les soirs d'été, pour des apéritifs mémorables au saucisson et au Fernet-Branca. Lautner évoque aujourd'hui, avec nostalgie, le parfum de ces soirées qui se tenaient sur les hauteurs dominant la Siagne, accompagnées par le chant des cigales, dans les odeurs de thym sauvage et de lavande, sous les oliviers, quand le soleil se couche, au loin, vers le golfe de Saint-Tropez : « J'ai connu Jean ici, un type formidable. Son esprit était très particulier, très fin. Très observateur. On voulait faire un film ensemble sur un de ses bouquins, *Les Chimères noires*, mais ça ne s'est jamais fait malheureusement. Le soir, chacun faisait le point de situation sur ses activités créatrices. On buvait. On dégustait aussi une spécialité locale : le fromage de chèvre à l'huile d'olive. Il y avait là Suzy, Suzanne Tillier, drôle de bonne femme de plus de quatre-vingts ans qui ne tenait plus que grâce à l'opium. Lartéguy était épris de paix et d'amitié virile. En quête permanente d'un équilibre impossible. Jean était quelqu'un d'ailleurs. Quelqu'un de très profond[14]. »

À l'ombre des oliviers, on croise désormais de véritables mousquetaires qui se sont lancés dans les aventures de la fin du XXe siècle et consacrés à en décrire les soubresauts. Tous sont des amis de l'Indochine. Ce sont les Asiates de la grande presse ! Il y a là Raymond Cartier, Graham Greene et Lucien Bodard, merveilleux conteur, écrivain brillamment récompensé par le Goncourt. Bodard, surnommé par ses amis *Lulu le Chinois*. Bodard qui joint toujours ses efforts à ceux du maître de maison au service de leur passion commune, la cuisine. Il y a là aussi Pierre Schoendoerffer, dont Lartéguy parfois fut un peu le mentor. Et Jacques Chancel, qui rejoint parfois la bande joyeuse et aventureuse de ces journalistes étonnants. Chancel, le « galopin de la bande » comme il se décrit lui-même, qui comme Lartéguy, comme tous les autres « copains » de cette époque, est reparti de l'Indochine « profondément marqué par ce pays tellement aimé et surtout par ses habitants ». Et que dire de Raoul Coutard ! Coutard, le compagnon d'aventure en Indochine, son double dans le domaine de l'image, asiate de la même veine que lui, ayant succombé aux mêmes charmes avec une sensibilité si proche. Coutard, le réalisateur du splendide *Hoa-Binh*[15], que Lartéguy donnait avec raison comme le meilleur film jamais réalisé sur les durs effets collatéraux de la guerre. Réalisateur aussi, en compagnie de Lartéguy, d'un reportage à la valeur aujourd'hui encore inégalée sur les malheurs du peuple vietnamien, *La Ville étranglée*, criant de vérité et de cruauté. Coutard, le chef monteur emblématique de la nouvelle vague qui a travaillé longtemps au profit de Jean-Luc Godard et de François Truffaut, qui a inspiré directement Spielberg, Scorsese ou Wenders et dont l'œuvre a été maintes fois primée à Cannes et dans les plus grands festivals mondiaux du cinéma, obtenant même l'*ASC Awards*[16] en 1996. Coutard qui a publié la somme de ses impressions, de ses souvenirs et de son œuvre dans un livre plein d'aventures, de truculence et de parfums : *L'Impériale de Van Su*[17]. Coutard le compagnon fidèle, présent lui aussi tout au long du chemin parcouru par son ami Jean.

Robert Maloubier passe de temps en temps, pour travailler sur un projet de livre, fatigué parfois d'être obligé de toujours se mettre à table pour d'interminables festins ! Gérard Le Roux qui vient maintenant en voisin après avoir accompagné son ami Lartéguy aux quatre coins du monde : « J'ai visité le Japon avec lui lorsque je travaillais à Tokyo, la Thaïlande aussi et puis la Lozère, pour un retour aux sources, où il possédait une vieille ferme fortifiée et des amis dont notamment un médecin génial qui nous préparait des grives au feu de bois et des spaghettis au whisky… ne parlant pas des sacs d'os que nous étions les seuls à apprêter… ». Et à pouvoir apprécier : le sac d'os étant une panse de mouton remplie d'os peu décharnés, laissés une ou deux années sous la cendre d'une cheminée, pour être cuits au bouillon et dégustés avec les doigts[18]. Un régal, paraît-il…

En 1992, il se repose à Saint-Cézaire et y travaille sur le livre qu'il est en train de coécrire avec Bob Maloubier, *Triple Jeu*[19], lorsque la sonnerie du téléphone retentit. Un nouvel arrivant fait subitement irruption dans son existence : c'est un homme hors du commun qui appelle, un homme de l'ombre qui, d'une certaine façon, va faire resurgir, chez Lartéguy, quelques fantômes du passé.

Cet homme se nomme Peter Goss, c'est un Anglais, ancien colonel de l'armée des Indes au sein de laquelle il a commandé le 8e régiment de Gurkhas. Il livre lui-même, dans une narration toute de retenue et de pudeur, quelques jalons de l'histoire de sa vie[20] : « Après trente ans dans l'armée, j'ai pris une retraite anticipée avec le grade de colonel. J'ai été nommé comme fonctionnaire au *Joint Intelligence Committee* dans le bureau du Premier ministre britannique[21]. J'y ai passé quatre ans, puis l'ai quitté afin de poursuivre une autre carrière, chez Control Risks Limited, une compagnie internationale de gestion de risque dont le siège est à Londres et que d'anciens camarades des forces spéciales (SAS) et d'autres organismes de renseignement étaient en train de monter. Je m'y suis surtout consacré à la négociation dans les cas d'extorsion en tous genres (par exemple, négociations pour la libération d'otages). J'ai pris ma retraite, un peu tardivement, en 1997, à l'âge de 73 ans ». Un peu tardivement…

Immédiatement, une véritable amitié lie les deux hommes qui sont de la même veine et partagent les mêmes analyses. Peter Goss raconte : « Je l'ai connu en 1992 juste après mon installation définitive dans le Var, un peu en amont de Saint-Cézaire. Je ne l'avais jamais rencontré, mais connaissais ses livres sur l'armée française et sur l'Extrême-Orient. J'avais particulièrement admiré sa trilogie sur la guerre d'Algérie.

J'avais appris que Jean passait une bonne partie de l'année à Saint-Cézaire. Je lui ai donc téléphoné, tout simplement, me présentant comme officier de l'armée britannique à la retraite, ayant beaucoup de contacts avec l'armée française (je suis un ancien de l'école d'État-major française et breveté parachutiste français) : nous devions avoir des choses à nous raconter !

Jean nous a immédiatement priés, avec mon épouse, de venir manger chez lui à Saint-Cézaire et c'est ainsi que débuta une amitié qui allait durer une vingtaine d'années, jusqu'à son décès. Nous faisions en quelque sorte partie d'un cercle d'amis de Jean composé d'écrivains, de cinéastes, de journalistes, basés dans la région et dont plusieurs s'étaient installés là à sa suite. Ma femme (ancienne directrice littéraire) et moi avons travaillé avec lui sur un certain nombre de projets et de traductions de synopsis de films. Sa maison était une véritable usine à idées !

Toutefois, Jean était quelqu'un d'assez privé, comme nous le disons en anglais, voire même un peu sauvage. D'une modestie extrême, on ne le sentait réellement à l'aise qu'en présence de ses amis intimes et de ses collègues journalistes ou écrivains.

Comme écrivain, il était très discipliné, s'imposant une routine des plus strictes. J'imagine que ses talents de chercheur étaient un aboutissement logique du fait qu'il était, à la base, historien. Je suis également persuadé que la rigueur qu'il apportait à son travail venait en partie de son entraînement militaire et de la période qu'il avait passée dans l'armée.

Il avait une aptitude à gagner facilement la confiance d'hommes issus de milieux très différents. On le voit dans ses livres et dans ses reportages et dans ses contacts très « confortables » avec tous, qu'ils soient politiciens, personnalités publiques, simples privés, chefs de guérilla ou tout simplement les habitants de son village de Saint-Cézaire. Les portraits finement observés de personnages divers et très variés qu'il dressait dans ses livres en témoignent.

Ses manières exquises et chaleureuses et son charme inné faisaient de lui quelqu'un de très attachant, mais je n'ai jamais eu l'impression qu'il en jouait, ou qu'il en profitait à des fins personnelles, avec les femmes. C'est peut-être pour cela qu'il me semble que les personnages féminins de ses livres ne sont pas toujours très aboutis, ni même totalement crédibles.

J'ai souvent pensé que Jean avait dans sa vie une zone secrète qu'il partageait avec un cercle des plus restreint. La collection de pipes à opium qu'il possédait ne servait, il se peut, pas uniquement à des fins décoratives !

Pour finir, je tiens à préciser que c'était un ami d'une solidité et d'une fidélité sans faille, loyal et franc. Sa générosité était remarquable. Sa table toujours ouverte aux amis chers, débordait de bons plats et de vins délicieux. Il me manque énormément[22]. »

Ces mots simples et émouvants sont ceux d'un ami.

Témoin de son temps

Puis il arrive parfois que l'homme quitte sa retraite et jaillisse à nouveau en pleine lumière, pour quelque interview ou quelque émission consacrée aux années récentes. Il accepte parfois sachant son avis recherché et son témoignage attendu. Il se révèle très à l'aise dans cet exercice. Comme le souligne son frère, « c'était d'abord un visuel. C'est cela : il voyait les choses ; et les images l'intéressaient beaucoup en ce qu'elles étaient le prolongement de la vie[23]. » Ainsi l'émission de la chaîne de télévision France 5, consacrée en 1995 à la chute de Saigon, lui permet de crever littéralement l'écran. Il n'y est pas le seul invité : autour du présentateur se trouvent également l'ancien consul général de France à Saigon, Jacques de Folin[24], homme de grande culture, s'exprimant avec beaucoup d'élégance et de précision, et Christian Hoche[25], journaliste lui aussi, très disert et témoin privilégié d'événements tragiques. En un mot, tout concourt pour que la prestation de Lartéguy soit éclipsée par le discours brillant et captivant des deux autres invités. C'est l'inverse qui se produit : la caméra ne quitte que peu de temps Lartéguy, s'attachant à diversifier les plans pour ne pas créer trop de monotonie, mais y revient toujours. Et Lartéguy, avec la magie de ses mots, permet au téléspectateur de vivre la chute de Saigon comme s'il y était.

En 1995, toujours, se rappelant sa vocation première d'historien, il entreprend un travail considérable de recherche et de synthèse historique en vue de condenser en une somme de quelque 450 pages, 50 siècles de l'histoire de Jérusalem. Son texte est agrémenté de plans qui illustrent avec clarté les différentes évolutions de la ville : *Mourir pour Jérusalem* est à la fois un livre d'historien et un bel exercice de synthèse littéraire. Lartéguy s'y révèle littéralement fasciné par l'histoire chaotique de cette cité, séduit, comme il l'est toujours, par tous les mythes qui s'y attachent : « Certaines villes ont des destins tragiques, aucune ne peut être comparée à Jérusalem [...], elle était pour nous la cité magique [...]. Par quel miracle a-t-elle pu survivre et rester la Cité unique [...] renaissant sans cesse de ses ruines[26] ? » Cette ville, quarante fois détruite et toujours reconstruite, située aux carrefours successifs de toutes les déchirures et luttes gigantesques de l'histoire, cette ville l'attire et l'envoûte. Pour elle, des hommes ont tout laissé derrière eux ; certains s'y sont fait un nom et d'autres sont venus y mourir sans gloire. Et pour la plupart d'entre eux, sans calcul et sans regret. Pour elle, des hommes ont franchi les limites de leur propre résistance et se sont engagés sans retour au service d'une cause qui les dépassait et à laquelle ils s'étaient librement consacrés. À défaut d'être un enfant de cette ville, Lartéguy se sent un peu cousin des hommes qui l'ont construite au long de ces siècles tumultueux. L'Orient s'y est étripé et en partie construit ; l'Occident y a envoyé ses seigneurs les plus valeureux et ses hommes les plus simples, ces derniers ayant historiquement ouvert la route aux premiers et donné le véritable élan des croisades à l'appel des hommes d'Église. Le monde a tourné autour de Jérusalem, depuis la nuit des temps. Jusqu'à aujourd'hui où il s'y déchire encore : l'histoire de cette ville n'est pas finie, pas plus que les vieilles luttes ; et les mythes ont la vie dure. Avec sa verve intacte et son enthousiasme habituel, Lartéguy livre donc un récit passionnant.

La qualité et la justesse de l'historien ne laissent aucun doute quand il évoque l'époque médiévale de la ville. Calmette aurait sans doute aimé lire ces passages. Le travail du journaliste qui dépeint la période contemporaine fait également honneur à sa profession. En revanche, la période antique laisse perplexe. Une fois n'est pas coutume, Lartéguy remet en cause des écritures et traductions bibliques sans jamais fonder son propos sur la moindre preuve ni citer la moindre source. Le livre parait en 1995 et trouve aussitôt un écho très favorable auprès du public : les ventes sont excellentes. Cette performance lui permet de recevoir le Prix des Maisons de la Presse en 1996, dans la catégorie « Documents ».

Une chose demeure certaine : journaliste, reporter, écrivain, romancier, scénariste, acteur, poète et historien, Lartéguy a marqué son temps au travers d'une œuvre qui se singularise à la fois par son éclectisme et par son rayonnement. Une œuvre parfaitement originale. Celle d'un remarquable conteur, descriptif et parfois adepte d'un style qui frise le fantastique, comme lorsqu'il écrit : « J'aime bien Mathusalem. Il appartient à cet univers fantastique de joueurs de cornemuse qui font danser les diables au pied des potences, d'alchimistes déments qui vous sortent d'un vieux mouchoir la pierre philosophale. On ne rencontre ce genre de personnages que certaines nuits aux odeurs de soufre, quand la raison se détraque et que tout devient possible[27]. »

À la tombée des jours, quand la frontière entre le possible et l'incertain trace des lignes devenues glissantes et fugitives, la dernière porte qui s'ouvre livre toujours le chemin des ultimes ascensions. Et celui qui s'offre maintenant aux derniers pas de Lartéguy n'est pas, loin s'en faut, le plus aisé à gravir : le temps est en effet venu pour lui d'affronter ses propres *skyways*.

Chapitre IX

LA VIE CACHÉE

« La gloire est comme un cercle dans l'onde qui va toujours s'élargissant, jusqu'à ce qu'à force de s'étendre, il finisse par disparaître. »

William Shakespeare

Tandis que se clôt le cycle des bouleversements du siècle passé, l'heure est venue, pour Jean Lartéguy, de tracer son dernier sillon.

Une chambre en ville

Installé à Saint-Cézaire pour les vacances et pour s'y consacrer à ses ultimes travaux d'écrivain, habitant Paris et continuant de parcourir le monde sur un rythme de moins en moins soutenu, Lartéguy éprouve une certaine fatigue et une certaine lassitude au début de l'année 2005. Sa curiosité et sa soif de connaissances demeurent intactes, mais il comprend que la carcasse ne suit pas le rythme comme autrefois. Il lui en a tellement fait voir et l'a si peu ménagée au cours des quatre-vingt-cinq années qui viennent de s'écouler…

Il éprouve surtout des difficultés respiratoires de plus en plus fréquentes et toujours plus incapacitantes : les séquelles de Miranda se rappellent douloureusement à son souvenir. Bientôt son état inspire des inquiétudes plus vives. D'un commun accord avec Thérèse, il décide alors de consulter les spécialistes du Val-de-Grâce qui détectent aussitôt un stade avancé d'emphysème pulmonaire[1]. Le diagnostic est lourd de sens : il est immédiatement admis en rééducation pendant un mois. À l'issue de cette période, le médecin qui le suit le dirige pour trois mois supplémentaires vers l'Institution des Invalides, mieux à même, lui explique-t-il, de s'occuper de rééducation.

Là, il à deux pas de son domicile, avenue de Suffren, et la situation lui convient d'autant mieux qu'il apprécie ces lieux, les trouvant à la fois reposants et d'une beauté grandiose. Son goût pour l'esthétisme est comblé. Et sa santé semble s'améliorer. Mais un jour, le docteur Michel Peghini[2] lui confie doucement la clé d'une chambre en lui disant avec délicatesse : « vous avez désormais une chambre en ville[3] ». Par ce geste délicat, il lui signifie que l'essentiel de son temps se passera maintenant aux Invalides. Et de fait, la santé de Lartéguy se dégrade assez vite : bientôt, il ne quitte plus cette chambre et ne remet plus les pieds avenue de Suffren. Lartéguy est désormais chez lui aux Invalides.

Les voyageurs qui visitent ce splendide ensemble architectural achevé par Louvois au XVIIe siècle sont toujours

haud. Comment Lartéguy, une fois de plus, avait-il réussi à se faire admettre à cette réunion qui datait d'avant le putsch d'Alger et qui devait, nécessairement, être entourée de la plus grande discrétion ? Encore un de ces mystères qui marquent ses relations et son aptitude à être présent au bon endroit et au bon moment. Toujours est-il que ses archives ne déçoivent pas : elles recèlent véritablement des documents de la plus haute valeur historique. Le conservateur, Amable Sablon du Corail, de l'école des Chartes, couve du regard les cartons que l'on commence à charger dans la fourgonnette. Plus tard, il rédigera le texte de présentation du legs et son inventaire, qui rendent compte de la richesse exceptionnelle des archives que Jean Lartéguy lègue ainsi au patrimoine national. L'examen des textes annotés de la main de leur auteur découvre l'extrême méticulosité et le perfectionnisme de ce grand travailleur de l'écriture. On y trouve aussi des croquis et des notes qui rendent parfaitement compte de la méthode qu'il suivait et des procédés qu'il employait.

Le 6 mai 2009, un peu après quinze heures, en compagnie de sa femme Thérèse et d'un ami, Jean Lartéguy prend un taxi pour se rendre au château de Vincennes. Le taxi longe les bords de la Seine. Le vieil homme s'émerveille encore devant les bâtiments de la Conciergerie et semble vouloir conserver, au fond de sa mémoire, parmi tant d'autres paysages lointains, les lueurs changeantes du fleuve. Mais le taxi ne s'attarde pas : l'heure avance et le rendez-vous n'est pas banal.

À Vincennes, dans la salle de réception des archives, quelques pièces du legs Lartéguy ont été exposées avec soin sur une grande table ; les premiers invités de la famille Lar-

frappés par la majesté qui s'en dégage. Les corps de bâtiment parfaitement ordonnés autour de la cour d'honneur figurent, sans conteste, parmi les plus beaux de Paris. Au cours de leur visite, les touristes les plus attentifs découvrent qu'ici, outre le gouverneur des Invalides, résident deux des plus hautes autorités militaires de l'État : le chef d'état-major de l'armée de Terre et le gouverneur de Paris. Mais bien peu savent que les Invalides protègent aussi une infrastructure et des services sans pareils, dédiés au soin de ceux que l'Institution Nationale des Invalides nomme du titre glorieux de Pensionnaire[4].

Les Invalides, suivant le mot de l'un de ses anciens gouverneurs, le général Gobilliard, c'est avant tout « une famille dans laquelle la relation est un cœur à cœur[5] ». Un service que le pays rend, en justice, à ceux qui se sont battus pour lui et dont l'âme et la chair en sont restés meurtris. Héritée de la charité d'un roi, grandie par l'histoire et résonnant de ses gloires anciennes, placée aujourd'hui sous l'autorité personnelle du président de la République, l'Institution des Invalides n'a pas d'équivalent au monde.

Des bénévoles, spécialement ceux de l'ordre de Malte, emmenés par l'enthousiasme d'un Philippe Hecklé et la générosité débordante de Catherine Regnier, aident au service des pensionnaires. Habités par le sens du service et du devoir, ils forment la dernière garde rapprochée de Lartéguy.

Dans les corps de bâtiment situés à l'Est de la cathédrale Saint-Louis se trouve celui baptisé du nom de Desgenettes[6]. Au premier étage, le couloir Larrey[7] dessert de nombreuses portes sur lesquelles sont inscrits les noms des occupants. Au fond de ce couloir réside Jean Lartéguy.

Dans son dernier royaume, à la frontière des peines et des rêves, il sait qu'il va devoir mener son ultime combat. Le plus rude nécessairement, le plus définitif de tous. Il s'y prépare dans un texte qui n'est pas son testament, mais qui pourtant y ressemble étrangement : « me voici à l'âge où le temps s'affole et prend le galop, dit-il, où les souvenirs se bousculent devant une porte qui va se fermer. Impossible de ralentir sa course même si le souffle me manque d'avoir trop couru à le poursuivre [...]. J'ai traîné sur les champs de bataille où l'herbe repoussait, je n'ai pas reconnu les villes où nous nous étions battus. En vain, j'ai cherché sur les monuments les noms de mes amis qui étaient morts pour les délivrer[8]. » Angoisse de la mort qui vient, lucidité, amertume : le temps est venu de dresser le dernier bilan.

Pendant six ans, Lartéguy attend l'issue. Mais pendant six ans cette attente bénéficie de l'apaisement que lui procure l'Institution ; il y coule désormais des jours paisibles : « aux Invalides, confie-t-il, j'ai enfin posé mon bagage [...], à l'ombre du Dôme doré, sous les arcades de la cour d'honneur, le temps, un instant, s'est arrêté dans la Paix[9] ». Le chasseur de guerre a fini par trouver ce qu'il cherchait...

Sa chambre est sobrement décorée. Bien sûr, il a laissé dans l'appartement de l'avenue de Suffren ses magnifiques sculptures, ses petits chevaux d'ivoire, ses têtes de Bouddha, les seize plaques de cuivre birmanes sur lesquelles sont gravés les préceptes bouddhistes, tous ces souvenirs patiemment assemblés au cours de ses nombreux voyages, avec un goût très sûr. Bien sûr, il n'a plus le loisir d'admirer sur la droite de son bureau l'envolée majestueuse des piliers ouest de la Tour Eiffel. Mais de sa fenêtre qui donne sur un jardin tranquille, il aperçoit maintenant la coupole dorée qui domine la capitale. Accrochées au mur, quelques photos de lui, du temps du Vietnam, prises par sa femme, puis des photos d'amis et de sa maison de Saint-Cézaire, des estampes japonaises aussi ; et puis, dans un coin de la chambre, son bureau de bambou d'Asie sur lequel il avait autrefois laissé courir sa plume et sur lequel sont maintenant déposés quelques livres. Deux fauteuils accueillent les amis fidèles et les visiteurs. Sur le vaste écran plat de sa télévision, passent en boucle les images du monde. Il les dévore des yeux et tend l'oreille, toujours attentif aux bruits qui s'échappent de ce monde agité. Mais ce n'est déjà plus son monde, ce ne sont plus ses images.

Le matin est consacré aux soins et à l'entraînement physique, le plus souvent en piscine. Jean Lartéguy doit continuer de s'exercer à la marche : ce n'est pas sans difficulté, ni sans courage non plus, qu'il se prête à cette gymnastique. En revanche, les repas représentent toujours un moment sacré ! Le bon vivant, le gourmand, le vorace reprend alors des couleurs : sa carcasse, de ce point de vue, ne le laisse pas en paix et réclame son dû avec insistance !

L'après-midi est consacrée aux visites. Celles de sa femme, quotidiennes, celles des vieux copains, Maloubier ou le général Valérie André, celle de son amie Françoise Demulder[10], celle de Jean Dutourd[11] et celles aussi des bénévoles et des amis de passage. Alors le vieux lion retrouve au fond des yeux l'animation des après-midi ensoleillées de Saint-Cézaire : curieux de tout, toujours, et de connaître le quotidien de son interlocuteur, qui il est, ce qu'il pense de tel ou tel événement : même s'il ne dirige plus les conversations, il prend plaisir à les relancer, d'un mot ou d'un regard, prêt à s'extasier et à s'enthousiasmer, les sens et l'intelligence toujours en éveil. Prêt aussi à raconter, inlassablement, les étapes de sa gloire passée : les *Centurions*, les *Mercenaires*, les *Prétoriens* et le *Mal Jaune*. Ce mal qui le ronge encore lorsque surgissent, au détour d'une conversation, les souvenirs du Laos, ceux du Tonkin et ceux de l'Indochine. Et les fantômes du Japon, toujours le Japon…

Quand le temps le permet, on peut le voir dans son fauteuil poussé par Thérèse, quitter un moment les Invalides pour se rendre au Vauban, le restaurant qui jouxte la place toute proche et où ils ont leurs habitudes. Ils aiment tous deux y retrouver parfois des amis pour un déjeuner en commun. Les garçons sont aux petits soins : on l'installe confortablement et on l'aide quand c'est nécessaire. Les huîtres et le champagne sont souvent au menu. Puis il faut rentrer, retrouver son domicile, prendre un peu de repos et attendre : la routine du Pensionnaire reprend toujours ses droits.

Il ne rit plus, il n'en a plus beaucoup la force. Mais il sourit toujours, de ce sourire profond et heureux qui charmait les foules et les filles et qui lui conquiert ses amis.

Jamais il ne se plaint et lorsqu'un visiteur s'enquiert de sa santé et lui demande comment il va, il s'attire toujours cette invariable réponse : « à peu près bien ». Il est alors inutile de le questionner davantage. Si le visiteur insiste, Lartéguy fait alors volontiers sienne cette réplique de Noël Coward : « il n'y a pas de questions indiscrètes : les réponses le sont quelquefois[12] ». Et pour rien au monde, il n'aurait voulu paraître indiscret…

Dans les jardins, l'été, ou l'hiver à la cafétéria, les jeunes soldats blessés, de retour d'Afghanistan ou d'ailleurs, se regroupent autour de lui. Pour l'écouter parler ou tout simplement pouvoir passer quelque temps à ses côtés. Côtoyer cette « légende » dira l'un d'eux : l'image de Lartéguy ne s'éteint pas. Il y puise un peu d'énergie et beaucoup de plaisir.

Il aime évoquer ses propres souvenirs, qui sont comme des témoins sensibles d'une épopée singulière. À la manière du *Rosebud* de *Citizen Kane*[13], certains d'entre eux refont toujours surface, évocations d'un moment particulièrement heureux ou d'une aventure marquante : ainsi aime-t-il à raconter souvent l'épisode de l'étui à cigarettes du Shah d'Iran.

Son passé, aussi, se rappelle à lui : parfois sous une forme imprévue. Ainsi, au soir du 23 janvier 2008, alors qu'un voyage à Toul est envisagé pour rencontrer l'ami Bigeard[14], un simple coup de téléphone permet aux deux vieux amis de se retrouver une dernière fois. Le téléphone sonne et c'est *Gaby*, la femme du général Bigeard, qui est au bout du fil. Elle passe aussitôt Lartéguy à son mari[15] : « Jean, mon vieux Jean, quel plaisir… Quel âge as-tu maintenant ? Quatre-vingt-huit ? Mais t'es un gamin à côté de mes quatre-vingt-douze ans ! » La voix et la gouaille sont les mêmes qu'autrefois. Ils évoquent leurs vacances à Saint-Cézaire. Lartéguy est visiblement très ému. Il oublie son âge, qu'il est aux Invalides, prétend qu'il se trouve au Val-de-Grâce. Qu'importe où il se trouve d'ailleurs, toutes ces chambres subitement se ressemblent, il est avec Bigeard et plus rien d'autre n'a vraiment d'importance. Le général poursuit : « J'étais aussi au Val il y a quelque temps, Jean. Tu sais quoi ? Ils m'avaient mis dans la chambre de Bouteflika : j'ai demandé qu'on passe tout à l'eau de Javel ! Y'avait un arabe dans le service, toujours à me dire bonjour monsieur, bonsoir monsieur. Une fois, je ne dis rien. Deux fois... À la troisième je lui dis : assieds-toi là, toi, assieds-toi ! T'es pas un fellouze des fois ? Parce que moi j'les renifle tu sais ? J' les renifle moi ! Alors fais gaffe. Il a filé doux tu peux me croire... Ah, on a eu notre bon temps, mon Jean hein ? C'était le temps de madame la France. Elle est où maintenant, madame la France ? Tu sais Jean, j'cours plus maintenant, mais tout ce que j'avais dans les mollets, toute cette force, elle m'est remontée dans la tête, dans le cerveau : ça bouillonne ! D'ailleurs j'prépare mon dernier coup, Jean. J'ai vu mon éditeur : mon dernier bouquin sort après ma mort. Bigeard crève et publie un livre. C'est pas beau ça ? Allez mon Jean, à bientôt hein... À bientôt... C'est fini tout ça... ».

Leur dernier face-à-face se termine donc, à distance, sur ces simples mots si lourds de sens : « c'est fini tout ça ». Un instant fort de camaraderie et de complicité lucide. La manifestation de l'amitié solide qui unit deux monstres sacrés qui ont creusé chacun sa voie dans un passé commun et que la mort viendra bientôt cueillir l'un après l'autre pour les réunir enfin : « à bientôt... »

Derniers feux

Lartéguy n'a pas réagi lorsque l'ami Bigeard a évoqué son dernier livre. Et pour cause : il prépare également le sien. Mais, hormis Thérèse qui demeure discrète, personne n'est au courant de ce projet.

Dans le secret de ses dernières années, Lartéguy s'est en effet lancé dans l'écriture un peu testamentaire de ce qui serait son dernier roman. A-t-il envisagé une édition *post mortem* ? Le titre, de ce qui n'est encore aujourd'hui qu'un manuscrit, pourrait le laisser croire : *Le Prince des années mortes*. Lartéguy s'y découvre encore un peu plus, délivrant une vision désormais très désabusée d'un monde finissant : « Les civilisations sont comme des reptiles qui abandonnent leur peau quand ils muent, écrit-il. De la nôtre, il ne restera bientôt plus qu'une peau morte accrochée aux épines du chemin. Libre à toi de croire que le serpent a survécu à sa dernière mue et qu'il en connaîtra d'autres. Libre à moi d'en douter. » Pour Lartéguy, le rideau va tomber. Pas seulement celui de son existence, mais celui d'une civilisation qu'il ne crédite plus d'aucun avenir. Vision désespérée qui le conduit à prédire des lendemains funestes dont il ne veut rien savoir et qu'il semble même refuser de vivre, n'y trouvant plus d'intérêt : « Ils vivaient dans le souvenir des années passées, des années mortes, ne voulant rien entendre des temps qui venaient et qu'ils estimaient voués à l'Apocalypse ».

En tant que telle, la conservation de ses archives ne préoccupait pas Lartéguy. Il estimait avoir fait ce qu'il avait à faire : ses textes étaient publics, qu'importaient ses travaux et les pistes suivies pour cela ? Thérèse Lartéguy, en revanche, avec cette intelligence pratique qui caractérise les femmes, se posait la question de leur destination et de leur conservation. Un soir de visite, le sujet est évoqué. Thérèse insiste doucement : à ses yeux, il n'est pas question que les documents qu'il a patiemment, méticuleusement assemblés et ordonnés pour élaborer son œuvre, puissent disparaître un jour. Comme il finit par en convenir, une proposition retient son attention : déposer, sous forme de legs, lesdites archives au Service historique de la Défense (SHD). Ce service, stationné au château de Vincennes, « réunit des fonds d'archives d'une exceptionnelle richesse, source principale de l'histoire militaire de la France depuis le XVIIe siècle[16] ». La formule est aussitôt agréée avec enthousiasme par Thérèse et par Jean. Par conséquent, assuré de l'accord des Lartéguy, et après être convenu de la récupération des archives par l'un des conservateurs du SHD, rendez-vous est pris en compagnie de ce dernier, le 24 mars 2009, dans un entrepôt du 17e arrondissement de Paris, au 114 rue Carnavalet.

Là, au fond d'un box poussiéreux, parmi quelques objets épars, confiés à la pauvre serrure d'une grille et à la garde distraite d'un brave type qui semble ne rien comprendre à l'intérêt qui soulève ses visiteurs d'un jour, quelques cartons jaunis, mais bien confectionnés, reposent depuis cinq ans. L'inscription « *archives J. L* », marquée au feutre noir, atteste seule de la qualité de ce qu'ils contiennent. Difficile, sur le moment, de résister à l'envie d'ouvrir un carton : le premier essai délivre d'emblée un document remarquable, un carnet sur lequel avait été dessiné hâtivement le « plan de table » d'une réunion à Alger autour des généraux Massu et Jou-

téguy sont arrivés : le général Bizard, le médecin général Edmée-Valérie André, le général Gobilliard, Bob Maloubier, des membres de sa famille proche et d'autres encore. Tous attendent Hervé Morin, le ministre de la Défense, qui se déplace pour l'occasion, mais les honneurs passent loin au-dessus de la tête de Lartéguy : il coule parfois un regard amusé vers le ministre et un autre, apitoyé, sur la cohorte de courtisans qui l'entoure et se presse courbée dans le sillage ministériel.

Pense-t-il, en cet instant, au gamin qui sautait les roches de la Margeride ? A-t-il alors une pensée pour son père qui ne reconnaissait pas sa valeur ? Le photographe Jacques Bravo immortalise ces moments : ce sont les derniers que Lartéguy vit sous la lumière d'un monde qu'il est en train de quitter, et auquel il confie ses dépouilles, sans illusion, mais avec tout de même, au fond de lui, une fierté réelle et justifiée.

Les rapports qu'il entretient avec la religion demeurent assez lointains. Son ami Gérard Le Roux le confirme : « il ne croyait pas à la religion, du moins telle qu'elle était maintenant enseignée[17] ». Et il est vrai que, dans de rares instants de confidence, Lartéguy semble parfois regretter que la religion catholique ait actuellement perdu beaucoup de son sens. Pourtant, de temps à autre, il baisse la garde. Là où, autrefois, il offrait une défense bâtie sur un orgueilleux refus de la miséricorde – « Vous savez, j'ai trop fait d'erreurs et j'ai mené trop grande vie pour que Dieu me pardonne. » –, il se coule désormais un silence accueillant, une écoute jamais constatée jusque-là et des regards d'une intensité parfois effrayante. Ainsi, un soir de l'automne 2009, alors qu'il n'est pas très bien, encombré par une sorte de vilaine bronchite qui lui brûle la gorge et les poumons, il fait signe qu'il veut se relever et s'asseoir. Pris soudain d'un étouffement plus rude, il se détend peu à peu face aux paroles de réconfort et d'espérance. Que veulent exprimer ses yeux en cet instant, que signifie la force de son regard assoiffé et celle avec laquelle il broie les avant-bras malgré son âge et sa faiblesse ? L'accueil qu'il réservera par la suite, à plusieurs reprises, à un prêtre qui viendra le visiter, lui rappelant peut-être la silhouette de l'oncle, semble indiquer qu'il a pu revenir à la foi de sa jeunesse. Du moins le doute est-il permis.

Puis, petit à petit, lui qui, toute sa vie, est resté secret et pudique, peu porté sur la confidence et peu disert sur ses propres émotions, maintenant se mure dans un silence de plus en plus profond. Comme s'il voulait prendre congé, discrètement, se mettre un peu plus en retrait du monde, et ne s'ouvrir plus qu'à ceux qu'il connaît, ceux dont il a mesuré l'attachement et la fidélité. Ceux qui se sont, à leur tour, engagés auprès de lui.

Ceux-là le devinent et le sentent apaisé, enfin.

Le centurion rend les armes

C'est cet apaisement qu'il manifeste en ce mardi 22 février 2011. Vers 17 heures, il a pris un café en compagnie de Thérèse, puis un autre avec Catherine Régnier. Cette dernière témoigne : « il était heureux, discutait tranquillement et on était tombées d'accord toutes les deux pour trouver qu'il était bien, souriant et prévenant, qu'il vivait une bonne période et qu'il était serein. Il avait vraiment retrouvé la prestance qui était la sienne au tout début de son séjour ici[18] ». Cette fameuse paix intérieure qu'il disait avoir recouvré à l'ombre du Dôme.

Le lendemain, au cours du déjeuner, Lartéguy s'étrangle. Le personnel présent se précipite, comprenant immédiatement qu'il s'agit d'une « fausse route[19] ». Malgré les manipulations de l'équipe soignante, Lartéguy suffoque. Alors, fatigué de tant de luttes, soulagé peut-être d'en voir enfin le terme, le vieux cœur abandonne, pour une fois, la position. Son médecin traitant, le docteur Denis Lerdon, arrivé sur les lieux, ne peut que constater la mort.

L'administrateur de garde est prévenu, le cabinet du Gouverneur également. Thérèse, qui était sur le point d'arriver, apprend la douleur de la séparation par téléphone.

Les funérailles, célébrées le 2 mars en la cathédrale des Invalides, mettent un terme d'honneur à toute une vie d'épreuves, de souffrance et de gloire. La famille est présente, au complet, aux côtés de Thérèse. Les amis sont venus témoigner de leur fidélité au vieux compagnon : Coutard, Schoendoerffer, Chancel, Gérard Le Roux, Maloubier, Pédron, Bravo et bien d'autres. Lautner aussi est là : « il y a tellement de morts autour de moi… C'est bouleversant. Alors vous pensez, comment aurai-je pu ne pas accompagner Jean dans sa dernière traversée ? »

Les autorités militaires, à commencer par le général Gobilliard et le gouverneur en exercice, le général Cuche, sont évidemment présentes. L'aumônier prononce une vibrante homélie dans laquelle il rappelle que « Jean aimait, par-dessus tout, l'honneur. L'honneur de se battre pour les causes qu'il défendait, l'honneur de l'amitié qui lui était sacrée ».

Puis, la messe terminée, le Gouverneur quitte sa stalle et vient se présenter debout, face au cercueil dans lequel repose Lartéguy. Le drapeau des Invalides, porté par un Pensionnaire et entouré de sa garde, semble encore l'accompagner un peu plus en cet instant. Le général prononce l'hommage funèbre et, par sa voix, c'est la France qui dit adieu à l'un de ses plus ardents défenseurs.

Les instants qui suivent sont empreints de la même solennité : recouverte du drapeau tricolore, portée par onze soldats de la garde des Invalides et suivie du coussin sur lequel sont épinglées ses six décorations, puis d'un tambour et de ses proches qui suivent la silhouette fragile et recueillie de sa femme, lentement la dépouille de Jean Lartéguy traverse une dernière fois la cour d'honneur des Invalides. Le silence est épais, lourd, les visages sont graves : les baguettes du tambour, seules, rythment la procession funèbre. Postés sur la gauche, les drapeaux des commandos d'Afrique, ceux des associations d'anciens combattants et celui de Cherchell, dont la délégation est venue nombreuse rendre un dernier hommage à l'un des siens, s'inclinent sur son passage. Sur sa droite, les militaires saluent et les civils s'inclinent. Cet honneur n'est pas unique : il est simplement très rare.

Le dernier centurion repose désormais au carré militaire du cimetière de Vaugirard où il est inhumé l'après-midi même, en présence de ses proches et de ses amis. À cette occasion, son frère Jean évoque avec émotion le souvenir de leur enfance et dessine, pour la mémoire des vivants, les silhouettes oubliées du passé. L'histoire épouse étroitement celle de ce demi-siècle qui a commencé avec la Seconde Guerre mondiale, c'est aussi celle de la presse, celle enfin des Français à qui, par ses récits, il a su faire vivre et comprendre les convulsions contemporaines d'un monde plein de bruit et de fureur.

À quelques pas à peine du petit carré d'herbe que surmonte une simple croix blanche, repose aussi Jules Lecomte, l'ami de son père auprès duquel ce dernier venait souvent se recueillir.

Dans la mort, Lartéguy a renoué les fils.

Traces visibles et sillage intellectuel

Lartéguy n'a jamais pensé laisser derrière lui une quelconque survivance de lui-même : il ne se voyait que comme le témoin privilégié d'un théâtre d'ombres et de lumières dans lequel se jouaient, sur la trame des chutes et des luttes, toutes les complexités de l'âme humaine et tous ses détours. Sa propre histoire et ses propres mérites n'avaient véritablement aucun sens pour lui : il ne s'en faisait jamais aucune gloire. « La gloire, écrivait-il, est un faux-semblant et la suprême jouissance du sage n'est pas de gagner mais de comprendre[20]. »

Alors, au-delà de son œuvre et de l'exemple de son engagement, sur cette voie de la sagesse qu'il indiquait lui-même comme devant être préférée à toute autre, quelles traces Lartéguy a-t-il laissé dans l'Histoire ? Et quelles survivances permettent aujourd'hui de se rattacher aux leçons de sa vie ?

Lui qui, à plusieurs reprises, avait porté un jugement négatif sur leur absence de culture et de philosophie, se serait sans doute montré très surpris d'apprendre que les Américains figurent aujourd'hui parmi les premiers apologistes de son œuvre. Le chef de file de cette reconnaissance, on l'a vu, est le général David Petraeus qui l'a plusieurs fois proclamé : la lecture des *Centurions* a directement inspiré son approche des conflits et lui a permis d'élaborer les lignes principales de sa tactique et de sa gestion des opérations militaires dans les conflits modernes. Il en a même fait, pour reprendre sa propre expression, son « livre de chevet ». La lettre qu'il écrit d'Afghanistan à Thérèse Lartéguy en apporte la preuve.

Emboîtant le pas aux Américains, les Presses de la Cité ont également entrepris de rééditer ses œuvres majeures : sans surprise, le premier volume à bénéficier de ce regain d'intérêt est *Les Centurions* dont la nouvelle parution date de novembre 2011. *Les Mercenaires* et *Les Prétoriens* devraient logiquement suivre.

Un soir de l'été 2011, l'ami Georges Lautner s'est également dit intéressé par la réalisation d'un film qui retracerait l'épopée de son ami.

Lartéguy avait aussi imaginé, dans le cadre d'un Parc national, créer une fondation du nom d'Osty-Lartéguy dans sa maison du Villaret, en Lozère. Cette fondation aurait été destinée, entre autres, à recueillir l'ensemble de ses livres : elle n'a en définitive jamais vu le jour, cette fameuse bibliothèque ayant été finalement léguée à l'Association des écrivains combattants. Elle est aujourd'hui confiée à la garde attentive et amicale du président de cette association, Jean Orizet.

Le 15 juin 2011, la mairie d'Aumont-Aubrac a inauguré une salle Lartéguy au sein de l'Espace Reversat, pavillon consacré à recueillir les livres détenus par la bibliothèque municipale. Sa sœur Josette était présente à la cérémonie d'inauguration. Une plaque rappelle désormais : « *Salle Jean Lartéguy, enfant du pays, écrivain combattant, 1920-2011* ».

Quelques jours plus tard, le 29 juin 2011, le général Benoît Royal inaugure dans l'enceinte du Fort-Neuf de Vincennes, la salle des commissions de recrutement des engagés volontaires de l'armée de Terre et la baptise du nom de Jean Lartéguy. Ainsi, d'une certaine façon, tous les engagements initiaux des jeunes soldats français sont dorénavant pris sous le regard de leur prestigieux aîné.

À Saint-Cézaire, où son souvenir reste bien vivace, une plaque orne désormais le mur principal de la villa *Les Restanques* qu'il a longuement occupée. Œuvre mémorielle de son ami Gérard Le Roux, exécutée par un fondeur serbe, cette plaque de bronze monumentale souligne la présence passée de l'ancien propriétaire des lieux et la richesse de son œuvre.

Depuis le 6 juillet 2012, au cœur du vieux village, une grande place inondée de soleil et plantée d'arbres porte son nom. Le promeneur curieux et averti pourra noter que cet « Espace Lartéguy » se situe entre la rue des Poilus et la rue de la Paix : voilà qui aurait sans doute fait sourire Lartéguy. Autour de cette place, quelque part sur un mur, fixées pour le badaud et pour la mémoire, quelques lignes rappellent son amour des lieux : « un soldat de César, du moins je l'imagine, centurion ou chef de cohorte, fit halte un soir sur l'emplacement de ce qui devait être Saint-Cézaire. Il faisait clair, le mistral avait dû souffler. Par-delà la profonde tranchée de la Siagne, il découvrit la baie de Saint-Tropez et l'admirable déroulement des collines des Maures et de l'Estérel [...] Il avait en ce même endroit découvert la paix[21] ».

Postface

« LARTÉGUY, VOUS CONNAISSEZ ? »

« Le hasard, c'est Dieu qui se promène incognito. »

Albert Einstein

Le privilège du biographe est de pouvoir, à un moment donné, s'introduire dans la vie de son sujet. Pour moi, cette opportunité s'est présentée presque par hasard.

Paris, novembre 2007 : depuis ce matin, il pleut. Une pluie rageuse, insistante et froide. Le ciel est bas, plombé. D'habitude, la vue panoramique offerte depuis mon bureau est une splendeur : Montparnasse, la Tour Eiffel, la coupole des Invalides, l'Arc de Triomphe, le Louvre, les tours de Notre-Dame. Mais ce soir tout est gris. La nuit va tomber. C'est bientôt l'heure de reprendre le métro.

Le téléphone sonne. J'hésite à décrocher mais la sonnerie insiste : au bout du fil, le chef de cabinet du Gouverneur des Invalides. Après quelques amabilités d'usage, la voix interroge tout à coup : « Lartéguy… vous connaissez ? » Je souris vaguement. La phrase me rappelle le film *Le Crabe-tambour* de Schoendoerffer. Sur un navire escorteur, en plein Atlantique nord, chacun se souvient d'une légende vivante, un officier perdu de vue, Wilsdorf, le crabe-tambour, joué par Jacques Perrin. Avec son air matois, l'officier mécanicien, Jacques Dufilho, demande à brûle-pourpoint au médecin joué par Claude Rich : « Wilsdorf, vous connaissez ? »

Et ce soir : « Lartéguy, vous connaissez ? » Si je connais Lartéguy ! Ses héros, ses récits de guerre ont bercé la jeunesse de tant d'officiers… Lartéguy c'est l'aventure des soldats français en Indochine, en Algérie. Comme pour la plupart des officiers de ma génération, il y avait Schoendorffer au cinéma et Lartéguy pour les récits, des histoires de combattants qui parlaient d'honneur, de fraternité, de sacrifice. Je me souviens encore du nom d'un des héros des *Centurions*, Raspéguy. Ce coup de fil d'un soir de novembre me replonge soudain dans un monde de souvenirs et d'histoire.

En fait, tout avait commencé trois ans plus tôt, en décembre 2004. Je me revois monter précautionneusement des échelles escarpées, parcourir d'étroites coursives : je suis avec le gouverneur des Invalides qui m'a convié avec quelques camarades à une visite exceptionnelle de son domaine. En quelques instants, nous sommes passés du caveau des gouverneurs, sous la nef de la cathédrale Saint-Louis, au sommet de la coupole et nous voici en haut du clocheton doré d'où le regard embrasse toute la capitale. Au sommet de cet étonnant lieu de mémoire qui conserve l'histoire de trois siècles d'épopées et d'aventures militaires, les raisons qui ont poussé Louis XIV à en décider la construction me reviennent soudain. Le roi a 32 ans, il a mis les armes et la conquête au cœur de sa politique européenne. « J'ai trop aimé la guerre », dira-t-il sur son lit de mort. Mais, à la différence de ceux qui l'ont précédé, le roi Soleil décide en 1670 de se soucier de ses anciens soldats et de bâtir pour eux un abri afin que « ceux qui ont exposé leur vie et prodigué leur sang pour la défense de la monarchie [...] passent le reste de leurs jours dans la tranquillité ».

Voilà, c'est là l'origine de ce lieu unique, chef-d'œuvre d'architecture classique. Un peu plus tard, en traversant la cour d'honneur, je repense à la grande aventure des armées napoléoniennes. Quels officiers n'ont pas planché sur les mouvements des armées à Austerlitz ? Les noms des généraux surgissent de ma mémoire : Masséna, Davout, Jourdan, Lefèvre. Je repense à ces batailles, à l'enfer des blessés ; l'image de Larrey en train d'opérer à vif me revient. Je sais que bien plus tard, c'est ici, aux Invalides, que les grands blessés de guerre ont continué d'être soignés jusqu'à cette génération de gueules cassées, terriblement mutilée au cours de la Grande Guerre. Tout cela est un pan d'histoire, un passé lointain ; aussi, quand le Gouverneur évoque les malades qu'accueillent aujourd'hui les Invalides, je ne cache pas mon étonnement. Il évoque ce jeune lieutenant blessé en pleine colonne vertébrale d'une balle de mitrailleuse en Algérie, tétraplégique depuis plus de quarante ans, des blessés aussi des conflits plus récents, de vieux militaires oubliés de tous, et je découvre que derrière les murs du monument historique se cache un hôpital moderne en pleine activité. L'idée que ces soldats avec leurs combats, leurs sacrifices, puissent éprouver un sentiment de solitude ne peut pas me laisser indifférent. Je propose alors au chef de cabinet du gouverneur de venir de temps en temps rendre visite à l'un des pensionnaires, celui qu'il choisira pour moi. Sur le moment, ma proposition est accueillie de façon un peu évasive.

Et voilà que trois ans plus tard, un coup de téléphone de novembre me reparle des Invalides et m'annonce Jean Lartéguy. Je ne sais plus bien ce que j'ai répondu. Je crois avoir dit : « Lartéguy ? Jean Lartéguy ? L'écrivain ? Parce qu'il n'y en a qu'un que je sache ? Il est donc aux Invalides ? »

Lartéguy était aux Invalides. Sa femme venait le voir tous les jours mais certainement ma visite lui ferait du bien. J'étais officier, je saurais lui parler, me dit au bout du fil mon interlocuteur. Mes galons d'officier allaient donc constituer un premier point d'accroche. Même si je me demandais un peu ce que j'allais bien pouvoir lui raconter.

Je savais que Lartéguy comptait parmi ces Français libres qui avaient choisi de revenir en France, les armes à la main, pour libérer le pays. Il avait été décoré puis s'était ensuite engagé en Corée. Il avait bourlingué dans le monde entier, son roman *Les Centurions* venait d'être cité par le général américain David Petraeus comme le livre à lire pour comprendre les guerres du XXIe siècle. Qu'allais-je bien pouvoir lui apporter ?

Quinze jours plus tard, me voici à l'accueil. On s'étonne : « Monsieur Lartéguy ? Oui, peut-être, attendez je me renseigne… » Lartéguy ! Visiblement le nom ne dit pas grand-chose au jeune planton. Le secrétaire de faction m'indique le premier étage, bâtiment Desgenettes, couloir Larrey. Les murs sont d'un vert pâle presque livide. Je ne croise personne ce soir-là. Sur la droite du couloir, les fenêtres donnent sur le boulevard des Invalides, les murs du musée Rodin, tout proche, et les toits du lycée Victor Duruy.

Chambre J10. Une petite étiquette indique : Lartéguy. Je frappe. Une voix de femme m'invite à entrer. De la fenêtre qui donne sur un jardin tranquille, la coupole dorée semble entrer dans la pièce. Allongé sur le lit, sa femme assise près de lui, un homme qui m'observe intensément. Un regard profond, magnétique, qui ne me quittera plus. Tout de suite je le salue par son grade : « Bonsoir mon capitaine ». Je vois bien qu'il apprécie.

Thérèse Lartéguy ne reste que quelques minutes et nous laisse faire connaissance. Je dois l'avouer, je suis plutôt intimidé. Alors il se met à parler, avant que sa curiosité ne reprenne le dessus, et c'est un feu roulant de questions ; il veut tout savoir de moi : comment je suis arrivé jusqu'à lui et pourquoi : « Êtes-vous marié ? Avez-vous des enfants ? Moi j'en ai deux, deux filles. Elles sont belles, très belles mes filles. Avez-vous lu mes livres ? Pas tous ? *Les Centurions* tout de même ? Et *Les Prétoriens*, *Le Mal jaune* ? Quand passerez-vous général ? » Au moins sur la dernière question, j'ai peur de le décevoir… Je réponds comme je peux.

Cette première rencontre est pour moi un véritable examen de passage, face à un jury incroyable : même couché, blessé dans sa chair, une force exceptionnelle émane de mon interlocuteur.

Les minutes ont filé. Son regard s'est éloigné de moi, puis il a fermé les yeux. Je sens que la fatigue le gagne. Je me lève et le salue : « Souhaitez-vous que je revienne ? » Le regard s'anime. « Oui, murmure-t-il, s'il vous plaît. »

Le souvenir de ses proches et le témoignage précieux de ceux qui l'ont côtoyé, la lecture de ses livres et l'analyse de ses points de vue, ainsi que les longues conversations que nous avons tenues, Jean Lartéguy et moi, au cours de ses dernières années, ont constitué la matière principale de ce livre et autant de pistes à parcourir, sur les traces de cet arpenteur de l'âme humaine.

Je n'ai pris part ni à sa vie ni à sa gloire ; je n'ai pas épousé tous ses jugements non plus : mais j'ai partagé avec lui ses dernières émotions, ses derniers clins d'œil, ses dernières malices et, puis-je le dire, ses derniers instants aussi, d'une certaine façon.

Je conserve indéfectiblement, à titre personnel, son amitié : celle qui m'a commandé, à mon tour, de prendre la plume pour que les leçons auxquelles il croyait tant, pour lesquelles il avait tant lutté, ne se perdent pas.

Je le lui devais bien.

NOTES

Notes du Prologue

1. Entretien avec Bernard Pivot, 1er septembre 1978.
2. Correspondance avec l'auteur, datée du 26 avril 2011.

Notes du chapitre I

1. Palme : marque une citation à l'ordre de l'armée pour acte de bravoure éminent.

2. Selon l'extrait des registres d'acte de naissance de la mairie de Maisons-Alfort, daté du 6 septembre 1920, copie certifiée conforme du 24 février 2011.

3. Dans Paul Chopine, *Six ans chez les croix-de-feu*, cité par René Rémond, « Les anciens combattants et la politique », *Revue française de science politique*, 1955.

4. Le 25 avril 1925, à l'issue d'une réunion électorale tenue dans les locaux de l'école de la rue Damrémont, des échauffourées opposent les Jeunesses patriotes aux militants communistes. Dans les rangs de ces derniers, contre les cannes menaçantes, on fait usage d'armes à feu : quatre hommes sont tués et une cinquantaine, blessés. Les communistes poursuivent leurs opposants et en tuent quelques autres, dont Lecomte, ailleurs dans Paris. Henri Barbusse, pourtant communiste, a déploré ces assassinats et reconnu l'importance des charges qui pesaient spécialement sur l'un de ses compagnons de lutte, un nommé Clerc, inculpé

pour meurtre (article paru dans le périodique japonais *KAIZO*, fin 1926).

5. Voir le passage consacré à l'inhumation de Jean Lartéguy en fin de ce récit.

6. Témoignage apporté par Maître Gerbal, notaire et lozérien de souche qui venait lui rendre visite à Paris.

7. Ce fils, le docteur Jean Osty, fera une brillante carrière de cardiologue, se liera d'amitié avec Hubert Beuve-Méry et Jacques Faizant et sera, dans son domaine, le médecin référent du journal *Le Monde*.

8. *La Guerre nue*, Paris, Stock, 1976, p. 27-28.

9. Sur ce point, l'histoire réserve un nouveau et savoureux clin d'œil : en effet, il est amusant de rappeler que saint François de Sales a été institué patron et protecteur des journalistes et des écrivains. Le hasard n'existe pas…

10. Vers la fin de sa vie, le souvenir de cet épisode de son adolescence ne l'avait toujours pas quitté.

11. Tragédie grecque d'Euripide, écrite en 410 avant J.-C.

12. Entretien avec l'auteur, le 5 mars 2008.

13. *Lettre ouverte aux bonnes femmes*, Paris, Albin Michel, 1972, p. 169.

14. Toutes ces mentions ont été relevées sur les registres du lycée Lakanal, consignées aujourd'hui aux archives départementales des Hauts-de-Seine et très aimablement communiquées par Juliette Gallois.

15. C'était le surnom d'Édouard Daladier (1884-1970), radical-socialiste, président du Conseil, signataire en 1938 des accords de Munich, qui déclara la guerre à l'Allemagne suite à l'invasion de la Pologne.

Notes du chapitre II

1. L'existence de ce dépôt se retrouve dans la liste donnée par le 1er Bureau de l'état-major de la 6e région militaire, le 14 mars 1940.

2. *La Guerre nue*, *op. cit.*

3. Appartenant à l'armée de Terre depuis 1904, ce camp a longtemps servi de terrain d'entraînement pour ses unités, spécialement celles de l'infanterie. Le dernier groupement qui y stationnait a été dissous le

31 juillet 2009 : mais le camp et sa mission perdurent et sont désormais placés sous le commandement et la responsabilité du 126e régiment d'infanterie de Brive-la-Gaillarde (19).

4. Alors école de formation des officiers de l'infanterie, avant de devenir, à partir de 1963 et jusqu'à aujourd'hui, l'École nationale des sous-officiers d'active (ENSOA).

5. *La Guerre nue*, *op. cit.*, p. 75.

6. Une plaque, déposée là en septembre 1983 par les Catalans, rend aujourd'hui hommage à la « *memoria del rei Pere el Gran* » qui mit en déroute les envahisseurs de la Catalogne.

7. Son frère, médecin, confiera qu'Osty en avait toujours conservé des séquelles pleurales, confirmées par des toux matinales fréquentes. À la fin de sa vie, il souffrait régulièrement d'insuffisance respiratoire qui devait trouver, pour une part, son origine à Miranda de Ebro.

8. *La Ville étranglée*, Paris, Julliard, 1955, p. 43.

9. Comme tous ceux qui ont quitté la France pour rejoindre l'Afrique du Nord et qui sont passés par les prisons espagnoles, Osty était titulaire de la médaille des Évadés. Cependant, les mérites mettent parfois du temps à être reconnus : en effet, cette médaille ne lui sera attribuée que le 2 avril 1984, par décret repris au Bulletin officiel des décorations daté du 5 juillet de la même année. Ainsi, contrairement à une légende qui circule sur son compte du fait de l'intitulé de cette médaille, il ne s'est jamais évadé de prison, mais de la France occupée.

10. *La Guerre nue*, *op. cit.*, p. 88.

11. Jusqu'à l'indépendance algérienne, Cherchell accueillera l'école des officiers de réserve de l'armée française : plus de 8 000 y reçurent leurs galons d'officier et se distinguèrent dans les conflits qui suivirent. Aujourd'hui, l'armée algérienne y forme ses cadres.

12. Plaquette de 1962, p. 57, sous la plume du colonel Bernachot, dernier commandant de l'école.

13. Entretiens avec l'auteur (2009).

14. Commune de la wilaya d'Alger, située sur la côte, à 25 kilomètres à l'Ouest d'Alger.

15. Jean Delvigne est né le 24 août 1919. Diplômé de Sciences Po, engagé volontaire, ses faits d'armes sont nombreux : il est le premier véritable compagnon de guerre de Jean Lartéguy auquel le liait une amitié

indéfectible. Homme délicieux, d'une éducation parfaite et d'une discrétion remarquable, il a toujours manifesté la plus grande affection pour son vieux camarade, bien que la vie les ait longtemps séparés. Un homme qui, plus d'une fois au cours de son existence, a su braver la rumeur et risquer sa réputation quand il s'est agi de manifester son amitié et sa fidélité. Démobilisé à la fin de la guerre, il refuse la proposition qui lui est faite d'entrer à l'ENA sur titre et au regard de ses états de service (Michel Debré avait fait réserver des places pour les anciens combattants au sein des deux premières promotions) ; il préfère suivre l'un de ses vieux amis, le normalien agrégé de grec Pierre Boutang, qu'il aidera dans la création de divers journaux.

16. Joseph de Goislard de Montsabert (1887-1981) était général de l'armée française. Il participa brillamment à la campagne de France, devint le premier commandant en chef des troupes françaises d'occupation en Allemagne et fut élu, par la suite, député des Basses-Pyrénées (1951-1955). Le général de Monsabert a donné son nom à la 169e promotion de l'École spéciale militaire de Saint-Cyr (1982-1985).

17. *La Guerre nue*, *op. cit.*, p. 103 et suivantes.

18. *Ibid.*, p. 105.

19. Entretien avec l'auteur, le 2 juillet 2011.

20. Jean Nowicki est l'un des derniers survivants des commandos d'Afrique : il avait conservé d'amicales relations avec Lartéguy et, toutes ces dernières années, venait souvent lui rendre visite dans sa maison de Saint-Cézaire.

21. Paul Ducournau, grand-croix de la Légion d'honneur, mort en 1985, général de corps d'armée méconnu, dont la vie offrit des visages très paradoxaux. Constituant tour à tour un modèle pour un grand nombre d'officiers puis, brutalement, cristallisant sur son nom, et par les mêmes, un nombre non moins important de critiques acerbes.

22. Alexandre Sanguinetti (1913-1980), ancien militant de l'Action française, proche de l'OAS (Organisation armée secrète) puis converti au gaullisme, sera élu député et nommé ministre des Anciens Combattants dans le troisième gouvernement de Georges Pompidou (1966-1967).

23. On ne trouve évidemment nulle trace d'un amiral Laguilharre : il ne s'agit que d'une appellation volontairement outrée. Laguilharre, en revanche, a réellement existé : il était réserviste et appartenait, avant

guerre, au groupe Schlumberger (information de Jean Delvigne). La dernière trace de l'existence de Laguilharre se retrouve dans un carnet d'adresses appartenant à Lartéguy et figurant à l'inventaire de ses archives personnelles : il y est inscrit, habitant au 65 de l'avenue des Champs-Élysées.

24. Entretiens avec l'auteur, le 2 juillet 2011.

25. *La Guerre nue*, *op. cit.*

26. *Commandos d'Afrique, de l'île d'Elbe au Danube*, Paris, Presses de la Cité, 1980, p. 224.

27. *Ibid.*

28. Techniquement, on parlerait aujourd'hui de dépollution de zone.

29. Dans les états de services de Lartéguy, un détail amusant : le mot « adresse » y remplace « indulgence », originellement inscrit ; le copiste s'est-il ému de la jeunesse de l'aspirant ?

30. Relaté par Jean Osty (entretiens avec l'auteur, avril 2011).

31. Cette collation de la médaille militaire à un aspirant est fort rare. Elle valut à son bénéficiaire, rapidement nommé au grade de sous-lieutenant, quelques tracasseries administratives : la médaille militaire ne pouvant être conférée qu'à un officier (or le grade d'aspirant n'était pas, à proprement parler un grade d'officier à cette époque), il lui fut proposé de renoncer à sa décoration au profit de la Légion d'honneur, ce qu'il refusa à la grande surprise de la chancellerie de l'ordre. Ainsi retrouvera-t-on dans un même décret (paru en 1946), l'annulation de cette décoration puis sa confirmation : le fait est sans doute unique dans l'histoire de la médaille militaire.

32. Vers la fin de sa vie, il posait encore la question de savoir si les chefs militaires se faisaient toujours la guerre entre eux.

Notes du chapitre III

1. Par la suite, Jean Delvigne restera très lié à la famille d'Armagnac, portant assistance, des années plus tard, au fils de son ancien capitaine qui avait versé dans les aventures de l'OAS. Celui-ci, journaliste, ne put alors compter que sur bien peu d'amis véritables.

2. Entretien avec l'auteur.

3. Anecdote rapportée par Thérèse Lartéguy.

4. Ami de Jean Lartéguy, Robert « Bob » Maloubier est né en 1923. Il fut, pendant la Seconde Guerre mondiale, un agent secret français du *Special Operations Executive* (le service action des forces spéciales britanniques). Après la guerre, il fut agent du SDECE (ancêtre de la DGSE), participa ensuite à la création des premières unités de nageurs de combat de l'armée française et travailla en Afrique pour le compte de diverses compagnies pétrolières. Coauteur avec J. Lartéguy de *Triple Jeu*, il raconte dans son dernier livre une partie de l'histoire de sa vie : *Agent secret de Churchill 1942-1944*, Paris, Tallandier, 2011.

5. Entretien avec l'auteur.

6. *Les Naufragés du soleil*, Paris, J'ai lu, 1980, p. 9.

7. Sur ces dates, les pièces militaires sont formelles. Or, il est amusant de noter que Lartéguy, dans *La Guerre nue*, a pris soin de préciser qu'il a fêté le 14 juillet au Japon. Plus qu'un nouveau mystère, on peut se douter qu'il s'agit, cette fois, du cabotinage que se permettent les conteurs...

8. Lettre à sa sœur Josette, écrite sur le navire qui le ramène d'Alger et datée du 18 juin 1951.

9. *Les Rois mendiants*, Paris, J'ai lu, 1977, p. 13.

10. *Ibid.*, p. 18.

11. D'un point de vue statistique et en-dehors des deux premières guerres mondiales, cette guerre est sans aucun doute la plus meurtrière du XXe siècle. On évoque généralement le chiffre de 100 000 morts du côté de la force sud-coréenne et occidentale et l'on estime à plus de 2 millions celui des soldats de l'alliance du Nord. Ce chiffre ne tient pas compte du million de civils, victimes « collatérales » de ce conflit, morts sous les bombardements et en raison des maladies. *White Hills* était le surnom que les Américains avaient donné aux montagnes à l'assaut desquelles ils engageaient les combats contre les forces du Nord et contre les Chinois.

12. Au sujet de Crèvecœur et des combats de Corée, le lecteur pourra utilement se référer à trois ouvrages : *Parallèle 38* (Paul Mousset, Gallimard, 1951), *Du sang sur les collines* (Lartéguy, Presses de la Cité, 1954) et *L'Assaut de Crèvecœur* (Commandant Le Mire, Documents du Monde, 1956). Il pourra tenter aussi de se procurer le *Rapport de l'armée française*

sur des combats types du bataillon français en Corée 1951, recueil très technique écrit par des officiers du bataillon Monclar.

13. Dans *La Guerre nue*, *op. cit.*

14. *Les Mercenaires*, Paris, Presses de la Cité, 1960, p. 217.

15. *Ibid.*, p. 217.

16. *Ces voix qui nous viennent de la mer*, [Paris, Gallimard, 1954] ; Paris, Solar, 1969, p. 30-31.

17. *Le Mal jaune*, Paris, Presses de la Cité, 1962, p. 336-337.

18. Anecdote relatée dans sa *Lettre ouverte aux bonnes femmes*, p. 212.

19. *Ces voix qui nous viennent de la mer*, *op. cit.*, p. 34, 36-37.

20. *Ibid.*, p. 134-135.

21. Bien que ses pièces militaires n'en fassent pas état, ce passage aux Invalides est attesté par l'allocution que prononça le général Cuche lors de ses obsèques.

22. Émission radio, date indéterminée, citation de Jean Lartéguy.

23. *La Guerre nue*, *op. cit.*, p. 188.

Notes du chapitre IV

1. Seuls 23 survivants en réchappèrent. Le coup fut très rude pour le moral des troupes en Indochine.

2. Entretien avec l'auteur, mai 2011.

3. Ainsi s'exprime au sujet des Français la vision de Tuan Van Lé, jeune terroriste nationaliste vietnamien, dans *La Ville étranglée*, *op. cit.*, p. 64.

4. *Office of Strategic Services* (Bureau des services stratégiques), agence de renseignement du gouvernement des États-Unis. Créée le 13 juin 1942, elle est destinée à la collecte des informations et à la conduite d'actions clandestines.

5. Une carte d'état-major de Diên Biên Phu et un croquis d'opération, annoté de sa propre main, illustrent la chronologie des pertes du 13 mai 1954. Ces deux pièces, d'une haute valeur historique, figurent parmi les archives les plus émouvantes déposées à Vincennes.

6. Le fait est historique : la Confédération générale des travailleurs, en communion avec ce qu'elle nommait alors « les populations exploitées

du Vietnam », incitait ses membres à remplacer l'explosif contenu dans les grenades par une farine ou une poudre inoffensives.

7. Comme celle, doublée d'un sabotage par l'un de ses quartiers-maîtres, qui empêche le départ du *Pasteur*, en janvier 1950.

8. *La Ville étranglée*, *op. cit.*, p. 73.

9. *Ibid*, p. 97.

10. *Ibid.*, *loc. cit.*

11. *Les Centurions*, Paris, Presses de la Cité, [1960], 2011, p. 383.

12. *Enquête sur un crucifié* (1973), Paris, J'ai lu, 1976, p. 189.

13. *Le Mal jaune*, *op. cit.*, p. 49-50.

14. *Ibid.*, p. 51-81.

15. *Ibid.*, p. 106-107 et p. 151-152.

16. *Les Centurions*, *op. cit.*, p. 158-162.

17. Clausewitz, *De la guerre*, livre VI, chap. 26, p. 671.

18. *La Ville étranglée*, *op. cit.*, p. 66.

19. *Le Baron céleste* (1982).

20. *La Ville étranglée*, *op. cit.*, p. 22.

21. *Les Rois mendiants*, *op. cit.*, p. 168.

22. *Ibid.*, p. 174.

23. *La Guerre nue*, *op. cit.*, p. 291.

24. *Le Mal jaune*, *op. cit.*

25. *Psychological Operations*, terme américain remplacé récemment par *Military Information Support Operations*, et traduit en français, depuis 2005, par l'expression « opérations militaires d'influence » (OMI). Ces OMI ont été mises en place en 2000. Leur doctrine d'emploi date du 21 juillet 2001 (intégrée dans la communication opérationnelle – COMOPS), et a été refondue en 2008 (doctrine OMI), en phase avec la doctrine PSYOPS de l'OTAN. En 1973, la doctrine n'existait pas en tant que telle. On retrouve cependant, au temps de la guerre d'Algérie, un règlement d'emploi sur cette question : le TTA 117. (Informations aimablement délivrées par le lieutenant-colonel JB du Closel, contributeur direct de cette doctrine, en poste au GIO entre 2000 et 2006).

26. *La Fabuleuse Aventure du peuple de l'opium*, Paris, Presses de la Cité, 1979, p. 180.

27. Claudine Lombard-Salmon, « Un exemple d'acculturation chinoise : la province du Gui-Zhou au XVIIIe siècle », *BEF*, tome 34 ; cités par J. Lartéguy, *ibid.*, p. 65.

28. Thomas Edward Lawrence, officier britannique, plus connu sous le nom de Lawrence d'Arabie.

29. Sur fond de guérilla castriste, *Tout homme est une guerre civile*, paru en 1970 aux Presses de la Cité, expose les rapports intimes et symétriquement fongibles entre les conflits intérieurs des êtres et ceux dans lesquels ils sont projetés. Une grande fresque en deux tomes sur la guerre et ses multiples conséquences.

Notes du chapitre V

1. *Les Prétoriens*, Paris, Presses de la Cité, 1961, p. 164.
2. Entretiens avec l'auteur.
3. *Les Prétoriens*, *op. cit.*, p. 159.
4. Entretiens avec l'auteur, 2009.
5. Charles Lacheroy, « Action viêt-minh et communiste en Indochine ou une leçon de "guerre révolutionnaire" », conférence prononcée le 25 avril 1955 à l'IHEDN et le 12 mai 1955 devant les officiers de l'EMFA, SDMUF (SHD/AI, E 2990).
6. *Les Prétoriens*, *op. cit.*, p. 51.
7. *Les Chimères noires*, Paris, Presses de la Cité, 1963, p. 58.
8. *Les Centurions*, *op. cit.*, p. 344-346.
9. *Ibid.*, p. 445.
10. *Ibid.*, p. 579 puis 578.
11. *Ibid.*, p. 547, 579.
12. *La Guerre nue*, p. 316-317.
13. Repris du documentaire d'Yves Boisset sur la bataille d'Alger, 2006.
14. *Les Centurions*, *op. cit.*, p. 582-583.
15. Jacques de Bollardière, *Bataille d'Alger, bataille de l'homme*, Paris, Desclée de Brouwer, 1972.
16. Florence Beaugé, « Aussaresses : "Je me suis résolu à la torture…" », *Le Monde*, 23 novembre 2000.

17. Florence Beaugé, « Torture en Algérie : le remords de Massu », *Le Monde*, 21 juin 2000.

18. *Cf.* l'analyse qu'en livre le général Benoît Royal dans son *Éthique du soldat français*, Paris, Économica, 2008.

19. Historien français, agrégé d'histoire, docteur ès lettres et spécialiste de l'histoire militaire coloniale.

20. *Les Centurions*, *op. cit.*, p. 583-584.

21. JO 20 mars 1957.

22. Extrait des archives personnelles de Jean Lartéguy.

23. *Ibid.* Le texte ici présenté a été remis en forme : l'original, consultable dans ses archives, est empli de fautes d'orthographe et de syntaxe. Ce qui n'est pas dans ses habitudes et qui dénote un état de stress évident.

24. *Ibid.*

25. Une katiba est une unité de l'armée de libération nationale, branche armée et clandestine du FLN, dont l'effectif varie de la trentaine à la centaine d'hommes, et qui mène principalement des actions offensives de type « coup de poing », reposant sur l'effet de surprise.

26. Ce tract a été récupéré à Alger, le 17 octobre 1957, à l'imprimerie sise rue Jéricho. Il figure aux archives détenues par l'Association des amis de Raoul Salan.

27. Dans « Les années algériennes », de Benjamin Stora, série documentaire sur la guerre d'Algérie diffusée sur Antenne 2 en septembre 1991.

28. Hors-série *Le Figaro Histoire* n° 1, avril 2012, p. 12.

29. L'orthographe donnée reprend celle adoptée par les articles des journaux de l'époque. On retrouve aujourd'hui le patronyme de cette femme écrit le plus souvent sous une autre forme : Djamila Bouhired. Morte en 1982, cette dernière fut l'épouse du célèbre avocat du FLN, Jacques Vergès.

30. *L'Écho d'Alger*, 13 avril 1958.

31. Entretiens avec l'auteur (2008).

32. Ces carnets font partie du *Fonds Lartéguy* déposé aux archives de Vincennes, dont il est fait mention par ailleurs. Ils sont répertoriés sous le numéro 2009 PA 35/39 et constituent, sans aucun doute, une pièce majeure de ce fonds, certainement la plus personnelle.

33. *Les Prétoriens*, *op. cit.*, p. 119.

34. *Ibid.*, p. 58.
35. *Les Guérilleros*, Paris, Solar, 1967, p. 29.
36. *Ibid.*, p. 159.
37. *Ibid.*, p. 58
38. *Ibid.*, p. 328.
39. Devenu introuvable, cet ouvrage témoin a fait heureusement l'objet d'une réédition chez Tallandier en 2012.
40. L'histoire de ce personnage sera brièvement rapportée plus bas, mais il convient d'abord de préciser qu'en dépit d'une proche homonymie, aucun lien de parenté n'existe entre lui et l'auteur de ce livre.
41. Aviation légère de l'armée de Terre.
42. Le fait est que, séduit par la démarche, Pouget fera en sorte qu'il puisse rejoindre les rangs de l'ALAT en 1961, comme élève pilote au peloton de Mostaganem sous les ordres d'un certain capitaine Préaud.
43. Authentique vahiné comme on en rencontrait encore au début du siècle dernier, elle s'est battue pour la sauvegarde de la beauté de l'archipel polynésien en tentant de le défendre contre le modernisme et les méfaits de l'afflux touristique. Elle a collaboré avec Lartéguy à l'écriture de *Fiu-Tahiti, la pirogue et la bombe*, Paris, aux Presses de la Cité, 1976.
44. Sise au numéro 33, cette maison existe toujours.
45. « Je revendique les choses les plus horribles. Les morts, à cette époque, je m'en foutais. » Interview accordé en 2004 au *Nouvel Observateur.*
46. Lartéguy a confié lui-même à l'auteur ce renseignement au cours d'un entretien aux Invalides. Par ailleurs, le témoignage de Bernard Edinger, reporter à l'AFP, vient conforter cette assertion : Lartéguy lui avait également fourni cette clé, trente-cinq ans plus tôt.
47. *Les Centurions*, *op. cit.*, p. 257.
48. *Ibid.*, p. 305, 309, 318.
49. *La Guerre nue*, *op. cit.*, p. 331.
50. Entretien avec l'auteur, 21 novembre 2011.
51. Commandement intégré des opérations spéciales.
52. *La Guerre nue*, *op. cit.*, p. 332.

Notes du chapitre VI

1. Cette analyse s'appuie sur les conclusions de Marie-Dominique Le Bris-Curtay, spécialisée dans le décryptage et le soin apporté aux troubles comportementaux dus aux traumatismes du passé.

2. Cette description de la psychologie de Lartéguy prend son inspiration dans les travaux menés par Marie-Eugénie Baggioni, spécialiste incontestée en matière d'expertise psychologique et de criminologie.

3. Entretien avec Raoul Coutard, mai 2011.

4. *Lettre ouverte aux bonnes femmes*, *op. cit.*, p. 173.

5. *Ibid.*, p. 399.

6. *L'Or de Baal*, Paris, Gallimard, 1987, p. 91.

7. Ariane Lartéguy est connue pour avoir développé une carrière artistique : tour à tour chanteuse de variétés, puis actrice de cinéma. Elle obtint notamment, aux côtés de Josiane Balasko, le second rôle féminin dans *Les hommes préfèrent les grosses.*

8. Entretiens avec l'auteur, avril 2011.

9. *La Ville étranglée*, *op. cit.*, p. 38.

10. Le général Bizard finira sa carrière sous les armes à la tête du commandement des écoles de Coëtquidan. Le village de combat dans lequel s'entraînent les élèves officiers a longtemps porté son nom de tradition : Bizard-village. Peut-être le porte-t-il encore ? Je l'ignore. (NDLA)

11. Le colonel Jacques Allaire était lieutenant au 6e bataillon de parachutistes coloniaux, commandé par Bigeard, et a sauté sur Diên Biên Phu dont il a vécu les derniers combats et la chute. Fait prisonnier, il a survécu aux marches et à l'incarcération. Il est le héros d'un film tourné en 2010 par Philippe Delarbre : *Le Sacrifice* (Caroline Production).

12. Organisation armée secrète.

13. « Certains hommes politiques mal renseignés vinrent me demander d'entrer en contact avec cette organisation, dont l'une des grandes consciences du Programme commun », in *La Guerre nue*, *op. cit.*, p. 337.

14. *Ibid.*, p. 206.

15. Sous la forme d'un fascicule comptant à peine une vingtaine de pages, quelques passages des livres de Lartéguy sont repris sous l'angle de deux prétendues positions : l'une en faveur de la colonisation et l'autre

en défaveur des méthodes de décolonisation (dépôt aux archives de Vincennes).

16. *Le Baron céleste*, [1981], Paris, J'ai lu, 1982, p. 61.

17. Entretien avec l'auteur, juin 2011.

18. *Lettre ouverte aux bonnes femmes*, *op. cit.*, p. 91.

19. Paraphrasant Esope et sa langue, une de ses formules préférées sur la question.

20. *Le Baron céleste*, *op. cit.*

21. *L'Or de Baal*, *op. cit.*, p. 133.

22. *Le Baron céleste*, *op. cit.*

Notes du chapitre VII

1. Rien n'indique qu'il s'agisse de la réelle identité de ce contact. Toutefois les traces de son existence et celles de sa rencontre à Beyrouth avec « Osty » existent bel et bien.

2. Gilbert Guilleminault, Pierre Desgraupes, Kleber Haedens ou Gérard de Villiers pour ne citer que les plus connus d'entre eux.

3. Journaliste, écrivain et grand reporter, Pédron a bien connu Lartéguy lorsque tous deux travaillaient pour *Paris Match*.

4. *Paris Match*, n° 753, 14 septembre 1963.

5. Pour « General Motors trucks Company ».

6. *Paris Match*, 25 septembre 1965, p. 53-57.

7. *Enquête sur un crucifié*, *op. cit.*, p. 203.

8. *La Guerre nue*, *op. cit.*, p. 176.

9. *Les Guérilleros*, *op. cit.*, p. 48-49.

10. *Ibid.*, p. 79.

11. *Ibid.*, p. 224.

12. *Ibid.*, p. 226.

13. *Ibid.*, p. 325-326.

14. *Ibid.*, p. 364.

15. *Ibid.*, p. 348-350.

16. *Ibid.*, p. 352.

17. *Les Guérilleros* : « ces mythes me paraissent même plus importants que les hommes, en ces temps où le confort et l'ennui nous étouffent, nous autres gens trop gras et trop raisonnables d'Occident ».

18. *Ibid.*, p. 335.
19. *La Ville étranglée*, *op. cit.*, p. 94.
20. *Le Baron céleste*, *op. cit.*, p. 118.
21. Entretien avec Diane Dellanoce, 13 juin 2011.
22. À l'origine, ce château dépendait de la baronnie de Roquedols. Il échut à la branche cadette de la famille, les Pagès de Pourcarès, et fut racheté, en 1774, par la Couronne de France.
23. *Lettre ouverte aux bonnes femmes*, Paris, Marabout, 1976, p. 96 (1e éd. Paris, Albin Michel, 1972).
24. Norodom Sihanouk est mort le 15 octobre 2012 et a régné sur le Cambodge sous le titre de Roi-Père (ayant laissé l'usage du trône et du pouvoir à son avant-dernier fils Norodom Sihamoni).
25. Il s'agit d'un vaste territoire occupé par les forces communistes, qui leur sert à la fois de base logistique et d'espace de déploiement tactique pour leurs troupes.
26. Thérèse Lauriol est la jeune sœur de Marc Lauriol, élu à plusieurs reprises député d'Alger. Convoqué en 1961 à l'Élysée, le général De Gaulle, il s'entend proposer un maroquin de ministre contre l'abandon de ses positions pro-Algérie française. Lauriol refuse au double prétexte de la parole donnée et du rempart que constitue l'Algérie française à l'expansionnisme communiste. De Gaulle lui réplique alors : « Oh, le communisme, sans importance. Un simple habit qu'on porte et dont on se débarrasse ». Par la suite, Lauriol sera élu député des Yvelines contre Michel Rocard. Il est mort en 2007 (notes fournies par Thérèse Lartéguy, février 2008).
27. Correspondance avec l'auteur, datée du 13 avril 2011.
28. Valérie Solanas, *SCUM Manifesto*, 1967, préambule.
29. Numéro du 15 mai 1972.
30. Ces lignes sont extraites d'un livre que Victoria Llanso a écrit en réaction contre l'homme dont elle avait divorcé, livre dont on ne retrouve aucune autre trace que celle de son tapuscrit, conservé soigneusement par Lartéguy dans ses propres archives. Ces quelques phrases donnent l'essence et le ton de l'ensemble des propos qui y sont contenus.
31. *Lettre ouverte aux bonnes femmes*, Paris, Marabout, 1976, p. 83-84.
32. *Enquête sur un crucifié*, *op. cit.*
33. *Ibid.*

34. *Lettre ouverte aux bonnes femmes*, *op. cit.*
35. *La Ville étranglée*, *op. cit.*
36. Missive à son frère (archives de Jean Osty).
37. *La Ville étranglée*, *op. cit.*

Notes du chapitre VIII

1. *L'Adieu à Saigon*, Paris, Presses de la Cité, 1975, p. 35.
2. *Un million de dollars le Viêt*, Paris, Solar, 1965.
3. Entretiens avec l'auteur, février 2008.
4. *Le Voyage au bout de la guerre*, Paris, Presses de la Cité, 1971.
5. La chute de Saigon racontée par Jean Lartéguy, reportage de Philippe Buffon.
6. *L'Adieu à Saigon*, *op. cit.*, p. 162.
7. *Ibid.*, p. 218.
8. *Fiu Tahiti, la pirogue et la bombe*, Paris, Presses de la Cité, 1976.
9. Interview de Jean Lartéguy par Bernard Pivot à propos de la publication des *Naufragés du soleil*, septembre 1978 : http://www.ina.fr/video/CPB785073101.
10. Dans cette lettre testamentaire restée sans effet, on découvre que Lartéguy avait décidé de donner sa vieille maison lozérienne pour en faire un espace dédié à la culture locale qui aurait également servi d'écrin à sa bibliothèque.
11. *Paris Match* n° 1647, 19 décembre 1980.
12. Du titre de son article paru dans *Paris Match* en mars 1989 (n° 2077).
13. On ne présente pas l'auteur des *Tontons Flingueurs*, des *Barbouzes* ou du *Professionnel.* Celui dont son complice Michel Audiard disait : « Lautner, ça existe. Voilà ! Il faut bien admettre que pour s'être imposé (et comment !) dans ce boulot où nulle réussite n'est le fruit du hasard, Lautner possède quelques petites qualités personnelles. Lesquelles ? Une complicité instantanée, presque magique, avec les comédiens, un amour minutieux du cadrage, une certaine passion pour la pyrotechnie, et surtout un sens prodigieux du rythme aidé par le fait (j'allais oublier ce détail !) que Georges Lautner est le meilleur monteur du cinéma français. C'est pas si mal, tout ça ! »

14. Entretien avec l'auteur, le 8 juillet 2011.

15. Long métrage sorti sur les écrans en 1970, primé au Festival de Cannes la même année.

16. Grand prix de la photo, décerné par *l'American Society of Cinematographers* (USA).

17. Publié en 2007, aux éditions Ramsay.

18. Recette dont les « subtilités » ont été fournies par Gérard Le Roux, par ailleurs excellent cuisinier !

19. Paru en novembre 1992 chez Robert Laffont, ce livre retrace l'histoire trouble d'Henri Déricourt, aviateur français, espion placé, au cours de la seconde guerre mondiale, à la solde des britanniques et de la Gestapo. Il disparaitra assez mystérieusement dans un accident d'avion au-dessus du Laos sans que son corps ait été jamais retrouvé.

20. Interview accordée à l'auteur en octobre 2011, d'où sont également extraits les passages suivants.

21. Le JIC est l'organisme responsable des analyses, des évaluations des besoins et de l'établissement des priorités pour les services du renseignement britannique au niveau national.

22. Entretien avec l'auteur.

23. Entretiens avec Jean Osty, 15 avril 2011.

24. Jacques de Folin a publié en 1993 aux éditions Perrin *Indochine 1940-1955, la fin d'un rêve.* Présent sur place au moment de la guerre du Vietnam, il avait alors rang d'ambassadeur. L'un des derniers en poste à Saigon, quand toutes les ambassades avaient déjà rapatrié leurs corps diplomatiques.

25. Christian Hoche est grand reporter. Blessé en avril 1975, il est fait prisonnier par l'armée nord-vietnamienne. Il reçoit le Prix Albert-Londres en 1978 pour l'ensemble de ses reportages.

26. *Mourir pour Jérusalem*, « Introduction ».

27. *Les Rois mendiants*, *op. cit.*, p. 29.

Notes du chapitre IX

1. Maladie des alvéoles pulmonaires dont les lésions sont irréversibles.

2. Michel Peghini occupait alors la fonction de Médecin-chef des Services aux Invalides.

3. Phrase citée par Thérèse Lartéguy.

4. A ce sujet, il faut lire le livre, illustré des somptueuses photographies de Jacques Bravo, que Jacques Pédron a consacré aux Invalides : *Hymne à la vie*, paru en 2005 aux éditions l'Esprit de tous les combats. On y découvre, avec émotion, un remarquable travail de recherche qui évoque magistralement des figures poignantes. Un livre puissant, marqué par la complicité qui unissait ses auteurs aux Pensionnaires, dont le travail n'avait jamais été entrepris depuis la création des Invalides : il demeure, sans doute pour longtemps, comme un ouvrage de référence, d'autant plus captivant que beaucoup des Pensionnaires sont décédés depuis sa parution.

5. Préface de l'*Hymne à la Vie*.

6. Du nom de René-Nicolas Dufriche, baron Desgenettes (23 mai 1762-3 février 1837), célèbre médecin militaire français, dont le nom est gravé sous l'Arc de Triomphe et qu'Alexandre Dumas décrivait comme « un vieux paillard très spirituel et très cynique ».

7. Dominique-Jean Larrey était un chirurgien militaire français, père de la médecine d'urgence (7 juillet 1766-25 juillet 1842). Il occupa la fonction de chirurgien en chef de la Grande Armée.

8. Ce passage est issu d'un texte qu'il a donné à François Pédron pour figurer dans son livre.

9. *Ibid.*

10. Françoise Demulder (1947-2008) était une photographe très réputée, ayant exercé ses talents au Vietnam et reçu le prix World Press Photo en 1977 pour sa réalisation sur le *Massacre de la Quarantaine*.

11. Romancier et essayiste français, membre de l'Académie française, Jean Dutourd (1920-2011) présente la particularité singulière d'être un exact contemporain de Lartéguy.

12. Cette phrase est aussi attribuée parfois à Oscar Wilde, ou encore à Winston Churchill.

13. Dans ce film, Orson Welles se souvient toujours de *Rosebud*, qui était le nom de sa luge quand il était enfant. Souvenir d'un temps où le héros du film était heureux.

14. Pour des raisons liées à leurs états de santé respectifs, ce voyage n'eût malheureusement jamais lieu.

15. Le texte qui suit est la reproduction fidèle de cet échange particulièrement savoureux, dont le vocabulaire a été scrupuleusement respecté : reste à imaginer le ton que pouvaient donner la voix gouailleuse de Bigeard et celle, amusée, de Lartéguy.

16. Source : Ministère de la Défense/SGA/SHD.

17. Correspondance avec l'auteur, mai 2011.

18. Entretien avec l'auteur, le 13 juin 2011.

19. Ainsi nommée couramment, la fausse route est le passage des aliments dans la voie trachéale au lieu de rejoindre l'œsophage : exceptionnellement, l'étouffement peut être instantané et la mort intervenir très rapidement, par syncope réflexe. Ce qui fut le cas.

20. *Les Naufragés du soleil*, *op. cit.*, p. 25.

21. Ces mots, griffonnés au crayon sur un simple bout de papier, furent recueillis par Jean Nowicki.

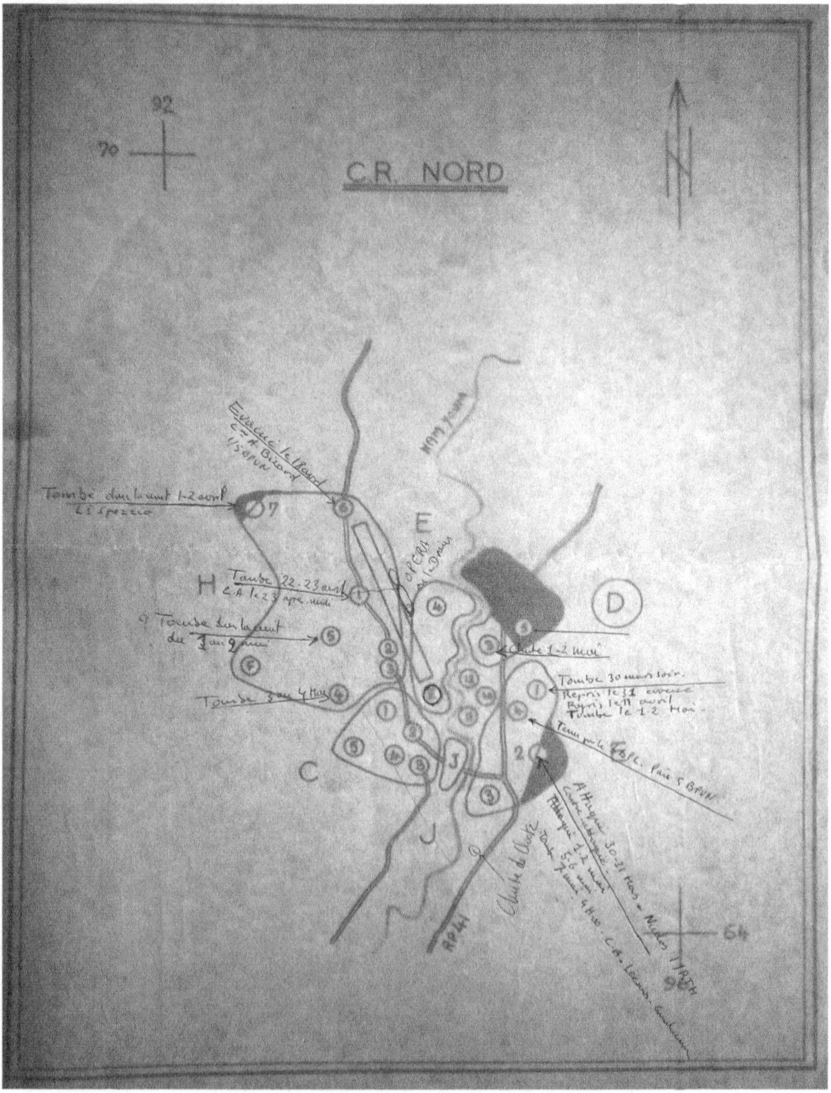

Ce calque présente le plan du dispositif à Dîên Bîên Phu. Il est annoté de la main du Lartéguy général Salan qui avait reçu Lartéguy à l'issue de la bataille. Ces annotations indiquent : qui tenait les positions et quand elles sont tombées.

BIBLIOGRAPHIE

Sans compter les nombreuses recherches effectuées auprès des associations et journaux que Jean Lartéguy avait, d'une façon ou d'une autre, approché, les principales références de cet ouvrage ont été puisées dans :

Danielle Michel-Chich, *Lettre à Zohra D.*, Paris, Flammarion, 2012.

Paul Chopine, *Six ans chez les Croix-de-feu*, Paris, Gallimard, 1937.

Marcelin Défourneaux, *L'Espagne de Franco pendant la Seconde Guerre mondiale*, Paris, L'Harmattan, 2007.

Patrick de Gueline, *Commandos d'Afrique, de l'île d'Elbe au Danube*, Paris, Presses de la Cité, coll. « Troupes de choc », 1980.

Ne sont ici mentionnées que les publications originales et les mises en forme dues à Jean Lartéguy, à l'exclusion des volumes qui ont repris des titres plus anciens pour en produire certaines compilations.

Ces voix qui nous viennent de la mer, Paris, Gallimard, collection « L'Air du Temps », 1954.

Du sang sur les collines, Paris, Gallimard, collection « L'Air du Temps », 1954.

Les Jeunes du monde devant la guerre, Paris, Gallimard, collection « L'Air du Temps », 1955.

La Ville étranglée, Paris, Julliard, 1955 [Prix Wartburg de littérature 2012, décerné à titre posthume].

Les Âmes errantes, Paris, Albin Michel, 1956.

Les Clefs de l'Afrique, femmes, confréries et fétiches, Paris, Albin Michel, 1957.

La Tragédie du Maroc interdit, Louvain, Éditions Les quatre fils Aymon, 1957.

Le Sahara, Paris, Hachette, 1958.

Sahara an I, Gallimard, collection « L'Air du Temps », 1958.

La Déclaration, Paris, Albin Michel, 1959.

Les Centurions, Paris, Presses de la Cité, 1960 [Prix Eve-Delacroix 1960] ; 2011.

Les Mercenaires, Paris, Presses de la Cité, 1960 (reprise remaniée du *Sang sur les collines*).

Les dieux meurent en Algérie, Paris, La Pensée moderne, 1960.

La Grande Aventure de Lacq, Paris, Gallimard, 1961.

Les Prétoriens, Paris, Presses de la Cité, 1961.

Les Baladins de la Margeride, Paris, Albin Michel, 1962.

Le Mal jaune, Paris, Presses de la Cité, 1962 (reprise de *La Ville étranglée* et des *Âmes errantes*).

Visa pour l'Iran, Paris, Gallimard, 1962.

Les Chimères noires, Paris, Presses de la Cité, 1963.

Le Paravent japonais, Paris, Raoul Solar, 1964.

Un million de dollars le Viet, Paris, Raoul Solar, 1965.

Sauveterre, Paris, Presses de la Cité, 1966.

Les Guérilleros, Paris, Raoul Solar, 1967.

Les Murailles d'Israël, Paris, Premières, 1968.

Les Centurions du Roi David (Photographies Alain Taieb), Paris, La Pensée Moderne, 1968.

Les Tambours de bronze, Paris, Pocket, 1969.

Tout homme est une guerre civile, deux volumes composés de :

Le Prêtre astronome, Paris, Presses de la Cité, 1969.

Les Libertadors, Paris, Presses de la Cité, 1970.

Voyage au bout de la guerre, Paris, Presses de la Cité, 1971.

Lettre ouverte aux bonnes femmes, Paris, Albin Michel, 1972.

Le Protecteur, Paris, Le Mercure de France, 1972.

BIBLIOGRAPHIE

Enquête sur un crucifié, Paris, Flammarion, 1973 ; J'ai Lu, 1976.

Les Rois mendiants, Paris, Flammarion, 1975 ; J'ai Lu, 1977.

L'Adieu à Saigon, Paris, Presses de la Cité, 1975.

Tout l'or du diable, Paris, Presses de la Cité, 1975.

Fiu-Tahiti, la pirogue et la bombe, Paris, Presses de la Cité, 1976.

La Guerre nue, Paris, Stock, 1976.

Le Dragon, le maître du ciel et ses sept filles, Paris, éditions G.P., 1978.

La Fabuleuse Aventure du peuple de l'opium, Paris, Presses de la Cité, 1979.

Les Naufragés du soleil, trois romans composés de :

Le Gaur de la rivière noire, Paris, J'ai Lu, 1978 ;

Le Cheval de feu, Paris, J'ai Lu, 1980 ;

Le Baron céleste, Paris, Flammarion, 1981 ; J'ai Lu, 1982.

Dieu, l'or et le sang, Presses de la Cité, 1980.

Le Commandant du Nord, Paris, Presses de la Cité, 1982.

Liban – 8 jours pour mourir, Paris, Presses de la Cité, 1984.

Marco Polo espion de Venise, Paris, Pocket, 1984.

Soldats perdus et fous de Dieu, Indochine 1954-1955, Paris, Presses de la Cité, 1986.

L'Or de Baal, Paris, Gallimard, 1987.

Tahiti, Paris, Pocket, 1988.

L'Ombre de la guerre, deux volumes :

Le Joueur de flûte, Paris, Presses de la Cité, 1989 ;

La Saltimbanque, Paris, Presses de la Cité, 1989.

Le Roi noir, Paris, éditions de Fallois, 1991.

Triple jeu (coécrit avec Bob Maloubier), Paris, Robert Laffont, 1992.

Mourir pour Jérusalem, Paris, éditions de Fallois, 1995 [Prix des Maisons de la Presse 1996].

Traquenard, Paris, Presses de la Cité, 1996.

Le Prince des années mortes (inédit, manuscrit dactylographié et annoté).

INDEX DES NOMS DE PERSONNES

INDEX DES NOMS DE LIEUX

REMERCIEMENTS

Parvenir au terme de l'évocation d'une vie aussi riche et mouvementée que celle de Jean Lartéguy, procure d'abord une véritable impression de solitude, une sorte de vide. Et puis, immédiatement après, une autre sensation s'impose à son tour, beaucoup plus plaisante : celle de la présence amicale de tous ceux qui ont collaboré à cette aventure. En l'occurrence, ils sont nombreux.

Aussi, sans qu'il soit possible de citer ici le nom de tous ceux qui m'ont aidé de leurs témoignages ou de leurs conseils, honoré de leur confiance, je voudrais adresser spécialement mes plus chaleureux remerciements à certains d'entre eux en particulier.

Aux membres de la famille de Jean Lartéguy, bien entendu, et en premier lieu à sa femme, Thérèse Lartéguy, dont l'aide et l'amitié m'ont été particulièrement précieuses et dont le courage et la confiance n'ont jamais fait défaut ; à son frère, le docteur Jean Osty, homme de grande culture, à l'étonnante mémoire, de qui je tiens les détails sur l'enfance et la jeunesse de Lartéguy, et plus encore ; et puis aussi à Diane Dellanoce, sa fille, pour sa radieuse simplicité.

Aux quelques militaires que j'ai eu l'honneur d'approcher et qui m'ont fait la grâce de leurs confidences. Au général de corps d'armée Préaud, pour ses précieux renseignements sur le commandant Pouget ; au colonel Jacques Allaire, pour son témoignage sur les combats de l'Indochine ; au commandant Gaëtan de La Vergne, pour ses informations initiales et pour son amitié éclairante ; au général David Petraeus, ancien directeur de la CIA, pour le temps qu'il a bien voulu me consacrer et pour son témoignage sur l'œuvre de Jean Lartéguy ; au colonel Peter Goss, officier de renseignement britannique, le plus français de tous.

Aux amis de Lartéguy, fidèles parmi les fidèles, qui ont témoigné de leur attachement au-delà de la séparation. Ainsi, tout spécialement à Jean Delvigne qui, de l'Afrique aux Invalides, témoigne avec délicatesse et distinction de l'honneur d'un homme et de ses compagnons ; à Raoul Coutard, le complice, fabuleux cinéaste et hôte merveilleux et à Gérard Le Roux (†), pour ses souvenirs et pour sa grande et si simple générosité.

Je voudrais citer encore ceux qui m'ont ouvert des portes que je n'imaginais pas pouvoir franchir. Sans leur aide, rien n'eût été possible. Parmi ceux-ci, Max Schiavon, docteur en histoire et biographe réputé ; François Pédron et Jacques Bravo, amis de cœur de Lartéguy, pour leurs enquêtes et leurs photos ; Amable Sablon du Corail, du service historique de la Défense et maître Gerbal, pour ses minutieuses enquêtes menées en Lozère.

Que soient à leur tour remerciés très chaleureusement tous ceux qui m'ont accordé un peu de leur temps, de leur écoute et de leur compagnie : Jacques Chancel qui me fait l'honneur et l'amitié de sa préface, Michel Déon pour ses encouragements éclairés, Pierre Schoendoerffer (†) à qui j'aurais aimé présenter ce livre, mon fils Baudouin le Roux pour son étude sur le caractère littéraire de l'œuvre de Lartéguy, sans oublier Pierre Joly, Robert Maloubier, Bernard et Maÿlis Piot, Teresa Seaman, Paul Teil, Patrick de Gmeline, Michel Spengler, Jean Orizet, Bernard Edinger, Juliette Gallois, Anne-Laure Bonnet, Denise Goss, Jean-Baptiste Barbat du Closel, Aude Dugast et Jean-Marie Le Méné, Stéphane Joseph, le colonel Alban de Pompignan, le capitaine Thierry Rojon, Marie-Eugénie Baggioni, Marie-Dominique Le Bris Curtay, Raymond Adam, Jean-Claude Albertini et le capitaine Laurent Bastide.

Je veux également adresser une mention spéciale à mon ami Arnaud d'Andigné qui m'a toujours très amicalement et très lucidement épaulé au cours de ces deux dernières années : sans ses conseils, je ne serais pas parvenu au bout de cette aventure. Également à Antoine Sabbagh, pour sa délicate complicité à laquelle je dois aussi beaucoup.

Ma reconnaissance s'adresse enfin à tous mes proches à qui je dois dorénavant les nombreuses heures que je leur ai volées.

Et puis comment ne pas m'adresser maintenant au personnage dont j'ai tenté de traduire ici les traits et qui m'avait fait le cadeau de son amitié : Jean.

Que tous trouvent ici l'expression de ma reconnaissance et de mon indéfectible souvenir.

Achevé d'imprimer en juillet 2016 sur rotative numérique Prosper
par Soregraph à Nanterre (Hauts-de-Seine).
L'imprimerie Soregraph est titulaire de la marque
Imprim'vert® depuis 2004.

Dépôt légal : mai 2013
ISBN : 979-10-210-0059-9
Numéro d'édition : 3607
N° d'impression : 15291

Imprimé en France